WIE IST DER ISLAM WIRKLICH?
ANTWORTEN AUS DEM KORAN

WIE IST DER ISLAM WIRKLICH?
ANTWORTEN AUS DEM KORAN

YAKUP YILMAZ

Helsinki

© Yakup YILMAZ 2004, 2007

Verlag: Yakup Yilmaz Kustannus
P.O. Box 102, FIN-00181 Helsinki, Finnland
www.yakupyilmaz.com

Aus dem Finnischen übersetzt von S. Jedlicka

Titel des Originals: Todellinen Islam

Druck:
Gummerus Kirjapaino Oy
Jyväskylä, Finnland 2007

Umschlaggestaltung: Cüneyt Özkaya

ISBN 978-952-211-001-5

*„Und sprich: ‚Gekommen ist die Wahrheit
und dahingeschwunden ist das Falsche.
Siehe das Falsche schwindet schnell.'"*
(Koran, 17/81)

INHALT

AN DEN LESER 9
VORREDE 11
1. GOTT UND DER ISLAM 23
   1.1 Wo findet man den Gott des Islam (Allah)? 23
   1.2 Der Glaube Abrahams und der Prophet Mohammed 41
   1.3 Ist Jesus der Sohn Gottes? 57
   1.4 Übertritt zu einem anderen Glauben 95
   1.5 Kommen auch Juden und Christen ins Paradies? 101
2. MYSTISCHE ASPEKTE 115
   2.1 Traum und Tod 115
   2.2 Geisterwelt und Zauberei 125
   2.3 Die Sprache der Tiere 149
   2.4 Das Leben im Paradies 151
3. DIE PFLICHTEN DER GLÄUBIGEN 159
   3.1 Gottesliebe 159
   3.2 Gebet 163
   3.3 Das Geben von Almosen 171
   3.4 Fasten 179
   3.5 Pilgerfahrt 181
4. EMPFEHLUNGEN 183
   4.1 Das Kopftuch 183
   4.2 Beschneidung 191
   4.3 Opferfest 195
   4.4 Demokratie 197
   4.5 Hadithe und das Alter von Prophet Mohammeds Ehefrau Aisha 199
5. FAMILIEN- UND EHERECHT 209
   5.1 Ehe 209
   5.2 Polygamie 221
   5.3 Abtreibung 225
   5.4 Die Rechte der Frauen 229

6. VERBOTE, BESTRAFUNG UND VERGEBUNG......... 253
    6.1 Terrorismus 253
    6.2 Ehrenmord 261
    6.3 Steinigung 281
    6.4 Diebstahl 295
    6.5 Geldwucher und Imame 299
    6.6 Homosexualität 311
    6.7 Berauschende Stoffe 315
    6.8 Schweinefleisch 319
7. AUFRUF ZUM FRIEDEN 325
8. LITERATURVERZEICHNIS 337

AN DEN LESER

Ich habe die Originalversion dieses Buches auf Finnisch geschrieben. Es wurde Ende August 2004 in Finnland veröffentlicht.

Ich bin ein Muslim und komme aus der Türkei, aus Trabzon. Nach Finnland bin ich Anfang der 90er-Jahre gekommen, um meine Dissertation fertig zu stellen. Ich lebe also schon seit über 13 Jahren in Finnland. In diesen Jahren musste ich ständig Erklärungen und Antworten geben, um zu zeigen, wie der Islam wirklich ist. Das habe ich sowohl über das Internet als auch im direkten Austausch mit Menschen und über die finnischen Medien getan. Schlussendlich wurden all meine Antworten und Erklärungen in einem finnischsprachigen Buch veröffentlicht. Jetzt soll dieses Buch auch in vielen anderen Sprachen erscheinen.

Warum ist der Name dieses Buches „Wie ist der Islam wirklich?" Ich begründe diese Namenswahl damit, dass die Menschen, die gegen den Islam Krieg führen, versuchen, einen Islam zu zeigen, der nicht existiert. Sie tun das, damit andere sich nicht dem Islam zuwenden, oder weil sie wollen, dass sich Muslime von ihrem Glauben abwenden.

Dieses Buch habe ich geschrieben, weil ich die Wahrheit ans Licht bringen möchte. Zwischen den Umschlägen dieses Buches findet man die Lehren des Korans, und auch die von Jesus und Moses darüber, was richtig ist.

Forscher, Studenten, Verleger, Politiker, Gläubige und andere können in diesem Buch Antworten auf ihre Fragen finden.

Wir sollten uns immer daran erinnern, dass das Grundgesetz des Islam der Koran ist.

Nach der Veröffentlichung der finnischsprachigen Version dieses Buches sagten viele zu mir, dass „die von mir gegebenen Antworten notwendig und für viele eine erstaunliche Überraschung waren."

In diesem Buch verwende ich Zitate aus dem Koran, aus der Bibel und aus aktuellen Untersuchungen. Laut Koran waren auch Jesus und Moses Propheten des Islam. Es gibt nur einen Glauben, den Gott der Menschheit über Propheten gegeben hat. Der Name dieses Glaubens ist Islam, und dies ist auch der Glaube Abrahams! Der letzte Prophet dieses von Gott gegebenen Glaubens ist Mohammed, und das letzte offenbarte Buch ist der Koran.

Ich hoffe, dass Ihnen dieses Buch hilft, den Islam besser zu verstehen.

Ich danke allen, die mir bei der Fertigstellung dieses Buches geholfen haben: unter anderem den Bibliotheken, der Übersetzerin, denen, die Sprachkorrekturen vornahmen und jenen, die mir im Laufe der Jahre Fragen gestellt haben und mir damit Anlass zu diesem Buch gaben.

5. Februar 2007

Yakup YILMAZ

VORREDE

Nun sind wir an dem Punkt angelangt, an dem man über wissenschaftlich durchgeführte Forschungen zu der gleichen Schlussfolgerung gelangt ist, die Gläubige schon lange verkünden: Es gibt jemanden, der die Menschen und das Universum geschaffen hat.

Auch ein Atheist muss glauben, dass ohne Schöpfer das Universum, welches für unseren Verstand unbegreiflich ist, und seine Weite und Verwickeltheit und das DNA-Programm, das alle Lebewesen in sich haben, unmöglich wären. Ohne Schöpfer wäre kein System oder Programm möglich.

Jemand hat mit Hilfe eines perfekten Programms das Universum und die Lebewesen geschaffen. Die Gläubigen kennen diesen Schöpfer unter dem Namen Gott.

Gott hat uns Anleitungen gegeben, um auf Gottes Wegen zu gehen. Er rät uns, an Gott und an das Leben nach dem Tod zu glauben. Er hat diese Informationen über verschiedene Propheten weitergegeben, schon seit er den ersten Menschen und somit zugleich den ersten Propheten, Adam, geschaffen hat.

Heutzutage legen alle Maschinenhersteller ihren Produkten Gebrauchsanleitungen bei. Auch Gott hat über die Propheten den von ihm geschaffenen Menschen möglichst genaue und gute Anweisungen für das Leben mitgegeben. Die letzte Version dieser Anweisungen ist der Koran, der uns vom Propheten Mohammed unverfälscht weitergegeben wurde.

In diesem Ratgeber gibt es eine vollkommene Anleitung für ein gerechtes Leben in der menschlichen Gesellschaft. Es existieren Grundsätze, mit welchen man Ausgeglichenheit sowohl im diesseitigen als auch im jenseitigen Leben erreicht. Es gibt Regeln bezüglich der Unverletzlichkeit der Gesellschaft, des Respektierens der

Rechte anderer und auch Regeln für die Bestrafung von Verstößen, denn dadurch sollen andere gewarnt werden.

Es gibt Informationen darüber, was der Mensch ist, woher er kommt, wohin er geht und unter welchen Umständen er dies alles tut. In diesen Anleitungen wird auch erwähnt, dass der Mensch nicht das einzige intelligente Wesen im Universum ist, sondern dass es auch vor dem Menschen Wesen gegeben hat, die unter dem Namen „Dschinn" bekannt sind. Sie leben auch heute mit uns. Der von uns Satan genannte Feind der Menschen stammt aus der Gemeinschaft der Dschinn.

Der Mensch weiß, dass seine Wahrnehmungsfähigkeit begrenzt ist! Der Glaube an die Existenz einer Seele und das Träumen bringen den Menschen zum Nachdenken. Der Schöpfer sagt, dass man intuitiv an Gott glauben soll, indem man seine Schöpfungen um sich herum betrachtet.

Der Mensch darf den Glauben an Gott nicht aufschieben, bis er Ihn mit eigenen Augen sieht. Auch unser Erdball ist nur ein kleiner Punkt im Universum, und das Blickfeld eines Menschen, der ins Weltall geflogen ist, öffnet sich dafür. Dann sieht er den Erdball als rund an. Was sollen wir sehen oder nicht sehen? Dieses Buch erklärt uns im notwendigen Maß die Einzigartigkeit des Schöpfers. Gott sagt, dass er dem Menschen näher ist als dessen eigene Halsschlagader. Uns wird mitgeteilt, dass jede unserer Taten gesehen und registriert wird, und auch, dass wir leben sollten, indem wir an Ihn denken und Ihn rufen. Unsere Seelen, die wir von Ihm bekamen, gehen schließlich wieder zurück zu Ihm.

Der Tod ist der Anfang eines neuen Lebens. Die Seele ist der wichtigste Teil von uns, denn der Körper des Diesseits bleibt im Diesseits zurück, und unsere Seelen, die Gott gehören, gehen zurück zu ihrem Besitzer. Die Seele kehrt erfahrener denn je zuvor aus dem Diesseits zurück zu Gott, denn sie ist auf den diesseitigen Ebenen der Weisheit klüger

geworden. In diesem Ablauf sammelt die Seele positive Erfahrungen. Das Heilige Buch gibt dazu Anleitungen.
Genauso wie man für ein neues Telefon die frühere Telefonnummer mit Hilfe einer SIM-Karte verwenden kann, werden die Seelen, nachdem sie den veralteten Körper verlassen haben, an einen neuen Körper gegeben, den man, wie auch Ihr Telefon, wieder in Betrieb nimmt. Wenn Sie niemandem etwas schuldig sind, und Ihr Guthaben in Ordnung ist, können Sie ganz beruhigt sein. Im Austausch für Ihr Guthaben bekommen Sie unendlichen Frieden.

Falls Sie sich aber etwas zu Schulden kommen haben lassen, wird Ihnen kein Friede zuteil, genauso wenig wie einem gewöhnlichen Schuldner. Gott kann Ihre Schuld vergeben, falls Sie an Ihn und seine Einheit glauben. Er mischt sich allerdings nicht ein, wenn es um Verstöße gegen zwischenmenschliche Rechte geht. Falls Sie gegen Rechte anderer verstoßen und Regeln gebrochen haben, sind Sie in der Schuld anderer beziehungsweise Ihr Guthaben ist im Minus. Für Ihre Taten bezahlen Sie an einem Ort, den man Hölle nennt, und genauso wenig wie einem Schuldner wird Ihnen Nachtruhe oder Glück zuteil.

Kein Prophet wurde zum Herrn oder Beschützer des Glaubens ernannt. Der Besitzer des Glaubens ist Gott und nur Gott. Mathematik zum Beispiel wird von verschiedenen Lehrern unterrichtet, der Name des Schulfachs ändert sich aber nicht. Auch wenn der Lehrer ein anderer ist, der Name des Schulfachs bleibt Mathematik.

„Denkt nicht, ich sei gekommen, um das Gesetz und die Propheten aufzuheben. Ich bin nicht gekommen, um aufzuheben, sondern um zu erfüllen. Amen, das sage ich euch: Bis Himmel und Erde vergehen, wir auch nicht der kleinste Buchstabe des Gesetzes vergehen, bevor nicht alles geschehen ist." (Bibel, Mt 5,17-18)

„Mohammad ist nicht der Vater eines euerer Männer, sondern Allahs Gesandter und das Siegel (Anm.: d. h. der letzte der Propheten) der Propheten;(...)" (Koran, 33,40)

Die Aufgabe des Propheten ist es, den Menschen die Botschaft Gottes mitzuteilen *(Koran 29,18: „(...) Und dem Gesandten obliegt nur die deutliche Verkündung.'").* Der Prophet überbringt die Nachrichten an den Empfänger, genauso wie ein Briefträger Ihnen Briefe zustellt. Der Briefträger ist nicht der Verfasser der Briefe und auch nicht deren Besitzer. Die Menschen verwechseln manchmal in ihrer Dummheit den Briefträger, den Brief und dessen Besitzer miteinander. Gott gebraucht den Mund des Propheten, um zu den Menschen zu sprechen. Wenn der Prophet den Ausdruck „ich" verwendet, spricht er nicht über sich selbst, sondern über Gott. Die Menschen, die den Propheten, Gott und Gottes Wort durcheinander gebracht haben, werden, nachdem sie dieses Buch gelesen haben, bemerken, wie falsch sie gelegen sind. Sie werden lernen zu verstehen, wie sich die Dinge wirklich verhalten.

Nachdem die Propheten die diesseitige Welt wieder verlassen hatten, kehrten die Menschen wieder zu ihren alten Gebräuchen, Überzeugungen und Gedanken zurück. Sie versuchten, diese zu einem Teil des Glaubens zu machen. So entstanden im Laufe der Zeit Überzeugungen, die vom unverfälschten und ursprünglichen Glauben abweichen.

Das ist der Grund, warum es heutzutage viele verschiedene Glaubensrichtungen gibt. Bei der Betrachtung der Menschheitsgeschichte kann festgestellt werden, dass Menschen immer Glaubensvorstellungen hatten. Deshalb haben sie auch immer versucht, auf irgendeine Weise zu glauben. Aus diesem Grund hat uns Gott vom ersten Menschen an Propheten geschickt, deren Aufgabe es war, den Menschen den Glauben zu bringen. Darüber hinaus ersehnen wir den Glauben.

Genauso wie ein Mensch an einen Telefonanbieter gebunden ist, der ihm eine Telefonnummer zur Verfügung stellt, ist unsere Seele an Gott gebunden. Und so ist Gott immer bei uns. Die Seele hat immer den Wunsch, zu Gott zurückzukehren. Aber wenn mit der Hilfe von Satan der diesseitige Körper gewinnt, und die Wünsche der Seele verloren gehen, geht die Verbindung zwischen Körper und Seele kaputt, und der innere Friede des Menschen verschwindet. Die größten Probleme des Menschen entstehen auf diese Weise. Die Propheten zeigen den Menschen den richtigen Weg, um Harmonie zu erreichen, denn sie überbringen das Wort Gottes.

Der größte Feind des Menschen, Satan, versucht, den Menschen und den Glauben zu entzweien. Und obwohl ihm das teilweise gelungen ist, haben alleine die, die an Gott glauben und sich nicht Satans Vorschlägen beugen, ihre Reise fortgesetzt. Da der Mensch über allem steht, was je geschaffen wurde, versucht Satan mit ihm um diese Überlegenheit zu konkurrieren.

Manche von denen, die an Gott glauben, haben das Heilige Buch, das uns von Gott über die Propheten gegeben wurde, verworfen und ihre eigenen Gedanken als das Wort Gottes aufgeschrieben. Abgesehen vom Koran dürfen in Menschenhänden keine anderen Glaubensbücher sein.

Anstatt sauberes Quellwasser zu trinken, vermischen die Menschen es mit anderen Gewässern. Jemand, der Meerwasser getrunken hat, fühlt sich schlecht. Aber derjenige, der an die Quelle geht und daraus trinkt, wird von seinem Durst befreit. Er erlangt Frieden und rettet sich vor Verunreinigung.

Mit diesem Buch bringe ich Sie mit Hilfe der Propheten Noah, Abraham, Moses, Jesus und Mohammed an die große Quelle. Aus den Händen der Propheten biete ich Ihnen Wasser an und versuche, Ihnen beim Stillen Ihres Durstes zu helfen. Der großherzige Gott, der den Propheten die Aufgabe gab, Wasser zu verteilen, hat mir die Möglichkeit gegeben, Ihnen die Quelle zu zeigen, und darüber bin ich sehr glücklich.

Kommen Sie mit, trinken wir gemeinsam dieses völlig saubere Wasser.

Kommen Sie mit, vereinigen wir uns mit Gott und studieren wir dieses Rezept zur Rettung der Menschheit.

Gott hat uns ein Handbuch gegeben; nicht nur für den Frieden in unserem diesseitigen Leben, sondern auch, um ein ausgeglichenes ewiges Leben zu erreichen. Er hat damit für unser Wohlergehen gesorgt.

Eine Person, die Verkehrsregeln nicht befolgt oder sich in einem Gebiet bewegt, in dem keine Verkehrsregeln beachtet werden, hat, nachdem sie am Morgen von Zuhause weggegangen ist, nur eine kleine Chance, später dorthin zurückzukehren, ohne im Laufe des Tages in einen Unfall verwickelt zu werden. Ein Mensch, der sich von Gottes Fürsprache und Empfehlungen entfernt, hat es schwer, ein ausgeglichenes Leben zu führen. Die Regeln wurden gemacht, um den Menschen Schutz und Wohlergehen zu garantieren. Jemand, der keine Verkehrsregeln beachtet, verursacht Gefahren, sowohl für sich selbst als auch für andere. Jemand, der Gottes Regeln missachtet, verursacht ebenso Gefahren, sowohl für sich selbst als auch für andere.

Im Islam nimmt jedes Individuum selbst direkten Kontakt zu Gott auf. Da es zwischen dem Menschen und Gott keinen Vermittler gibt, kann niemand sich dazwischen stellen. Ein Muslim kann an jedem Ort beten, denn der ganze Erdball dient ihm als Gebetsstätte. Das kann das eigene Heim, eine Ebene, ein Berg oder eine Moschee sein; all diese Plätze sind gleichwertig. Gott ist überall und Er ist mit seinen Dienern immer ohne Vermittler in Verbindung. Jene, die sich dem System Gottes widersetzen, sind zum Scheitern verurteilt.

In muslimischen Gesellschaften hat es selten Volksaufstände gegen den Glauben gegeben. Im Gegenteil, das Volk hat seine Führer beschuldigt, sich vom Glauben zu entfernen. Jene, die Scheu vor Gerechtigkeit haben, fürchten den Islam. Jenen, die Gerechtigkeit wollen, gibt der Islam Hoffnung. In Geschichtszeitschriften wurde es als richtig anerkannt, dass die muslimischen Gesellschaften schwächer wurden, nachdem sie sich vom Glauben entfernt hatten. Heutzutage ist ein ähnlicher Vorgang zu beobachten. Eine Lösung wäre es, sich auf den Koran zu stützen, sich an Gott zu wenden und mit Ihm zu sein. Wir können unsere Leben in Ordnung bringen, wenn wir die Folgen, die durch die Missachtung seiner Regeln entstehen, fürchten.

Und die Gläubigen vergessen nicht:

„(...) Und der Ausgang ist für die Rechtschaffenen."
(Koran, 28,83)

Der von den Marionetten des Imperialismus und Kapitalismus vertretene Islam ist nicht der unverfälschte Islam. Ich möchte das in diesem Buch beweisen.

„'Gekommen ist die Wahrheit und dahingeschwunden ist das Falsche. Siehe, das Falsche schwindet schnell.'"
(Koran, 17,81)

Die Menschheit entsteht gerade aufs Neue. Nach einer kleinen Pause ist die Rückkehr des Systems Gottes wie eine schmerzhafte Wiedergeburt.

Am Ende des vergangenen Jahrhunderts haben wir den Kommunismus zu Grabe getragen. Die Kommunisten sagten, sie wären gekommen, um die Menschheit zu retten. Sie glaubten nicht daran, dass der Glaube die Menschheit retten würde, sondern sagten, das würde der Kommunismus tun. Aber der Kommunismus schaffte es nicht einmal, sich selbst zu retten.

Die Bäume blühen, wenn sie merken, dass sie bald sterben werden. Ähnliches tun auch andere Lebewesen. Das geschieht, weil jedes Lebewesen beim Herannahen des Todes möchte, dass sein Geschlecht, seine Gattung weiterlebt. So gibt es seiner Umwelt vor dem Tod ein Zeichen der Unsterblichkeit.

Auch der Kapitalismus und Imperialismus zeigen heute ihre Blüten! Aber wenn der Todesengel kommt, kann niemand helfen! Und bald werden auch die Imperialisten und Kapitalisten ihre Führung abgeben, ebenso wie der Kommunismus untergegangen ist. Dann tritt Frieden in die Welt.

Als der Freund des Propheten Mohammed, Kalif Umar, einen Fehler machte, schrie aus dem Volk eine Frau: *„Du hast einen Fehler gemacht, oh Umar, die richtige Sure im Koran ist diese...".* Sie las die betreffende Sure, und Kalif Umar antwortete: *„Sie hat recht, ich habe einen Fehler gemacht."* Er bereute und bat Gott um Vergebung. Wie Sie bemerken, tadelte eine Frau aus dem Volk Umar, der seinen Fehler einsah. Ohne viel Aufsehen um die Sache zu machen, gab er seinen Fehler zu. Gibt es in den heutigen islamischen Staaten derartige Führer? Nein, denn nicht einmal Männer dürfen ihren Mund aufmachen, ohne mit Strafe rechnen zu müssen, von Frauen ganz zu schweigen. Sobald sie die Plätze kleiner Götter eingenommen haben, erwarten diese Führer, dass sich das Volk ihren Wünschen unterwirft.

Ein Muslim, der eine Ungerechtigkeit sieht, sollte sofort aufschreien, dass etwas nicht stimmt. Ein Muslim darf sich nicht vor etwas Falschem beugen. Auch ich spreche in diesem Buch diejenigen an, die Falsches getan haben. Ich erwarte von ihnen, dass sie so reagieren wie Kalif Umar. Sie sollen ihre Fehler zugeben, auf den richtigen Weg zurückkehren und ihre Taten bereuen. Jene, die nicht imstande sind, Menschen anzuführen, mögen sich anderen Berufen zuwenden. Das Volk sollte selbst seinen Führer wählen, und die Führer sollte man auf ihre Fehler aufmerksam machen. Jene, die ihre Fehler verteidigen, sollte man aus ihren Ämtern entlassen.

Der Prophet Mohammed beratschlagte sich mit seinen Vertrauten, bevor er Entscheidungen traf, und das, obwohl er ein Prophet war. Deshalb lautet Gottes Anweisung:

„(...) und ziehe sie zu Rate in Sachen der Verwaltung; wenn du aber dich entschieden hast, dann setze dein Vertrauen auf Allah.(...)" (Koran 3,159)

Niemand wird als Herrscher geboren, sondern das Volk wählt seine Führer. Das Volk beobachtet auch, ob die Anführer Fehler machen, und kann die Macht dieser Führer bei den Wahlen beenden. Der Koran will das so. Der Glaube eines Alleinherrschers hat keine gottgegebene Beschlusskraft, auch wenn es sich dabei um den Propheten Mohammed selbst handelt.

Der Koran will keine Diktatur, sondern eine Demokratie. Auch das werde ich in diesem Buch darlegen. Nicht das Wohlergehen eines Einzelnen, sondern das der gesamten Gemeinschaft ist wichtig.

Der Besitz der 250 reichsten Menschen der Welt entspricht heute der Summe des Einkommens der halben Weltbevölkerung. Die Großen haben die Kleinen vergessen. Die Freiheit des Volkes ist zerschlagen worden, denn wir haben uns der wirtschaftlichen Macht unterworfen. Familienstrukturen brechen zusammen, wenn die Beziehungen zwischen Eltern und Kind oder Ehefrau und Ehemann materialistisch werden. Menschlichkeit, Barmherzigkeit und Liebe sind wie weggewischt.

Die Rettung der Menschheit wird geschehen, indem sich jeder auf das von Gott gegebene System stützt. Dieses

Buch ist eine Zusammenfassung der Botschaften Gottes, die von Noah, Abraham, Moses, Jesus und Mohammed überbracht wurden, sowie eine Zusammenfassung der Rezepte für die Rettung.

Ich habe die Rezepte so erklärt, dass alle sie verstehen können. In 7 Kapiteln gibt es Denkanstöße für Sie: Davon basiert einiges auf meinen eigenen Gedanken, aber es werden auch Vergleiche mit wissenschaftlichen Erkenntnissen gezogen. Die in meinem Buch gesammelten Verse des Korans und der Bibel und ihre Erklärungen sind für Sie wie ein Angebot von Quellwasser anstelle von Meerwasser.

Damit Sie Ihre Zeit nicht damit verbringen müssen, andere Bücher durchzublättern und zu vergleichen, habe ich, soweit es mir möglich war, auf meine Quellen hingewiesen. Manchmal wiederhole ich Zitate wegen ihrer unterschiedlichen Bedeutungen. Auch im Koran und in der Bibel gibt es je nach Notwendigkeit Wiederholungen, und da dies ein religiöses Buch ist, habe auch ich es für nötig gehalten, manches zu wiederholen.

Nachdem Sie dieses Buch gelesen haben, werden Sie auf völlig neue Gedanken kommen. Sie werden bemerken, wie machtlos jene bleiben, die versucht haben, Sie in die Irre zu führen. Sie werden die Botschaft Gottes besser verstehen als zuvor.

Dieses Buch ist vor allem für Studierende der Religionen und wissenschaftliche Religionsforscher gedacht. Es ist wichtig für Anhänger der Propheten Moses, Jesus und Mohammed, denn es bietet neue Gedanken und hilft sie besser denn je zu verstehen. Außerdem ist es für jene gedacht, die nicht an Gott glauben. Dieses Buch kann helfen, Antworten bezüglich der Existenz Gottes zu finden. Ebenso ist es für Vertreter anderer Religionen (Buddhismus, Hinduismus, Bahaismus, Amidismus, Zoroastrismus bzw. Zarathustrismus etc.) eine Hilfe, die Wahrheit zu verstehen. Es hilft, die Einheit Gottes zu beleuchten.

Ich habe dieses Buch um eines besseren diesseitigen Lebens und um ewigen Lebensfriedens Willen geschrieben.

Schenke uns Gott seinen Segen.

Helsinki, am 15. Juni 2004[*]
Yakup YILMAZ
www.yakupyilmaz.com

---

[*] Fertigstellungszeit der Originalversion dieses Buches

1. GOTT UND DER ISLAM

1.1 Wo findet man den Gott des Islam (Allah)?

"Allah ist das Licht der Himmel und der Erde. (...)"
(Koran, 24,35)

"Sprich: ‚Er ist Allah, der Einzige; Allah der Unabhängige und von allen Angeflehte. Er zeugt nicht und ward nicht gezeugt; und keiner ist Ihm gleich.'"
(Koran, 112,1-4)

"Der den Tod erschaffen hat und das Leben, dass Er euch prüfe, wer von euch der Beste ist im Handeln; (...)" *(Koran, 67,2)*

Die Menschen sagen: „Zeig mir Gott, und ich glaube an ihn."
Ich antworte ihnen: „Zeig mir ein Bild deines Verstandes, und ich glaube, dass du Verstand hast."
Wir können den Verstand nicht sehen, aber wir handeln nach unserem Verstand.
Auch das Universum funktioniert mit Hilfe einer unsichtbaren Kraft.
Wir glauben an unseren Verstand, obwohl wir ihn gar nicht sehen können. Warum können wir nicht an Gott (an den Schöpfer) glauben, auch wenn wir ihn nicht sehen? In allem und überall sind Zeichen Gottes.
Mit unseren Augen können wir Gott nicht sehen, da das Wahrnehmungsvermögen unserer Augen begrenzt ist.

> „(...) und Er weiß, was ihr verhehlt und was ihr offenbart; und Allah kennt alles, was in den Herzen ist." (Koran, 64,4)

Auch die Propheten konnten (oder durften), obwohl sie es wollten, ihren Gott nicht sehen.

Im Koran berichtet man darüber, wie Moses das Gesicht Gottes sehen wollte:

> „Und als Moses zu unserer Verabredung kam und sein Herr zu ihm redete, da sprach er: ‚Mein Herr, zeige (Dich) mir, auf dass ich Dich schauen mag.' Er antwortete: ‚Nimmer siehst du Mich, doch blicke auf den Berg; wenn er unverrückt an seinem Ort bleibt, dann sollst du Mich schauen.' Als sein Herr Sich dem Berg offenbarte, da brach Er diesen in Stücke, und Moses stürzte ohnmächtig nieder. Und als er zu sich kam, sprach er: ‚Heilig bist Du, ich bekehre mich zu Dir, und ich bin der erste der Gläubigen.'" (Koran, 7,143)

Im Islam wird Gott Allah genannt. Das hebräische Wort Eloah und das aramäische Alaha bedeuten dasselbe wie Allah. Jesus nannte seinen Gott in der aramäischen Sprache Alaha.

Der Koran sagt: „Gott ist näher als die Aorta des Menschen."

> „Wahrlich, Wir erschufen den Menschen, und Wir wissen alles, was sein Fleisch ihm zuflüstert; denn Wir sind ihm näher als die Halsader." (Koran, 50,16)

> „Siehst du denn nicht, dass Allah alles weiß, was in den Himmeln ist, und alles, was auf Erden ist? Keine geheime Unterredung zwischen dreien gibt es, bei der Er nicht vierter wäre, noch eine zwischen fünfen, bei

der Er nicht sechster wäre, noch zwischen weniger oder mehr als diesen, ohne dass Er mit ihnen wäre, wo immer sie sein mögen. Dann wird Er ihnen am Tage der Auferstehung verkünden, was sie getan. Wahrlich, Allah weiß alle Dinge." (Koran, 58,7)

Gott sagte durch Jesus: „Denn wo zwei oder drei in meinem Namen versammelt sind, da bin ich mitten unter ihnen." (Bibel, Matt. 18,20)

„Und wenn Meine Diener dich nach Mir fragen (sprich): ‚Ich bin nahe. Ich antworte dem Gebet des Bittenden, wenn er zu Mir betet. So sollten sie auf Mich hören und an Mich glauben, auf dass sie den rechten Weg wandeln mögen.'" (Koran, 2,186)

„Er weiß, was in den Himmeln und auf Erden ist, und Er weiß, was ihr verhehlt und was ihr offenbart; und Allah kennt alles, was in den Herzen ist." (Koran, 64,4)

„Ihn bitten alle, die in den Himmeln und auf Erden sind. Jeden Tag offenbart Er Sich in neuem Glanz." (Koran, 55,29)

„Allahs ist der Osten und der Westen; wohin immer ihr also euch wendet, dort ist Allahs Angesicht. Wahrlich, Allah ist freigebig, allwissend." (Koran, 2,115)

Um Gott zu verstehen, soll man um sich herum die Wunder und die Vielfalt der Natur betrachten.

„Und auf der Erde sind dicht beieinander (verschiedene) Landstriche und Rebengärten und Kornfelder und Dattelpalmen, aus einer Wurzel

zusammen erwachsend und andere nicht so erwachsend; mit dem nämlichen Wasser sind sie getränkt, dennoch lassen Wir die einen von ihnen die andern übertreffen an Frucht. Hierin sind wahrlich Zeichen für ein verstehendes Volk." (Koran, 13,4)

"Wahrlich, auch am Vieh habt ihr eine Lehre. Wir geben euch zu trinken von dem, was in ihren Leibern ist, zwischen Kot und Blut in der Mitte, Milch, lauter (und) angenehm denen, die trinken.(...) Wahrlich, darin ist ein Zeichen für Leute, die vom Verstand Gebrauch machen.." (Koran, 16,66-67)

"Haben die Ungläubigen nicht gesehen, dass die Himmel und die Erde in einem einzigen Stück waren (Anm.: Nach heutigem Kenntnisstand höchstverdichteter Wasserstoff.), dann zerteilten Wir sie? (Anm.: Im sog. Urknall), **und Wir machten aus Wasser alles Lebendige** *(Anm.: Auch dies ist entwicklungsgeschichtlich bestätigt.). Wollen sie denn nicht glauben?"* (Koran, 21,30)

"Dies sind Gleichnisse, die Wir für die Menschheit aufstellen, doch es verstehen sie nur jene, die Wissen haben." (Koran, 29,43)

Gott hat Samen geschaffen, in welchen sich Programme befinden, die zum Beispiel für das Wachstum eines Riesenbaums sorgen. Der Baum bringt dann neue Samen hervor.

Gott hat für alles, was lebt, solche Programme geschaffen, damit es sich immer weiter fortpflanzt.

Jedes Lebewesen hat seine eigene DNA, in der sich ein Programm befindet. Den Programmierer nennen wir Gott (Schöpfer).

Die derzeitige DNA-Forschung stützt die Sichtweise des Korans. Die DNA jedes Lebewesens ist unterschiedlich, und sie hat genaue Maße und Mengen.

> „Wir haben ein jegliches Ding nach Maß geschaffen. Und Unser Befehl wird (vollzogen) mit einem einzigen (Worte) gleich dem Blinzeln des Auges." (Koran, 54,49-50)

Ohne Programmierer gibt es kein Programm.

Jedes Lebewesen hat seine eigene Aufgabe. So haben auch die Sonne, der Mond und alle anderen Himmelskörper ihre eigenen Aufgaben.

> „Und Er hat für euch die Nacht und den Tag dienstbar gemacht und die Sonne und den Mond; und die Sterne sind dienstbar auf Sein Geheiß. Fürwahr, darin sind Zeichen für Leute, die von der Vernunft Gebrauch machen." (Koran, 16,12)

Im Universum ist der Mensch ein unbedeutender Faktor.

Gott will, dass der Mensch an ihn glaubt.

> „Und auf Erden sind Zeichen für jene, die fest im Glauben sind, Und in euch selber. Wollt ihr denn nicht sehen?" (Koran, 51,20-21)

> „Die Schöpfung der Himmel und der Erde ist größer als die Schöpfung der Menschen; allein die meisten Menschen wissen es nicht." (Koran, 40,57)

„In der Schöpfung der Himmel und der Erde und im Wechsel von Nacht und Tag und in den Schiffen, die das Meer befahren mit dem, was den Menschen nützt, und in dem Wasser, das Allah niedersendet vom Himmel, womit Er die Erde belebt nach ihrem Tode und darauf verstreut allerlei Getier, und im Wechsel der Winde und der Wolken, die dienen müssen zwischen Himmel und Erde, sind fürwahr Zeichen für solche, die verstehen." (Koran, 2,164)

„Seid ihr denn schwerer zu erschaffen oder der Himmel, den Er gebaut?" (Koran, 79,27)

Laut Wissenschaftern gibt es im Universum mehr als die zehnfache Anzahl der Sandkörner auf unserem Erdball an Sternen, die unserer Sonne entsprechen.

Ohne Gott (Schöpfer) ist es unmöglich, die Entstehung des Universums zu begreifen.

Gott hat von vornherein das Schicksal des Menschen von seiner Geburt bis zu seinem Tod festgelegt. Der Lebensweg eines ungeborenen Kindes ist schon im Mutterleib festgelegt.

Ein neugeborenes Kind weint, da es in völlig neue Lebensumstände gerät. Nachdem sich der Mensch an das Leben gewöhnt hat, weint er, weil sich der Tod nähert. Er will seine gewohnte Umgebung nicht loslassen. Das Leben geht weiter.

Wir kommen nackt zur Welt und verlassen die Welt auch nackt. Alles Diesseitige bleibt diesseitig. Der Körper bleibt hier, und die Seele (der Geist) geht zu Gott, denn sie ist ja auch von Gott gekommen.

"Wenn Ich ihn nun vollkommen geformt und ihm von Meinem Geiste eingehaucht habe, dann fallet mit ihm dienend nieder." (Koran, 15,29)

"Und nun kommt ihr einzeln zu Uns, wie Wir euch zuerst erschufen, und habt, was Wir euch bescherten, hinter euch gelassen, und Wir sehen nicht bei euch eure Fürsprecher, die ihr wähntet, sie seien (Gottes) Gegenpart in euren Sachen. Nun seid ihr voneinander abgeschnitten und das, was ihr wähntet, ist euch dahingeschwunden." (Koran, 6,94)

Wie ein Handy seinen Betrieb aufnimmt, wenn eine SIM-Karte eingelegt wird, erwacht auch der Körper auf ähnliche Art und Weise zum Leben, wenn er eine Seele bekommt.

Wir haben eine Seele, aber wir sehen sie nicht. Unser Sehvermögen ist begrenzt.

Wir sehen auch keine Dschinn, mit denen wir leben (siehe: „Geisterwelt und Zauberei").

Ohne Internetverbindung und Computer erreichen wir die Daten, die es im Internet gibt, nicht.

Ohne TV-Antenne und TV-Gerät erreichen uns keine TV-Programme (oder Bilder), die über Funksignale übermittelt werden.

Wir sehen keine Mikroben ohne Mikroskop.

In unseren Gehirnen befinden sich unglaubliche Kenntnisse, aber wir sehen auch sie nicht.

Ohne Computer können wir auch nichts sehen, was auf einer CD-ROM gespeichert ist.

Um sehen zu können, was außerhalb unserer direkten Wahrnehmungsfähigkeit liegt, brauchen wir irgendein Gerät oder Hilfsmittel.

Jesus sagte: „Ein Suchender findet, und jemandem, der anklopft, wird geöffnet."

Nach unserem Schicksal werden wir geboren und nach unserem Schicksal sterben wir.

"Weißt du nicht, dass Allah kennt, was im Himmel und was auf der Erde ist? Fürwahr, das steht in einem Buch, das ist für Allah ein leichtes." (Koran, 22,70)

"Sprich: ‚Euch ist die Frist von einem Tag festgesetzt, von der ihr nicht einen Augenblick säumen noch (ihr) vorauseilen könnt.'" (Koran, 34,30)

"Bei Ihm sind die Schlüssel des Verborgenen; keiner kennt sie als Er allein. Und Er weiß, was auf dem Lande ist und was im Meer. Und nicht ein Blatt fällt nieder, ohne dass Er es weiß; und kein Körnchen ist in der Erde Dunkel und nichts Grünes und nichts Dürres, das nicht in einem deutlichen Buch wäre." (Koran, 6,59)

"Er ist es, Der euch aus Lehm erschaffen, und dann bestimmte Er eine Frist.(...)" (Koran, 6,2)

"Zu sterben steht niemandem zu, es sei denn mit Allahs Erlaubnis - ein Beschluss mit vorbestimmter Frist. (...)" (Koran, 3,145)

"(...) Und kein Weib wird schwanger oder gebiert ohne Sein Wissen. Und keiner, dem das Leben verlängert wird, (sieht) sein Leben verlängert, noch wird sein Leben irgend verringert, ohne dass es in einem Buch stünde. Das ist ein leichtes für Allah." (Koran, 35,11)

"Und Allah hat euch aus dem Schoß eurer Mütter hervorgebracht, dieweil ihr nichts wusstet, und Er gab

euch Ohren und Augen und Herzen, auf dass ihr dankbar wäret." (Koran, 16,78)

„Jedes Lebewesen soll den Tod kosten. (...)" (Koran, 3,185)

„Er gibt Leben und sendet Tod, und zu Ihm kehrt ihr zurück." (Koran, 10,56)

Das Menschenleben ist von der Geburt bis zum Tod vorprogrammiert. Gott gab uns Heilige Bücher (Handbücher).

In diesen Büchern gibt es für alle Lebenssituationen klare Lichtsignale: **rot, gelb und grün.**

Wenn man das Menschenleben mit einem Computerprogramm vergleicht, entsprechen böse Taten einem Computervirus, und Gebete entsprechen Antivirusprogrammen.

Das Leben auf der Erde ist nur eine Vorbereitung für das kommende Leben nach dem Tod. Wir sollen in diesem Leben Bonuspunkte für das Jenseits sammeln und unsere Dankbarkeit gegenüber Gott zeigen.

Damit der Teufel unsere Programme nicht mit Viren durcheinanderbringt, müssen wir Gebete anwenden, also Antivirusprogramme.

Sinn und Zweck von Gebeten ist es, von Gott immerzu Anweisungen für die nächste Wegstrecke des Lebens zu bekommen. Gott ist wie ein Mobiltelefonanbieter, der, wenn er will, fähig ist, seinen Wanderer zu finden, und ihm bei Bedarf Anweisungen für den richtigen Weg gibt.

„Und wenn dich ein Anreiz von Satan berührt, dann nimm deine Zuflucht bei Allah. Wahrlich, Er ist der Allhörende, der Allwissende." (Koran, 41,36)

"Nein, Allah ist euer Beschützer, und Er ist der beste Helfer." (Koran, 3,150)

Um eine ständige Verbindung sicherzustellen, hat Gott fünf Gebetszeiten am Tag festgelegt (ungefähr eine Stunde täglich). Mit Hilfe der Gebete bringen wir Gott unsere Wünsche vor. Mit der Kraft der Gebete gehen wir durch das Leben und bereiten uns für das jenseitige Leben vor. Durch die körperlichen Übungen beim Gebet trainieren wir gleichzeitig unseren Körper, ohne in ein Fitnessstudio gehen zu müssen.

Unser ganzes Leben wird von zwei persönlichen Engeln überwacht, genauso als würde uns ständig eine Überwachungskamera beobachten:

"Für ihn (den Gesandten) ist eine Schar (von Engeln) vor ihm und hinter ihm; sie behüten ihn auf Allahs Geheiß. (...)" (Koran, 13,11)

"(...) Denn Wir sind ihm näher als die Halsader. Wenn die zwei aufnehmenden (Engel) niederschreiben, zur Rechten sitzend und zur Linken, kein Wort bringt er hervor, ohne dass neben ihm ein Wächter wäre, stets bereit (es aufzuzeichnen)." (Koran, 50,16-18)

"Keine Seele gibt es, die nicht einen Wächter über sich hätte." (Koran, 86,4)

"Jedoch es sind fürwahr Wächter über euch," (Koran, 82,10)

"(...) Wahrlich, Allah sieht alles, was ihr tut." (Koran, 2,110)

> *„Und alles, was sie getan haben, steht in den Büchern.
> Und alles Kleine und Große ist niedergeschrieben."
> (Koran, 54,52-53)*

Diese aufgezeichneten Ereignisse bestimmen, wie das jenseitige Leben aussehen wird, ob es das Paradies oder die Hölle sein wird:

> *„Und einem jeden Menschen haben Wir seine Werke an den Nacken geheftet; und am Tage der Auferstehung werden Wir ihm ein Buch vorlegen, das er entsiegelt finden wird. ‚Lies dein Buch. Heute genügt deine eigene Seele als Rechnerin wider dich.'" (Koran, 17,13-14)*

Die Aufgabe der Engel ist es, uns gemäß den Anweisungen Gottes auf den richtigen Weg zu bringen. Der Teufel (Satan) hat hingegen das Böse gewählt.

Der Mensch selbst wählt zwischen Gut und Böse.

Gott hat bei der Erschaffung des Menschen daran geglaubt, dass der Mensch unter Anleitung der Engel die richtigen Entscheidungen trifft. Gott sagte den Engeln:

> *„Und als dein Herr zu den Engeln sprach: ‚Ich will einen Statthalter auf Erden einsetzen', sagten sie: ‚Willst Du denn dort solche Wesen haben, die darauf Unfrieden stiften und Blut vergießen? - und wir loben und preisen Dich und rühmen Deine Heiligkeit.' Er antwortete: ‚Ich weiß, was ihr nicht wisst.' Und Er lehrte Adam alle Namen; dann stellte Er (die Benannten) vor die Engel hin und sprach: ‚Nennt Mir ihre Namen, wenn ihr im Recht seid.' Sie sprachen: ‚Heilig bist Du! Wir haben kein Wissen außer dem, was Du uns gelehrt hast; wahrlich, Du allein bist der Allwissende, der Allweise.' Er sprach: ‚O Adam, nenne*

> *ihnen ihre Namen'; und als er ihnen ihre Namen genannt hatte, sprach Er: ‚Habe Ich euch nicht gesagt: Ich weiß die Geheimnisse der Himmel und der Erde, und Ich weiß, was ihr offenbart und was ihr verhehlt?'"*
> *(Koran, 2,30-33)*

Aber der Teufel (Satan) hat den Menschen nicht respektiert:

> *„Und (gedenke der Zeit) da Wir zu den Engeln sprachen: ‚Verneigt euch vor Adam', und sie alle verneigten sich; nur Iblis nicht. Er weigerte sich und war zu stolz, denn er war der Ungläubigen einer."*
> *(Koran, 2,34)*

Die gegenwärtige Wissenschaft ist imstande, die Fingerabdrücke und die DNA jedes Menschen so zu speichern, dass sie als individuelle Personenkennzeichen verwendbar sind. Mit ihrer Hilfe kann die Identität eines Menschen festgestellt werden. Alle unsere Taten werden aufgezeichnet. Im Jenseits bekommt der Mensch seine eigene CD in die Hand, und Gott urteilt über ihn entsprechend der Daten auf der CD.

> *„Und alles, was sie getan haben, steht in den Büchern. Und alles Kleine und Große ist niedergeschrieben."*
> *(Koran, 54,52-53)*

Heutzutage ist es für den Menschen einfach, das zu verstehen. Wenn wir im Internet surfen, speichert der Computer alle Adressen, die wir ansteuern. Wenn dann jemand ein paar Tage später im Ordner „Verlauf" nachschaut, sieht er, wohin wir gesurft sind. Der Koran sagt uns, dass alles aufgezeichnet wird, egal was wir machen, und er sieht, dass Gott uns am Anfang des jenseitigen Lebens unsere Agenden (oder CDs) vorlegt!

Wenn Sie „Yakup" im Internet in eine Suchmaschine eingeben (z.B. bei www.google.com), kommen innerhalb einer Sekunde alle von mir verfassten Texte, die sich im Internet befinden, zum Vorschein. Auch Gott sieht und speichert, was wir im diesseitigen Leben gemacht haben!

Ein Telefonanbieter kann in kurzer Zeit alle von Ihrem Telefon getätigten oder erhaltenen Anrufe sowie deren Dauer herausfinden. Auch Gott kann das!

Dank der Wissenschaft können wir Bilder vom Weltall, von der Galaxie oder vom Ursprung des Universums sehen, und das obwohl jene Zeit schon längst vergangen ist! Alles bleibt erhalten, wie auch der Koran sagt.

Gott warnt uns erneut:

> *„Er hat den Menschen aus einem Samentropfen erschaffen. Doch siehe, er ist intelligent und streitsüchtig." (Koran, 16,4)*

Laut Gott ist das irdische Leben unbedeutend kurz verglichen mit der Ewigkeit. In dieser kurzen Zeit sollte der Mensch auf einen möglichst guten Lebenslauf (Curriculum Vitae) achten, sodass er nach seinem Tod ins Paradies gelangt.

> *„An diesem Tage wird jedem vergolten werden, was er verdient. Keine Ungerechtigkeit an diesem Tage! Wahrlich, Allah ist schnell im Abrechnen." (Koran, 40,17)*

Gott hat den Menschen aus Erde geschaffen und ihm einen Teil von seiner eigenen Seele gegeben. Deshalb ist die Seele des Menschen ein Teil Gottes.

> *„Bedenkt der Mensch denn nicht, dass Wir ihn zuvor erschufen, und er war ein Nichts?" (Koran, 19,67)*

„Wenn Ich ihn nun vollkommen geformt und ihm von **Meinem Geiste** eingehaucht habe, dann fallet mit ihm dienend nieder.'" (Koran, 15,29)

„Und sie fragen dich über die Seele. Sprich: ‚Die Seele entsteht auf den Befehl meines Herrn; und euch ist von Wissen nur wenig gegeben.' Und wenn Wir es wollten Wir könnten gewisslich wieder fortnehmen, was Wir dir offenbart; du fändest dann für dich in dieser Sache keinen Beschützer wider Uns," (Koran, 17,85-86)

„Wahrlich, Wir haben den Menschen in schönstem Ebenmaß erschaffen." (Koran, 95,4)

Wenn wir nach Gottes Anweisungen leben, würdigen wir ihn.
Im irdischen Leben danken wir für kleinste und unbedeutendste Geschenke. Gott gab uns das Leben, er gab uns alles, und deshalb ist es unsere Aufgabe, ihm unsere Dankbarkeit und Achtung zu zeigen.

„Darum gedenket Mein, Ich will euer gedenken; und danket Mir und seid **nicht undankbar gegen Mich**." (Koran, 2,152)

„Er ist es, Der die Erde für euch dienstfertig gemacht hat; wandert also auf ihren Wegen und genießet Seine Versorgung. Und zu Ihm wird die Auferstehung sein." (Koran, 67,15)

„Allah wird die Gerechten (von Bösem) befreien und ihnen Erfolg (verleihen); Unglück wird sie nicht berühren, noch werden sie trauern." (Koran, 39,61)

„Wir hatten euch auf der Erde festgesetzt und euch darin die Mittel bereitet zum Unterhalt. Wie wenig seid ihr dankbar!" (Koran, 7,10)

„(...) ‚Wann ist Allahs Hilfe?' Wahrlich, Allahs Hilfe ist nahe. (Koran, 2,214)

„Allah ist der Freund der Gläubigen: Er führt sie aus den Finsternissen ans Licht. (...)" (Koran, 2,257)

„(...) Und Allah weist nicht dem ungläubigen Volk den Weg." (Koran, 2,264)

Wenn Sie mich nicht anrufen, kann ich Ihnen auch nicht antworten! Das Gebet ist eine Möglichkeit, Gott anzurufen!

„(...) und die Ungerechten sollen keine Helfer finden." (Koran, 2,270)

Gott ist der Gott aller Menschen.

„Und euer Gott ist ein Einiger Gott; es ist kein Gott außer Ihm, dem Gnädigen, dem Barmherzigen.." (Koran, 2,163)

„Der Blinde und der Sehende sind nicht gleich; noch sind jene, die glauben und gute Werke tun, denen (gleich), die Böses tun. (...)" (Koran, 40,58)

„Sie fragen dich wegen der ‚Stunde': ‚Wann kommt sie wohl?' Doch was hast du mit ihrer Verkündung zu schaffen? (Koran, 79,42-43)

> *„Und sie sprechen: ‚Wann wird diese Verheißung (sich erfüllen), wenn ihr wahrhaftig seid?' Sprich: ‚Das Wissen (darum) ist bei Allah allein, und ich bin nur ein aufklärender Warner.'"* (Koran, 67,25-26)

Und ein neues Leben wartet auf uns:

> *„Am Tage, an dem sie sie schauen, (da wird es sein) als hätten sie (in der Welt) nicht länger geweilt als einen Abend oder den Morgen darauf."* (Koran, 79,46)

> *„Und sie sprechen: ‚Wenn wir Gebeine und Staub geworden sind, sollen wir dann wirklich zu einer neuen Schöpfung auferweckt werden?' Sprich: ‚Ob ihr Steine seid oder Eisen oder sonst geschaffener Stoff von der Art, die in eurem Sinn am schwersten wiegt.' Dann werden sie sprechen: ‚Wer soll uns ins Leben zurückrufen?' Sprich: ‚Er, Der euch das erste Mal erschuf.' Dann werden sie ihre Köpfe wider dich schütteln und sprechen: ‚Wann geschieht es?' Sprich: ‚Vielleicht geschieht es gar bald.'"* (Koran, 17,49-51)

> *„In Wahrheit, deines Herrn Erfassung ist furchtbar. Er ist es, Der erschafft und wiederkehren lässt;"* (Koran, 85,12-13)

> *„(...) Und das Leben in dieser Welt ist nur eine Sache der Täuschung."* (Koran, 57,20)

Auch in der **Hölle** wartet Leben:

> *„Wir haben viele der Dschinn und der Menschen erschaffen, deren Ende die Hölle sein wird! Sie haben Herzen, und sie verstehen nicht; sie haben Augen, und*

sie sehen nicht; sie haben Ohren, und sie hören nicht. Sie sind wie das Vieh; ja sie sind weit ärger abgeirrt. Sie sind fürwahr unbedacht" (Koran, 7,179)

Der Koran entstand zu einer Zeit, als Papier in seiner heutigen Form in den arabischen Ländern noch nicht bekannt war. Der Koran wurde auf **flache Steine, Palmenblätter, Papyrusstücke, Schulterblätter (Knochen) und Rippenknochen von Tieren, Lederstücke und Blätter von Bäumen** geschrieben.

Wie entstand ein so vollkommenes Buch zu jener Zeit? Der Koran ist Gottes Botschaft an die Menschheit.

Die meisten Systeme kommen und gehen, aber der Koran veraltet nicht. Er ist von Gott. Vom Schöpfer des Universums.

Es gibt Gott und Er ist uns nahe, denn unser Geist kommt von Ihm. Gott ist kein alter, weißbärtiger Mann, der im Himmel sitzt. Unsere Vorstellungskraft kann sich die äußere Erscheinung Gottes nicht vorstellen, denn es gibt nichts, was mit ihm gleich gestellt werden kann.

> „Blicke können Ihn nicht erreichen, Er aber erreicht die Blicke. Und Er ist der Gütige, der Allkundige. ,Sichtbare Beweise sind euch nunmehr gekommen von eurem Herrn; wer also sieht, es ist zu seinem eigenen Besten; und wer blind wird, es ist zu seinem eigenen Schaden. Und ich bin nicht ein Wächter über euch.'"
> (Koran, 6,103-104)

Wenn wir seine Anweisungen befolgen, haben wir die Möglichkeit, in diesem und im jenseitigen Leben in Frieden zu leben.

„'Glaubtet ihr denn, Wir hätten euch in Sinnlosigkeit geschaffen, und dass ihr nicht zu Uns zurückgebracht würdet?'" (Koran, 23/115)

1.2 Der Glaube Abrahams und der Prophet Mohammed

„Die, denen Wir die Schrift gegeben, erkennen sie, wie sie ihre Söhne erkennen; sicherlich aber verhehlen manche unter ihnen wissentlich die Wahrheit." (Koran, 2,146)

„Mohammed ist nicht der Vater eines eurer Männer, sondern der Gesandte Allahs und das Siegel (Anm.: D. h. der letzte der Propheten (al-khatam).) der Propheten; und Allah hat volle Kenntnis aller Dinge." (Koran, 33,40)

Der Koran ist die letzte Version des Glaubens Abrahams. Abraham war ein Muslim! Abraham war ein Aramäer! Ismael war Abrahams Sohn und Mohammed ist Ismaels Nachfahre!

Jesus nannte seinen Gott in **aramäischer** Sprache **Alaha**! Also **Allah,** wie Gott auch im Koran genannt wird!

Denn: **„mein Vater war ein heimatloser Aramäer."** (Bibel, Dtn 26,5)

Abraham, Ismael, Isaak, Jakob, Moses, David, Salomo, Jesus und Mohammed waren verwandt miteinander!

Alle Menschen stammen von einem Propheten ab, denn laut Koran war Adam der erste Prophet. Auch er bekam eine Botschaft von Gott.

Gott beurteilt den Menschen danach, wie der Mensch ihm dient.

Für Gott spielt es keine Rolle, ob jemand mit einem Propheten verwandt ist.

Laut Koran war der Feind des Propheten Mohammed sein Onkel **Abu Lahab** (Koran, 111,1-2).

Die Verwandtschaft mit einem Propheten garantiert also nicht automatisch einen Platz im Paradies. Jeder Mensch bekommt nach seinen Verdiensten einen Platz im Jenseits.

„(...) 'Und keine Seele wirkt, es sei denn gegen sich selbst, und keine Lasttragende trägt die Last einer anderen. Zu eurem Herrn dann ist eure Heimkehr, und Er wird euch über das belehren, worüber ihr uneins wart." (Koran, 6,164)

„Weder eure Bande der Blutsverwandtschaft noch eure Kinder werden euch am Tage der Auferstehung im geringsten nützen. (...)" (Koran, 60,3)

Aus Abrahams Geschlecht kamen sowohl gläubige als auch ungläubige Menschen, aber Abrahams Glauben besteht weiter!
Reich und arm, Präsident und Volk, Herr und Diener, Mann und Frau, alle sind sie vor Gott gleichwertig.

Im Koran findet man keine derartigen Worte:

„In die Versammlung des Herrn darf keiner aufgenommen werden, dessen Hoden zerquetscht sind oder dessen Glied verstümmelt ist. In die Versammlung des Herrn darf kein Bastard aufgenommen werden; auch in der zehnten Generation dürfen seine Nachkommen nicht in die Versammlung des Herrn aufgenommen werden." (Bibel, Dtn 23,2-3)

Der Prophet Mohammed ist der letzte Prophet und der Koran ist das letzte Buch Gottes.

*„**Mohammed** ist nicht der Vater eines eurer Männer, sondern der Gesandte Allahs und das **Siegel** (Anm.: D.*

h. der letzte der Propheten (al-khatam).) der Propheten; und Allah hat volle Kenntnis aller Dinge." (Koran, 33,40)

„Und Wir haben dich entsandt nur als einen Freudenboten froher Botschaft und Warner für die ganze Menschheit; (...)" (Koran, 34,28)

Die Propheten waren Menschen, mit deren Hilfe Gott seine Botschaften an die Menschheit richtete.
Alle Propheten aßen, tranken, schliefen, beteten, viele heirateten. Sie lebten und starben wie gewöhnliche Menschen.

*„Der **Messias**, Sohn der Maria, war nur ein Gesandter; gewiss, andere Gesandte sind vor ihm dahingegangen. Und seine Mutter war eine Wahrheitsliebende; beide pflegten sie Speise zu sich zu nehmen."* (Koran, 5,75)

„Sprich: ‚Ich bin nur ein Mensch wie ihr, doch mir ist es offenbart worden, dass euer Gott ein Einiger Gott ist. (...)" (Koran, 18,110)

„Und Wir entsandten vor dir lediglich Männer, denen Wir Offenbarung zuteil werden ließen (...) und Wir machten ihnen nicht einen Leib, dass sie keine Speise äßen, noch dass sie ewig lebten." (Koran, 21,7-8)

Mit Erlaubnis von Gott vollbrachten die Propheten auch Wunder (Zeichen).

„(...) Und kein Gesandter hätte ein Zeichen bringen können ohne Allahs Erlaubnis. (...)" (Koran, 40,78)

Laut Koran ist der **Islam auch der Glaube Abrahams,** und Abraham war ein Muslim:

> *„Und eifert in Allahs Sache, wie dafür geeifert werden soll. Er hat euch erwählt und hat euch keine Härte auferlegt in der Religion; (folget) dem **Bekenntnis eures Vaters Abraham**. Er ist es, Der euch vordem schon **Muslims** nannte und (nun) in diesem (Buche), damit der Gesandte Zeuge sei über euch und damit ihr Zeugen seiet über die Menschen. Drum verrichtet das Gebet und zahlet die Zakat und haltet fest an Allah. Er ist euer Gebieter. Ein vortrefflicher Gebieter und ein vortrefflicher Helfer!"* (Koran, 22,78)

> *„(...) Heute habe Ich eure Glaubenslehre für euch vollendet und Meine Gnade an euch erfüllt und euch den Islam zum Bekenntnis erwählt. (...)"* (Koran, 5,3)

Islam! Abrahams Glaube! Muslime des Korans, der Tora und des Evangeliums! Abraham war ein Muslim, Ismael war ein Muslim, Isaak war ein Muslim, Jakob war ein Muslim, Moses war ein Muslim, David war ein Muslim, Salomo war ein Muslim, Maria, die Mutter von Jesus, war ein Muslim, Jesus war ein Muslim und Mohammed war ein Muslim.

> *„Wahrlich, die Religion vor Allah ist Islam. (...)"* (Koran, 3,19)

> *„Sprich: ,Allah hat die Wahrheit gesprochen; **folget darum dem Glauben Abrahams, des Aufrichtigen; er war keiner der Götzendiener.'"*** (Koran, 3,95, siehe auch 16,120)

*"Sprich: ,Siehe, mich hat mein Herr auf einen geraden Weg geleitet - **zu dem rechten Glauben, dem Glauben Abrahams, des Aufrechten**. Und er war keiner der Götzendiener.'"* (Koran, 6,161, siehe auch 16,123)

Prophet Mohammed und die Araber sind die Nachfahren von Abrahams Sohn Ismael!

Wenn Sie kein Polytheist sind und glauben, dass es einen einzigen Gott gibt, dann sind auch Sie ein Muslim bzw. ein Rechtgläubiger wie Abraham!

Die letzte Version von Abrahams Glauben ist der Koran, genau wie die letzte Version eines Computerprogramms!

Auch alte Versionen funktionieren, aber die neueste ist immer am einfachsten anzuwenden.

Auch Windows 95 funktioniert, aber eine neue Version ist immer eine neue!

Viren befallen Programme, aber mit dem Koran löschen wir diese Viren wieder, denn wir haben die Originalversion.

Ismael war Abrahams Sohn.
Im Alten Testament spricht Gott zu Abraham:

"Auch was Ismael angeht, erhöre ich dich. Ja, ich segne ihn, ich lasse ihn fruchtbar und sehr zahlreich werden. Zwölf Fürsten wird er zeugen und ich mache ihn zu einem großen Volk." (Bibel, Gen 17,20)

"Eines Tages beobachtete Sara, wie der Sohn, den die Ägypterin Hagar Abraham geboren hatte, umhertollte. Da sagte sie zu Abraham: Verstoß diese Magd und ihren Sohn! Denn der Sohn dieser Magd soll nicht zusammen mit meinem Sohn Isaak Erbe sein." (Bibel, Gen 21,9-10)

Aber laut Bibel hatte Jakob zwei Mägde zur Frau und sie hatten vier Kinder. Warum wurde Ismael verdrängt?

> *„(...) Jakob hatte zwölf Söhne. Die Söhne Leas waren: Ruben, der Erstgeborene Jakobs, ferner Simeon, Levi, Juda, Issachar und Sebulon. Die Söhne Rahels waren Josef und Benjamin. Die Söhne Bilhas, der Magd Rahels, waren: Dan und Naftali. Die Söhne Silpas, der Magd Leas, waren: Gad und Ascher. Das waren die Söhne Jakobs, die ihm in Paddan-Aram geboren wurden. (Bibel, Gen 35,22-26)*

Wenn die Söhne der Nebenfrau von Jakob gewöhnliche Söhne waren, dann war auch Ismael ein normaler Sohn! Laut Bibel war Ismael der erstgeborene Sohn, und Hagar war eine Nebenfrau von Abraham:

> *„**Wenn ein Mann zwei Frauen hat**, eine, die er liebt, und eine, die er nicht liebt, und wenn beide ihm Söhne gebären, die geliebte wie die ungeliebte, und der erstgeborene Sohn von der ungeliebten stammt, dann darf er, wenn er sein Erbe unter seine Söhne verteilt, den Sohn der geliebten Frau nicht als Erstgeborenen behandeln und damit gegen das Recht des wirklichen Erstgeborenen, des Sohnes der ungeliebten Frau, verstoßen. Vielmehr soll er **den Erstgeborenen**, den Sohn der Ungeliebten, anerkennen, indem er ihm von allem, was er besitzt, **den doppelten Anteil gibt**. Ihn hat er zuerst gezeugt, er besitzt das Erstgeborenenrecht."* (Bibel, Dtn 21,15-17)

Demnach müsste Ismael laut Bibel der doppelte Anteil vom Besitz seines Vaters gegeben werden, denn das Erstgeborenenrecht gehörte ihm.

Der Koran kennt keine derartigen Regeln!
Gott sagt:

*„Aber auch den **Sohn der Magd will ich zu einem großen Volk machen**, weil auch er dein Nachkomme ist." (Bibel, Gen 21,13)*

Laut Koran war Ismael ein Prophet:

*„Erzähle, was in diesem Buch über **Ismael** steht. Er war fürwahr getreu seinem Versprechen und war ein Gesandter, ein Prophet. Er pflegte seinem Volk Gebet und Almosen ans Herz zu legen und war seinem Herrn wohlgefällig." (Koran, 19,54-55)*

*„Gott hörte den Knaben schreien; da rief der Engel Gottes vom Himmel her Hagar zu und sprach: Was hast du, Hagar? Fürchte dich nicht, Gott hat den Knaben dort schreien gehört, wo er liegt. **Steh auf, nimm den Knaben und halt ihn fest an deiner Hand; denn zu einem großen Volk will ich ihn machen**." (Bibel, Gen 21,17-18)*

Nach der Bibel entstammte dem Geschlecht Ismaels ein Prophet, so auch dem Geschlecht Isaaks!

Prophet Mohammed war ein Verwandter von Ismael, und auch Mohammed wurde zu einem großen Volk (Umma).

Zur **Umma** gehören Menschen, die daran glauben, dass Mohammed ein Prophet war. Nicht-gläubige Araber gehören nicht zum Volk von Mohammed (Umma), sie sind nur Verwandte!

Auch Jesus und Moses hatten ihr eigenes Volk.

Auch Tiere haben eine Umma:

> *„Kein Getier gibt es auf der Erde, keinen Vogel, der auf seinen zwei Schwingen dahinfliegt, die nicht **Gemeinschaften** (Anm.: oder Geschöpfe) wären **gleich euch**. Nichts haben Wir in dem Buch ausgelassen. Zu ihrem Herrn sollen sie dann versammelt werden."* (Koran, 6,38)

Die Menschheit der ganzen Welt ist eine Umma!
Wenn Sie den Koran lesen, verstehen Sie, dass Sie genau sein müssen.
Hier gibt es eine Definition zu „Umma":

> *„Und so machten Wir euch zu einem erhabenen Volke, dass ihr Wächter sein möchtet über die Menschen, und der Gesandte möge ein Wächter sein über euch. (...)"* (Koran, 2,143)

Hier will ich den Forschern weiteren Denkanstoß geben!
Ismael war vor Ort, als Abraham starb:

> *„Das ist die Zahl der Lebensjahre Abrahams: Hundertfünfundsiebzig Jahre wurde er alt, dann verschied er. Er starb in hohem Alter, betagt und lebenssatt, und wurde mit seinen Vorfahren vereint. Seine Söhne Isaak und Ismael begruben ihn in der Höhle von Machpela bei Mamre, (...)"* (Bibel, Gen 25,7-9)

Ismael ist also nicht weggegangen, sondern Abraham war in Kontakt mit ihm:

> *„Da sagte sie (Sara) zu Abraham: Verstoß diese Magd und ihren Sohn! Denn der Sohn dieser Magd soll nicht*

zusammen mit meinem Sohn Isak Erbe sein." (Bibel, Gen 21,10)

Vor Gott ist der Sohn der Magd gleichwertig wie auch die Magd.

Auch die Juden waren Viehzüchter.

*„Dann sagt: Deine Knechte sind von Jugend an bis jetzt **Viehzüchter** gewesen,(...)." (Bibel, Gen 46,34)*

Auch Abraham war ein Viehzüchter und er war von Gott auserwählt!

Ein zukünftiger Prophet wird in der Bibel erwähnt:

*„Damals sagte der Herr zu mir: Was sie von dir verlangen, ist recht. Einen Propheten **wie dich** will ich ihnen mitten unter ihren Brüdern entstehen lassen. **Ich will ihm meine Worte in den Mund legen und er wird ihnen alles sagen, was ich ihm auftrage.**" (Bibel, Dtn 18,17-18)*

*„Euer Gefährte (Mohammed) ist weder verirrt, noch ist er im Unrecht, **noch spricht er aus Begierde. Es (Anm.: der Koran) ist eine Offenbarung nur, die offenbart wird.**" (Koran, 53,2-4)*

Im Neuen Testament schreibt man wie folgt:

*„Doch ich (Jesus) sage euch die Wahrheit: Es ist gut für euch, dass ich fortgehe. Denn wenn ich nicht fortgehe, wird der Beistand nicht zu euch kommen; gehe ich aber, so werde ich ihn zu euch senden. Und wenn **er kommt, wird er die Welt überführen (und aufdecken), was Sünde, Gerechtigkeit und Gericht ist;***

Sünde: dass sie nicht an mich glauben; Gerechtigkeit: dass ich zum Vater gehe und ihr mich nicht mehr seht;" (Bibel, Joh 16,7-10)

*"**Wenn aber jener kommt, der Geist der Wahrheit,** wird er euch in die ganze Wahrheit führen. Denn er wird nicht aus sich selbst heraus reden, sondern er wird sagen, was er hört, und euch verkünden, was kommen wird. Er wird mich verherrlichen; denn er wird von dem, was mein ist, nehmen und es euch verkünden. Alles, was der Vater hat, ist mein; darum habe ich gesagt: Er nimmt von dem, was mein ist, und wird es euch verkünden."* (Bibel, Joh 16,13-15)

*"Darum sage ich (Jesus) euch: **Das Reich Gottes wird euch weggenommen und einem Volk gegeben werden, das die erwarteten Früchte bringt.**"* (Bibel, Mt 21,43)

Der versprochene Prophet Mohammed, welcher **der Geist der Wahrheit** ist, ist gekommen, wie Jesus es gesagt hatte!

Auch der Koran besagt, dass in der Tora und im Evangelium Gott verkündet hat, dass ein letzter Prophet kommen würde:

*"Siehe, dies (Anm.: der Koran) ist eine Offenbarung vom Herrn der Welten. **Der Geist, der die Treue hütet**, ist mit ihm (dem Koran) hinabgestiegen Auf **dein Herz**, dass du einer der Warner seiest, In deutlicher arabischer Sprache. Und ganz gewiss **ist er in den Schriften der Früheren** (erwähnt). Ist es ihnen denn nicht ein Zeichen, dass die **Kundigen unter den Kindern Israels ihn kennen**?"* (Koran, 26,192-197)

"(...) Und jene, denen Wir das Buch gegeben haben, wissen, dass es von deinem Herrn mit der Wahrheit herabgesandt ward; (...)" (Koran, 6,114)

*"Sprich: ‚Der **Geist der Heiligkeit** (Anm.: Gabriel wird hier so genannt (ar-ruh al-qudus).) hat ihn (den Koran) herabgebracht von deinem Herrn mit der Wahrheit, auf dass Er die festige, die da glauben, und zu einer Führung und einer frohen Botschaft für die Gottergebenen.'" (Koran, 16,102)*

Mohammed wurde als Nachfolger von Ismael, dem Sohn von Abrahams Ehefrau Hagar, geboren. Mohammed kommt in der Bibel vor. Ismael war Abrahams erster Sohn!

Moses war gleichzeitig Lehrer, Prophet, Anführer und Heerführer, und er hatte einen besonderen Einfluss auf sein Volk.

Jetzt sehen wir uns folgende Verse an:

"Wir gaben Moses fürwahr das Buch und ließen Gesandte folgen in seinen Fußstapfen; und Jesus, dem Sohn der Maria, gaben Wir offenkundige Zeichen und stärkten ihn mit dem Geiste der Heiligkeit. Wollt ihr denn, jedes Mal da ein Bote zu euch kommt mit dem, was ihr selbst nicht wünscht, hoffärtig sein und einige als Lügner behandeln und andere erschlagen?" (Koran, 2,87)

"Dass aber die Toten auferstehen, hat schon Mose in der Geschichte vom Dornbusch angedeutet, in der er den Herrn den Gott Abrahams, den Gott Isaaks und den Gott Jakobs nennt. Er ist doch kein Gott von Toten, sondern von Lebenden; denn für ihn sind alle lebendig." (Bibel, Luk 20,37-38)

„*Er verordnete für euch eine Glaubenslehre, die Er Noah anbefahl und die Wir dir offenbart haben und die Wir Abraham und Moses und Jesus auf die Seele banden: Nämlich, bleibet standhaft im Gehorsam, und seid nicht gespalten darin (Anm.: Der Koran geht von der ökumenischen Einheit aller Religionen aus.). Hart ist für die Heiden das, wozu du sie aufrufst. Allah wählt dazu aus, wen Er will, und leitet dazu den, wer sich bekehrt.*" (Koran, 42,13)

„*Sprich: ‚Wir glauben an Allah und an das, was zu uns herabgesandt worden und was herabgesandt ward zu Abraham und Ismael und Isaak und Jakob und den Nachfahren, und was gegeben ward Moses und Jesus und [anderen] Propheten von ihrem Herrn. Wir machen keinen Unterschied zwischen ihnen, und Ihm unterwerfen wir uns.'*" (Koran, 3,84)

„*Wahrlich, Wir sandten dir Offenbarung, wie Wir Noah Offenbarung sandten und den Propheten nach ihm; und Wir sandten Offenbarung Abraham und Ismael und Isaak und Jakob und (seinen) Kindern und Jesus und Hiob und Jonas und Aaron und Salomo, und Wir gaben David einen Psalm.*" (Koran, 4,163)

„*Wir entsandten ja auch Noah und Abraham und gaben ihren Nachkommen das Prophetentum und die Schrift. Einige unter ihnen waren auf dem rechten Weg, doch viele unter ihnen waren Empörer.*" (Koran, 57,26)

„*Die Juden und die Christen sagen: ‚Wir sind Söhne Allahs und Seine Lieblinge.' Sprich: ‚Warum straft Er euch dann für eure Sünden? Nein, ihr seid (bloß)*

Menschenkinder unter denen, die Er schuf.' Er vergibt, wem Er will, und Er straft, wen Er will. Allahs ist das Königreich der Himmel und der Erde und was zwischen beiden ist, und zu Ihm ist die Heimkehr." (Koran, 5,18)

„Und sie sprechen: ‚Werdet Juden oder Christen, auf dass ihr rechtgeleitet seiet.' Sprich: ‚Nein, (folget) dem Glauben Abrahams, des Aufrichtigen; er war keiner der Götzendiener.' Sprecht: ‚Wir glauben an Allah und was zu uns herabgesandt worden, und was herabgesandt ward Abraham und Ismael und Isaak und Jakob und (seinen) Kindern, und was gegeben ward Moses und Jesus, und was gegeben ward (allen andern) Propheten von ihrem Herrn. Wir machen keinen Unterschied zwischen ihnen; und Ihm ergeben wir uns.' (...)" (Koran, 2,135-136)

*„Oder wollt ihr sagen, **Abraham und Ismael und Isaak und Jakob und (seine) Kinder waren Juden oder Christen?**' Sprich: ‚Wisst ihr es besser oder Allah?' Und wer ist ungerechter, als wer das Zeugnis verhehlt, das er von Allah hat? Und Allah ist nicht achtlos eures Tuns." (Koran, 2,140)*

Der Name des Judentums leitet sich vom Namen von Jakobs Sohn ab: Juda. Das heißt, dass Jakob kein Jude war, denn Juda war sein Sohn! Auch Moses war der Nachfahre von Judas Bruder Levi!

Jakob hatte 12 Kinder! Juda war eines von ihnen!

Abraham hatte acht Söhne: Ismael, Isaak, Simran, Medan, Midian, Jischbak, Schuach und Jokschan.

Aus dem Geschlecht Ismaels stammte der letzte Prophet Mohammed, so wie es auch in der Bibel beschrieben wurde!

"Die, denen Wir die Schrift gegeben, erkennen sie, wie sie ihre Söhne erkennen; sicherlich aber verhehlen manche unter ihnen wissentlich die Wahrheit." (Koran, 2,146)

"Und (gedenke der Zeit) da Wir mit den Propheten den Bund eingingen, und mit dir, und mit Noah und Abraham und Moses und mit Jesus, dem Sohn der Maria. Wir gingen mit ihnen einen feierlichen Bund ein;" (Koran, 33,7)

"Das ist Unser Beweis, den Wir Abraham seinem Volk gegenüber gaben. Wir erheben in den Rängen, wen Wir wollen. Siehe, dein Herr ist allweise, allwissend. Wir schenkten ihm Isaak und Jakob; jeden leiteten Wir recht, wie Wir vordem Noah recht geleitet hatten und von seinen Nachfahren David und Salomo und Hiob und Joseph und Moses und Aaron. Also belohnen Wir die Wirker des Guten. Und (Wir leiteten) Zacharias und Johannes und Jesus und Elias; alle gehörten sie zu den Rechtschaffenen. Und (Wir leiteten) Ismael und Elisa und Jonas und Lot; sie alle zeichneten Wir aus unter den Völkern. Ebenso manche von ihren Vätern und ihren Kindern und ihren Brüdern: Wir erwählten sie und leiteten sie auf den geraden Weg." (Koran, 6,83-87)

"Und für jedes Volk ist ein Gesandter. Wenn also ihr Gesandter kommt, so wird zwischen ihnen entschieden nach Gerechtigkeit, und kein Unrecht widerfährt ihnen." (Koran, 10,47)

"Und in jedem Volke erweckten Wir einen Gesandten (der da predigte): ,Dienet Allah und meidet den Bösen.'

Dann waren unter ihnen einige, die Allah leitete, und es waren unter ihnen einige, die sich Verderben zuzogen. So reiset umher auf der Erde und seht, wie das Ende der Leugner war!" (Koran, 16,36)

„Das Menschengeschlecht war eine Gemeinde; dann erweckte Allah Propheten als Bringer froher Botschaft und als Warner (...)." (Koran, 2,213)

„Und nie zerstörten Wir eine Stadt, ohne dass sie Warner gehabt hätte." (Koran, 26,208)

„Und sicherlich entsandten Wir schon Gesandte vor dir; darunter sind manche, von denen Wir dir bereits erzählten, und es sind darunter manche, von denen Wir dir noch nicht erzählten; und kein Gesandter hätte ein Zeichen bringen können ohne Allahs Erlaubnis. Doch wenn Allahs Befehl ergeht, da wird die Sache zu Recht entschieden, und dann sind die verloren, die der Falschheit folgen." (Koran, 40,78)

„Dieser Gesandte glaubt an das, was zu ihm herabgesandt wurde von seinem Herrn, und (also) die Gläubigen: sie alle glauben an Allah, und an Seine Engel, und an Seine Bücher, und an Seine Gesandten (und sprechen): ,**Wir machen keinen Unterschied zwischen Seinen Gesandten**'; und sie sagen: ,Wir hören, und wir gehorchen. Uns Deine Vergebung, o unser Herr! und zu Dir ist die Heimkehr.'" (Koran, 2,285)

„Die aber an Allah glauben und an Seine Gesandten und zwischen keinem von ihnen einen Unterschied machen, sie sind es, denen Er bald ihren Lohn geben wird, und Allah ist allvergebend, barmherzig." (Koran, 4,152)

„(...) Und David gaben Wir ein Buch." (Koran, 17,55)

„Und bereits haben Wir in dem Buche (Davids), nach der Ermahnung, geschrieben, dass Meine rechtschaffenen Diener das Land erben sollen. Hierin ist wahrlich eine Botschaft für ein Volk, das (Gott) dient." (Koran, 21,105-106)

„Wir entsandten dich nur als eine Barmherzigkeit für alle Welten." (Koran, 21,107)

Der Koran ist von Gott gekommen, und Gottes Bote Mohammed gab ihn der Menschheit.
Die meisten Systeme kommen und gehen, aber der Koran veraltet nicht. Er ist von Gott, dem Schöpfer des Universums!

„Und mit der Wahrheit haben Wir es hinabgesandt, und mit der Wahrheit kam es hernieder. Und dich entsandten Wir nur als Bringer froher Botschaft und Warner." (Koran, 17,105)

„**Mohammed** ist nicht der Vater eines eurer Männer, sondern der Gesandte Allahs und das **Siegel** (Anm.: D. h. der letzte der Propheten (al-khatam).) der Propheten; und Allah hat volle Kenntnis aller Dinge." (Koran, 33,40)

1.3 Ist Jesus der Sohn Gottes?

"Er (Anm.: Jesus) antwortete: Ich bin nur zu den verlorenen Schafen des Hauses Israel gesandt." (Bibel, Mt 15,24)

"Jesus antwortete: Warum nennst du mich gut? Niemand ist gut außer Gott, dem Einen." (Bibel, Lk 18,19)

Wenn wir das Alte Testament und die vier Evangelien des Neuen Testaments genau betrachten, sehen wir, dass in der Bibel nicht vom Judentum und auch nicht vom Christentum die Rede ist!

Erst Paulus versuchte eine neue Glaubensgemeinschaft aufzubauen.

In den Evangelien von Matthäus, Markus, Lukas und Johannes erzählte Jesus nicht, dass er einen neuen Glauben in die Welt gebracht hätte.

"Denkt nicht, ich sei gekommen, um das Gesetz und die Propheten aufzuheben. Ich bin nicht gekommen, um aufzuheben, sondern um zu erfüllen. *Amen, das sage ich euch: Bis Himmel und Erde vergehen, wird auch nicht der kleinste Buchstabe des Gesetzes vergehen, bevor nicht alles geschehen ist."* (Bibel, Mt 5,17-18)

Der Glaube ist der gleiche Glaube wie Abrahams und der im Koran! Auch Jesus hat das gesagt!

"Dass aber die Toten auferstehen, hat schon Mose in der Geschichte vom Dornbusch angedeutet, in der er

den Herrn den **Gott Abrahams, den Gott Isaaks und den Gott Jakobs nennt. Er ist doch kein Gott von Toten,** sondern von Lebenden; denn für ihn sind alle lebendig." (Bibel, Lk 20,37-38)

„Jesus antwortete: Das erste ist: Höre, Israel, **der Herr, unser Gott, ist der einzige Herr."** (Bibel, Mk 12,29)

„Da sagte der Schriftgelehrte zu ihm: Sehr gut, Meister! Ganz richtig hast du gesagt: **Er allein ist der Herr, und es gibt keinen anderen außer ihm,"** (Bibel, Mk 12,32)

„**Und euer Gott ist ein Einiger Gott;** es ist kein Gott außer Ihm, dem Gnädigen, dem Barmherzigen." (Koran, 2/163)

„Jesus hörte es und sagte zu ihnen: Nicht die Gesunden brauchen den Arzt, sondern die Kranken. **Ich bin gekommen, um die Sünder zu rufen, nicht die Gerechten.**" (Bibel, Mk 2,17)

Jesus nannte seinen Gott in der aramäischen Sprache Alaha! Alaha ist Gottes Name, ebenso Allah, wie er im Koran genannt wird!

El, Eloah und Elohim; Jesus rief seinen Gott mit dem Namen Alaha!

Denn „*Mein Vater war ein heimatloser Aramäer.(...)*" (Bibel, Dtn 26,5)

Heutzutage glauben auch viele christliche Sekten nicht daran, dass Jesus Gottes Sohn war!

Betrachten wir als erstes das Buch „Atlas der Weltreligionen"*:

> *„Arius verlor und über Jesus wurde ein anderes Bild gegeben. Auch Jesus wollte kein derartiges Bild, dass er der Sohn Gottes wäre."*
>
> *„Eine der heißesten Kontroversen wurde von Arius (ca. 250-336) entflammt, einem alexandrinischen Priester, bei seinen Gegnern als Demagoge verschrien. Vereinfacht ausgedrückt, machte er geltend, dass Jesus Gott, dem Vater, untergeordnet sei, da Jesus gelitten hatte, während Gott ‚jenseits' allen Leidens sei. Für die Anhänger des Arius war dies eine willkommene Rückkehr zum buchstäblichen Monotheismus des Judentums. Dass Jesus im Arianismus einfach als guter Mensch dargestellt wurde (eine überraschend moderne Sichtweise), ließ ihn zugänglicher erscheinen.*
>
> *Viele andere Christen sahen darin jedoch die Preisgabe einer der Grundlagen des christlichen Glaubens – der Göttlichkeit Jesu Christi. Die Streitigkeiten steigerten sich bis zu kriegerischen Auseinandersetzungen, in deren Verlauf Zehntausende den Tod fanden, hauptsächlich in Ägypten, aber auch anderswo. 325 berief Konstantin das Konzil von Nizäa ein, um den Streit zu schlichten. Es entschied gegen Arius. Aber die Kontroverse schwelte weiter bis 381, als das Konzil von Konstantinopel den Arianismus erneut verdammte, was seinen Einfluss endgültig beendete.*

---

* Peter B. Clarke, Atlas der Weltreligionen, 1998, Federking & Thaler

Um die Zeit des Konzils von Nizäa war Konstantin noch mit einem anderen Streit befasst. Donatus von Karthago (gest. ca. 355) beurteilte das neue enge Verhältnis zwischen Kirche und Staat sehr kritisch und sprach sich für eine völlige Trennung sowie für die Rückkehr zu strenger Askese aus. Nachdem er die afrikanische Kirche in Fragen der Lehre gespalten hatte, versuchte er auch eine administrative Teilung. Entscheidend geschwächt wurde der Donatismus erst Anfang des 5. Jahrhunderts, als Augustinus von Hippo (354-430) argumentierte, dass die Kirche nicht durch ihre Mitglieder, sondern wegen ihrer Ziele heilig sei."

Das Konzil von **Nizäa** versuchte, den Streit im Jahre 325 zu lösen, indem verkündet wurde, dass Vater und Sohn die gleiche Erscheinung wären!

Die **Arianer** verloren, von Jesus wurde ein anderes Bild entworfen. Jesus wollte kein derartiges Bild von sich entstehen lassen, er wollte nicht, dass man denkt, er wäre der Sohn Gottes.

Ein anderes Problem der Kirche ist der Monotheismus des Alten Testaments.

*„Jetzt seht: **Ich bin es, nur ich, und kein Gott tritt mir entgegen.** Ich bin es, der tötet und der lebendig macht. Ich habe verwundet; nur ich werde heilen. Niemand kann retten, wonach meine Hand gegriffen hat." (Bibel, Dtn 32,39)*

„Ich bin der Erste, ich bin der Letzte, außer mir gibt es keinen Gott." (Bibel, Jes 44,6)

„Dort werdet ihr den Herrn, deinen Gott, wieder suchen. Du wirst ihn auch finden, wenn du dich mit

ganzem Herzen und mit ganzer Seele um ihn bemühst."
(Bibel, Dtn 4,29)

"Das hast du sehen dürfen, damit du erkennst: Jahwe ist der Gott, kein anderer ist außer ihm." *(Bibel, Dtn 4,35)*

"Der Herr sprach zu Mose: Hiermit **mache ich dich** *für den Pharao* **zum Gott***; dein Bruder* **Aaron soll dein Prophet sein.** *Du sollst alles sagen, was ich dir auftrage; dein Bruder Aaron soll es dem Pharao sagen und der Pharao muss die Israeliten aus seinem Land fortziehen lassen."* *(Bibel, Ex 7,1-2)*

"Du sollst den Herrn, deinen Gott, fürchten. Ihm sollst du dienen, an ihm sollst du dich fest halten, bei seinem Namen sollst du schwören. Er ist dein Lobgesang, er ist dein Gott." *(Bibel, Dtn 10,20-21)*

"Und nun, Israel, was fordert der Herr, dein Gott, von dir außer dem einen: dass du den Herrn, deinen Gott, fürchtest, indem du auf allen seinen Wegen gehst, ihn liebst und dem Herrn, deinem Gott, mit ganzem Herzen und mit ganzer Seele dienst; dass du ihn fürchtest, indem du auf die Gebote des Herrn und seine Gesetze achtest, auf die ich dich heute verpflichte. Dann wird es dir gut gehen." *(Bibel, Dtn 10,12-13)*

"Du sollst einen Tauben nicht verfluchen und einem Blinden kein Hindernis in den Weg stellen; vielmehr sollst du deinen Gott fürchten. Ich bin der Herr." *(Bibel, Lev 19,14)*

> *„Ihr sollt einander nicht übervorteilen. Fürchte deinen Gott; denn ich bin der Herr, euer Gott." (Bibel, Lev 25,17)*

> *„Ist das euer Dank an den Herrn, du dummes, verblendetes Volk? Ist er nicht dein Vater, dein Schöpfer? Hat er dich nicht geformt und hingestellt?" (Bibel, Dtn 32,6)*

> *„Weiter sprach er:* **Du kannst mein Angesicht nicht sehen; denn kein Mensch kann mich sehen und am Leben bleiben.** *" (Bibel, Ex 33,20)*

Demnach würde man Jesus nicht Gottes Sohn nennen, wenn die **Arianer** gewonnen hätten. Denn Abrahams Glaube besteht weiterhin!

Wer ist der Heilige Geist?
Laut Bibel war der **Heilige Geist** der Engel **Gabriel**!

> *„Mit der Geburt Jesu Christi war es so: Maria, seine Mutter, war mit Josef verlobt; noch bevor sie zusammengekommen waren, zeigte sich, dass sie ein Kind erwartete – durch das Wirken des* **Heiligen Geistes.** *" (Bibel, Mt 1,18)*

> *„Im sechsten Monat wurde der* **Engel Gabriel von Gott** *in eine Stadt in Galiläa namens Nazaret* **zu einer Jungfrau gesandt.** *Sie war mit einem Mann namens Josef verlobt, der aus dem Haus David stammte. Der Name der Jungfrau war Maria.* **Der Engel trat bei ihr ein und sagte:** *Sei gegrüßt, du Begnadete, der Herr ist mit dir. Sie erschrak über die Anrede und überlegte, was dieser Gruß zu bedeuten habe. Da sagte der Engel*

zu ihr: Fürchte dich nicht, Maria; denn du hast bei Gott Gnade gefunden. **Du wirst ein Kind empfangen, einen Sohn wirst du gebären:** *dem sollst du den Namen Jesus geben." (Bibel, Lk 1,26-31)*

Wir können also erkennen, dass der Engel **Gabriel** der **Heilige Geist** war!

„Sie sprach: 'Mein Herr, wie soll mir ein Sohn werden, wo mich kein Mann berührt hat?' Er sprach: 'So ist Allahs (Weg), Er schafft, was Ihm gefällt. Wenn Er ein Ding beschließt, so spricht Er zu ihm: **'Sei!'**, **und es ist.**" *(Koran, 3,47)*

„(...) Und Wir gaben Jesus, dem Sohn der Maria, klare Beweise und stärkten ihn mit dem Geist der Heiligkeit. (...)" (Koran, 2,253)

Die Bibel selbst wie auch der Koran stellen fest, dass der **Heilige Geist** der Engel **Gabriel** war (Bibel, Lk 1,26 und Mt 1,18 und auch Koran, 3,47 und 2,253)!

Laut Bibel war auch **Johannes der Täufer** erfüllt vom **Heiligen Geist**!

„Der **Engel aber sagte zu ihm***: Fürchte dich nicht, Zacharias! Dein Gebet ist erhört worden. Deine Frau Elisabet wird dir einen Sohn gebären; dem sollst du den Namen Johannes geben. Große Freude wird dich erfüllen und auch viele andere werden sich über seine Geburt freuen. Denn er wird groß sein vor dem Herrn. Wein und andere berauschende Getränke wird er nicht trinken und schon im Mutterleib wird er* **vom Heiligen Geist erfüllt** *sein." (Bibel, Lk 1,13-15, sehen Sie auch Mt 1,18)*

> *„Wenn nun schon ihr, die ihr böse seid, euren Kindern gebt, was gut ist, wie viel mehr wird **der Vater im Himmel den Heiligen Geist** denen geben, die ihn bitten." (Bibel, Lk 11,13)*

Der Koran betrachtet die Stellung von Jesus und Adam bei ihrer Geburt als gleichwertig.

> *„Wahrlich, Jesus ist vor Allah wie Adam. Er erschuf ihn aus Erde, dann sprach Er zu ihm: 'Sei!', und er war. Die Wahrheit ist es von deinem Herrn, so sei nicht der Zweifler einer." (Koran, 3,59-60)*

Jesus hatte eine Mutter, aber Adam hatte keine. Wenn Jesus Gottes Sohn ist, dann ist auch Adam Gottes Sohn!

> *„Sprich: 'Er ist Allah, der Einzige; Allah, der Unabhängige und von allen Angeflehte. Er zeugt nicht und ward nicht gezeugt; Und keiner ist Ihm gleich.'" (Koran, 112,1-4)*

> *„Rufet denn Allah an (...)." (Koran, 40,14)*

Jesus selbst sagte auch: „Ich bin nicht Gott, sondern ich habe einen Gott, ich diene Ihm."

> *„Da sagte Jesus zu ihm: Weg mit dir, Satan! Denn in der Schrift steht: **Vor dem Herrn, deinem Gott, sollst du dich niederwerfen und ihm allein dienen.**" (Bibel, Mt 4,10 und Lk 4,8)*

> *„Wacht und betet, damit ihr nicht in Versuchung geratet." (Bibel, Mk 14,38)*

Was bedeutet also der Ausdruck „Vater und Sohn"?

Der Vater, mein Vater, unser Vater, dein Vater und euer Vater bedeuten: Herr, mein Herr, unser Herr, dein Herr und euer Herr.

Lesen Sie genau und denken Sie nach. Dann verstehen Sie, wie man in der Bibel die Worte **Vater, Sohn, Kinder Gottes, unser Vater, euer Vater oder mein Vater** gebraucht.

„Der Sohn ehrt seinen Vater und der Knecht seinen Herrn. Wenn ich der Vater bin – wo bleibt dann die Ehrerbietung? Wenn ich der Herr bin – wo bleibt dann die Furcht vor mir?, spricht der Herr (...)." (Bibel, Mal 1,6)

*„Bittet, dann wird euch gegeben; sucht, dann werdet ihr finden; klopft an, dann wird euch geöffnet. Denn wer bittet, der empfängt; wer sucht, der findet; und wer anklopft, dem wird geöffnet. Oder ist einer unter euch, der seinem Sohn einen Stein gibt, wenn er um Brot bittet, oder eine Schlange, wenn er um einen Fisch bittet? Wenn nun schon ihr, die ihr böse seid, euren Kindern gebt, was gut ist, wie viel mehr wird **euer Vater** im Himmel denen Gutes geben, die ihn bitten." (Bibel, Mt 7,7-11)*

*„Ihr seid **Kinder des Herrn, eures Gottes**. Ihr sollt euch für einen Toten nicht wund ritzen und keine Stirnglatzen scheren. Denn du bist ein Volk, das dem Herrn, deinem Gott, heilig ist, (...)." (Bibel, Dtn 14,1-2)*

„Auch sollt ihr niemand auf Erden euren Vater nennen; denn nur einer ist euer Vater, der im Himmel." (Bibel, Mt 23,9)

*„Jesus sagte: Wenn man zu euch sagt: Woher seid ihr gekommen?, sagt zu ihnen: Wir sind aus dem Lichte gekommen, wo das Licht durch sich selbst entstanden ist. Es stand und es erschien in ihrem Bilde. Wenn man zu euch sagt: Wer seid ihr?, sagt: Wir sind seine Söhne und wir sind die Auserwählten des lebendigen Vaters. Wenn man euch fragt: **Was ist das Zeichen eures Vaters an euch?**, sagt zu ihnen: **Bewegung ist es und Ruhe.***" *(Evangelium nach Thomas, 50)*

*„Jesus sagte: **Wenn ihr euch selbst erkennt, dann werdet ihr erkannt werden und ihr werdet erkennen, dass ihr die Söhne des lebendigen Vaters seid.***" *(Evangelium nach Thomas, 50)*

*„Dann sag zum Pharao: So spricht Jahwe: Israel ist mein **erstgeborener Sohn**.*" *(Bibel, Ex 4,22)*

*„Selig, die Frieden stiften; denn sie werden **Söhne Gottes genannt** werden."* *(Bibel, Mt 5,9)*

*„(...) Denn ich bin **Israels Vater** und Efraim ist mein **erstgeborener** Sohn."* *(Bibel, Jer 31,9)*

*„Du aber geh in deine Kammer, wenn du betest, und schließ die Tür zu; dann bete **zu deinem Vater**, der im Verborgenen ist. Dein Vater, der auch das Verborgene sieht, wird es dir vergelten."* *(Bibel, Mt 6,6)*

*„Hütet euch, eure Gerechtigkeit vor den Menschen zur Schau zu stellen; sonst habt ihr keinen Lohn **von eurem Vater** im Himmel zu erwarten." (Bibel, Mt 6,1)*

*„Fürchte dich nicht, du kleine Herde! Denn **euer Vater** hat beschlossen, euch das Reich zu geben." (Bibel, Lk 12,32)*

*„Nicht ihr werdet dann reden, sondern der Geist **eures Vaters** wird durch euch reden." (Bibel, Mt 10,20)*

*„Dort werden die sitzen, für die **mein Vater** diese Plätze bestimmt hat." (Bibel, Mt 20,23)*

*„Damit ihr **Söhne eures Vaters** im Himmel werdet; denn er lässt seine Sonne aufgehen über Bösen und Guten, und er lässt regnen über Gerechte und Ungerechte." (Bibel, Mt 5,45)*

*„Seid barmherzig, wie es auch **euer Vater** ist!" (Bibel, Lk 6,36)*

*„Dann werden die Gerechten im Reich **ihres Vaters** wie die Sonne leuchten. Wer Ohren hat, der höre!" (Bibel, Mt 13,43)*

*„Wenn nun schon ihr, die ihr böse seid, euren Kindern gebt, was gut ist, wie viel mehr wird **der Vater** im Himmel den Heiligen Geist denen geben, die ihn bitten." (Bibel, Lk 11,13)*

*„Macht es nicht wie sie; denn **euer Vater** weiß, was ihr braucht, noch ehe ihr ihn bittet." (Bibel, Mt 6,8)*

*„So sollt ihr beten: Unser **Vater** im Himmel, dein Name werde geheiligt." (Bibel, Mt 6,9)*

*„Denn wenn ihr den Menschen ihre Verfehlungen vergebt, dann wird **euer himmlischer Vater** auch euch vergeben. Wenn ihr aber den Menschen nicht vergebt, dann wird euch euer Vater eure Verfehlungen auch nicht vergeben." (Bibel, Mt 6,14-15)*

*„Damit die Leute nicht merken, dass du fastest, sondern nur **dein Vater**, der auch das Verborgene sieht; und dein Vater, der das Verborgene sieht, wird es dir vergelten." (Bibel, Mt 6,18)*

*„Seht euch die Vögel des Himmels an: Sie säen nicht, sie ernten nicht und sammeln keine Vorräte in Scheunen; **euer himmlischer Vater** ernährt sie. Seid ihr nicht viel mehr wert als sie?" (Bibel, Mt 6,26)*

*„Denn um all das geht es den Heiden. **Euer himmlischer Vater** weiß, dass ihr das alles braucht." (Bibel, Mt 6,32)*

*„Und er streckte die Hand über seine Jünger aus und sagte: Das hier sind **meine Mutter und meine Brüder**. Denn **wer den Willen meines himmlischen Vaters erfüllt,** der ist **für mich Bruder** und **Schwester** und **Mutter**." (Bibel, Mt 12,49-50)*

*„Da kamen die Jünger zu ihm und sagten: **Warum redest du zu ihnen in Gleichnissen?** Er antwortete: Euch ist es gegeben, die Geheimnisse des Himmelreichs zu erkennen; ihnen aber ist es nicht gegeben. Denn wer hat, dem wird gegeben, und er wird im Überfluss*

haben; wer aber nicht hat, dem wird auch noch weggenommen, was er hat. Deshalb rede ich zu ihnen in Gleichnissen, weil sie sehen und doch nicht sehen, weil sie hören und doch nicht hören und nichts verstehen." (Bibel, Mt 13,10-13)

Wenn Jesus Gottes Sohn war, dann sind auch Jakob, Efraim und wir Gottes Kinder!

Die Muslime halten Jesus für einen wichtigen Propheten, aber nur für einen Propheten unter anderen Propheten.

Als Paulus seine Briefe an die Römer, Epheser, Korinther, Galater, Philipper, Kolosser, Thessalonicher usw. schrieb, konnte er nicht ahnen, dass aus ihnen einmal ein Heiliges Buch entstehen würde!

Die **Arianer verloren den Streit**, über Jesus wurde ein anderes Bild verbreitet. Jesus wollte kein derartiges Bild von sich entstehen lassen, dass er Gottes Sohn wäre.

„Jesus antwortete: **Warum nennst du mich gut? Niemand ist gut außer Gott, dem Einen.**" *(Bibel, Lk 18,19)*

Jesus sagte also: *„Ich bin nicht Gott!"*

„Meister, welches Gebot im Gesetz ist das wichtigste? Er antwortete ihm: **Du sollst den Herrn, deinen Gott, lieben mit ganzem Herzen, mit ganzer Seele und mit all deinen Gedanken. Das ist das wichtigste und erste Gebot.**" *(Bibel, Mt 22,36-38)*

„Jesus sagte: **Wenn ihr den seht, der nicht geboren worden ist vom Weibe, werft euch auf euer Antlitz und**

verehrt ihn. Jener ist euer Vater." (Evangelium nach Thomas, 15)

„Er antwortete: Ich bin nur zu den verlorenen Schafen des Hauses Israel gesandt." (Bibel, Mt 15,24)

„Denkt nicht, ich sei gekommen, um das Gesetz und die Propheten aufzuheben. Ich bin nicht gekommen, um aufzuheben, sondern um zu erfüllen." (Bibel, Mt 5,17)

„Denkt nicht, ich sei gekommen, um Frieden auf die Erde zu bringen. Ich bin nicht gekommen, um Frieden zu bringen, sondern das Schwert . Denn ich bin gekommen, um den Sohn mit seinem Vater zu entzweien und die Tochter mit ihrer Mutter und die Schwiegertochter mit ihrer Schwiegermutter;" (Bibel, Mt 10,34-35)

Gott spricht durch den Mund der Propheten! Durch Moses, durch David, durch Jesus und durch Mohammed, immer nur sprach Gott durch den Menschen!

„(...) Und dem Gesandten obliegt nur die deutliche Verkündigung.'" (Koran, 29/18)

Gott befiehlt und Jesus spricht:

„Der Herr sprach zu Mose: Hiermit mache ich dich für den Pharao zum Gott; dein Bruder Aaron soll dein Prophet sein. Du sollst alles sagen, was ich dir auftrage; dein Bruder Aaron soll es dem Pharao sagen und der Pharao muss die Israeliten aus seinem Land fortziehen lassen." (Bibel, Ex 7,1-2)

Gott spricht auch durch Jesus:

„Es sagte Jesus: Ich bin das Licht, das über ihnen allen ist. Ich bin das All. Es ist das All aus mir hervorgegangen und das All ist zu mir gelangt. Spaltet ein Stück Holz, Ich bin da. Hebt den Stein auf und ihr werdet mich da finden." (Evangelium nach Thomas, 77)

„Bittet, dann wird euch gegeben; sucht, dann werdet ihr finden; klopft an, dann wird euch geöffnet. Denn wer bittet, der empfängt; wer sucht, der findet; und wer anklopft, dem wird geöffnet." (Bibel, Mt 7,7-8)

„Denn wo zwei oder drei in meinem Namen versammelt sind, da bin ich mitten unter ihnen." (Bibel, Mt 18,20)

Gott spricht durch Mohammed:

„Wahrlich, Wir erschufen den Menschen, und Wir wissen alles, was sein Fleisch ihm zuflüstert; denn Wir sind ihm näher als die Halsader." (Koran, 50,16)

„Und wenn Meine Diener dich nach Mir fragen (sprich): 'Ich bin nahe. Ich antworte dem Gebet des Bittenden, wenn er zu Mir betet. So sollten sie auf Mich hören und an Mich glauben, auf dass sie den rechten Weg wandeln mögen.'" (Koran, 2,186)

„Wahrlich, Wir haben den Menschen in schönstem Ebenmaß erschaffen." (Koran, 95,4)

„(...) Wohin immer ihr also euch wendet, dort ist Allahs Angesicht. (...)" (Koran, 2,115)

Gott spricht durch Moses:

„Jetzt seht: Ich bin es, nur ich, und kein Gott tritt mir entgegen. Ich bin es, der tötet und der lebendig macht. Ich habe verwundet; nur ich werde heilen. Niemand kann retten, wonach meine Hand gegriffen hat." (Bibel, Dtn 32,39)

Jesus war der Gesandte Gottes:

„Die Leute sagten: Das ist der Prophet Jesus von Nazaret in Galiläa." (Bibel, Mt 21,11)

„Alle wurden von Furcht ergriffen; sie priesen Gott und sagten: Ein großer Prophet ist unter uns aufgetreten: Gott hat sich seines Volkes angenommen. Und die Kunde davon verbreitete sich überall in Judäa und im ganzen Gebiet ringsum." (Bibel, Lk 7,16-17)

„Sie kamen zu ihm und sagten: Meister, wir wissen, dass du immer die Wahrheit sagst und dabei auf niemand Rücksicht nimmst; denn du siehst nicht auf die Person, sondern lehrst wirklich den Weg Gottes." (Bibel, Mk 12,14)

„Jesus antwortete ihnen: Nicht die Gesunden brauchen den Arzt, sondern die Kranken. Ich bin gekommen, um die Sünder zur Umkehr zu rufen, nicht die Gerechten." (Bibel, Lk 5,31-32)

„Denkt nicht, ich sei gekommen, um das Gesetz und die Propheten aufzuheben. **Ich bin nicht gekommen, um aufzuheben, sondern um zu erfüllen."** *(Bibel, Mt 5,17)*

„Er antwortete: **Ich bin nur zu den verlorenen Schafen des Hauses Israels gesandt.**" *(Bibel, Mt 15,24)*

„Wer ein solches Kind um meinetwillen aufnimmt, der nimmt mich auf; **wer aber mich aufnimmt, der nimmt nicht nur mich auf, sondern den, der mich gesandt hat.***" (Bibel, Mk 9,37)*

„(...) Und kein Gesandter hätte ein Zeichen bringen können ohne Allahs Erlaubnis. (...)" (Koran, 40,78)

Nach jüdischer Tradition wird Jesus nicht Gottes Sohn genannt.

Monotheismus ist der Grundstein des Korans, des christlichen Glaubens und des Glaubens der Juden. Es existiert nur ein einziger Gott, dem man dienen muss. Dies ist der Glaube Abrahams! Der Name dieses Glaubens ist Islam!

„Jesus antwortete: Das erste ist: Höre, Israel, **der Herr, unser Gott, ist der einzige Herr.***" (Bibel, Mk 12,29)*

„Und euer Gott ist ein Einiger Gott; *es ist kein Gott außer Ihm, dem Gnädigen, dem Barmherzigen." (Koran, 2,163)*

„Jesus antwortete: **Warum nennst du mich gut? Niemand ist gut außer Gott dem Einen.***" (Bibel, Lk 18,19)*

73

> *„Allah - es gibt keinen Gott außer Ihm, dem Lebendigen, dem aus Sich Selbst Seienden und Allerhaltenden. (...)"* (Koran, 2,255)

> *„Dies sind Gleichnisse, die Wir für die Menschheit aufstellen, doch es verstehen sie nur jene, die Wissen haben."* (Koran, 29,43)

Einige christlichen Theologen und Wissenschaftler sagten in den 1970er-Jahren voraus, dass der christliche Glaube noch vor dem Jahr 2000 sterben würde. Immer mehr Menschen treten heutzutage aus der Kirche aus. Denn das Licht wurde gelöscht, und die Menschen haben keine Hoffnung mehr! Die Priester verstehen nicht, was Jesus meinte, wenn er sagte „Vater", „euer Vater", „dein Vater", „mein Vater". Was ist Glaube eigentlich wirklich?

> *„Und (gedenke der Zeit) da Jesus, Sohn der Maria, sprach: 'O ihr Kinder Israels, ich bin Allahs Gesandter an euch, Erfüller dessen, was von der Thora vor mir ist, und Bringer der frohen Botschaft von einem Gesandten, der nach mir kommen wird. Sein Name wird Ahmad sein.' Und als er zu ihnen kam mit deutlichen Zeichen, sprachen sie: 'Das ist offenkundiger Betrug.'"* (Koran, 61,6)

> *„Und der Maria, der Tochter İmráns, die ihre Keuschheit bewahrte - drum hauchten Wir ihm von Unserem Geist ein -, und sie glaubte an die Worte ihres Herrn und an Seine Schriften und war der Gehorsamen eine."* (Koran, 66,12)

> *„Und die, denen die Schrift gegeben ward, waren nicht eher gespalten, als nachdem der deutliche Beweis zu*

ihnen gekommen war. Und doch war ihnen nichts anderes befohlen, als Allah zu dienen, in lauterem Gehorsam gegen Ihn und aufrechtem Glauben, und das Gebet zu verrichten und die Zakat zu zahlen. Und das ist der beständige Glaube." (Koran, 98,4-5)

„Der Messias, Sohn der Maria, war nur ein Gesandter; gewiss, andere Gesandte sind vor ihm dahingegangen. Und seine Mutter war eine Wahrheitsliebende; beide pflegten sie Speise zu sich zu nehmen. (...)" (Koran, 5,75)

„Sprich: 'Aller Preis gebührt Allah, Der Sich keinen Sohn zugesellt hat und niemanden neben Sich hat in der Herrschaft noch sonst einen Gehilfen aus Schwäche.' Und preise Seine Herrlichkeit mit aller Verherrlichung." (Koran, 17,111)

„Und damit es jene warne, die da sagen: 'Allah hat Sich einen Sohn beigesellt.' Sie haben keinerlei Kenntnis davon, noch hatten es ihre Väter. Groß ist das Wort, das aus ihrem Munde kommt. Sie sprechen nichts als Lüge." (Koran, 18,4-5)

„Es ziemt Allah nicht, Sich einen Sohn zuzugesellen. Heilig ist Er! Wenn Er ein Ding beschließt, so spricht Er nur zu ihm: 'Sei!', und es ist." (Koran, 19,35)

„Und sicherlich entsandten Wir schon Gesandte vor dir; darunter sind manche, von denen Wir dir bereits erzählten, und es sind darunter manche, von denen Wir dir noch nicht erzählten; und kein Gesandter hätte ein Zeichen bringen können ohne Allahs Erlaubnis. Doch wenn Allahs Befehl ergeht, da wird die Sache zu Recht *entschieden, und dann sind die verloren, die der Falschheit folgen."* (Koran, 40,78)

„Dann ließen Wir Unsere Gesandten ihren Spuren folgen; und Wir ließen Jesus, den Sohn der Maria, (ihnen) folgen, und Wir gaben ihm das Evangelium. Und in die Herzen derer, die ihm folgten, legten Wir Güte und Barmherzigkeit. Das Mönchstum jedoch, das sie sich erfanden - das schrieben Wir ihnen nicht vor - um das Trachten nach Allahs Wohlgefallen; doch sie befolgten es nicht auf richtige Art. Dennoch gaben Wir denen unter ihnen, die gläubig waren, ihren Lohn, aber viele unter ihnen waren ruchlos." (Koran, 57,27)

„Allah - es gibt keinen Gott außer Ihm, dem Lebendigen, dem aus Sich Selbst Seienden und Allerhaltenden." (Koran, 3,2)

„Sie (Anm.: Maria) sprach: 'Mein Herr, wie soll mir ein Sohn werden, wo mich kein Mann berührt hat?' Er sprach: 'So ist Allahs (Weg), Er schafft, was Ihm gefällt. Wenn Er ein Ding beschließt, so spricht Er zu ihm: 'Sei!', und es ist.' Und Er wird ihn das Buch lehren und die Weisheit und die Thora und das Evangelium; Und (wird ihn entsenden) als einen Gesandten zu den Kindern Israels (dass er spreche): 'Ich komme zu euch mit einem Zeichen von eurem Herrn: Dass ich für euch aus Ton bilden werde, wie ein Vogel bildet; dann werde ich ihm (Geist) einhauchen, und es wird ein beschwingtes Wesen werden nach Allahs Gebot; und ich werde die Blinden und die Aussätzigen heilen und die Toten lebendig machen nach Allahs Gebot; und ich werde euch verkünden, was ihr essen und was ihr aufspeichern möget in euren Häusern

Wahrlich, darin ist ein Zeichen für euch, wenn ihr gläubig seid.' Und (ich komme) das zu erfüllen, was vor mir war, nämlich die Thora, und euch einiges zu erlauben von dem, was euch verboten war; und ich komme zu euch mit einem Zeichen von eurem Herrn; so fürchtet Allah und gehorchet mir. Wahrlich, Allah ist mein Herr und euer Herr; so betet Ihn an: dies ist der gerade Weg." (Koran, 3,47-51)

„Wie Allah sprach: 'O Jesus, Ich will dich [eines natürlichen Todes] sterben lassen und dich zu Mir erheben, und dich reinigen (von den Anwürfen) derer, die ungläubig sind, und will die, die dir folgen, über jene setzen, die ungläubig sind, bis zum Tage der Auferstehung: dann ist zu Mir eure Wiederkehr, und Ich will richten zwischen euch über das, worin ihr uneins seid." (Koran, 3,55)

„O Volk der Schrift, übertreibt nicht in eurem Glauben und saget von Allah nichts als die Wahrheit. Der Messias, Jesus, Sohn der Maria, war nur ein Gesandter Allahs und eine frohe Botschaft von Ihm, die Er niedersandte zu Maria, und eine Gnade von Ihm. Glaubet also an Allah und Seine Gesandten, und saget nicht: 'Drei.' Lasset ab - das ist besser für euch. Allah ist nur ein Einiger Gott. Fern ist es von Seiner Heiligkeit, dass Er einen Sohn haben sollte. Sein ist, was in den Himmeln und was auf Erden ist; und Allah genügt als Beschützer. Weder der Messias noch die gottnahen Engel werden es je verschmähen, Diener Allahs zu sein; und wer es verschmäht, Ihn anzubeten, und sich zu stolz fühlt - Er wird sie alle zu Sich versammeln." (Koran, 4,171-172)

„Ungläubig sind wahrlich, die da sagen: 'Sicherlich ist Allah kein anderer denn der Messias, Sohn der Maria.' (...)" (Koran, 5,17)

*„Und wenn Allah sprechen wird: 'O Jesus, Sohn der Maria, hast du zu den Menschen gesprochen: **Nehmet mich und meine Mutter als zwei Götter neben Allah?**', wird er antworten: 'Heilig bist Du. Nie konnte ich das sagen, wozu ich kein Recht hatte. Hätte ich es gesagt, Du würdest es sicherlich wissen. Du weißt, was in meiner Seele ist, aber ich weiß nicht, was Du im Sinn trägst. Du allein bist der Wisser der verborgenen Dinge.' 'Nichts anderes sprach ich zu ihnen, als was Du mich geheißen hast: 'Betet Allah an, meinen Herrn und euren Herrn.' Und ich war ihr Zeuge, solange ich unter ihnen weilte, doch seit Du mich sterben ließest, bist Du der Wächter über sie gewesen; und Du bist aller Dinge Zeuge.' Wenn Du sie strafst, sie sind Deine Diener, und wenn Du ihnen verzeihst, Du bist wahrlich der Allmächtige, der Allweise.'"* (Koran, 5,116-118)

In der Bibel werden die Sterbensmomente von Jesus am Kreuz folgendermaßen beschrieben:

*„Um die neunte Stunde rief Jesus laut: Eli, Eli, lema sabachtani?, das heißt: **Mein Gott, mein Gott, warum hast du mich verlassen?**"* (Bibel, Mt 27,46)

*„Und in der neunten Stunde rief Jesus mit lauter Stimme: Eloï, Eloï, lema sabachtani?, das heißt übersetzt: **Mein Gott, mein Gott, warum hast du mich verlassen?**"* (Bibel, Mk 15,34)

„Und Jesus rief laut: **Vater, in deine Hände lege ich meinen Geist.** *Nach diesen Worten hauchte er den Geist aus."* (Bibel, Lk 23,46)

„Als Jesus von dem Essig genommen hatte, sprach er: **Es ist vollbracht!** *Und er neigte das Haupt und gab seinen Geist auf."* (Bibel, Joh 19,30)

Laut Matthäus und Markus waren die letzten Worte: *„Eli, Eli, lema sabachtani?"* Das bedeutet: Mein Gott, mein Gott, warum hast du mich verlassen? Und laut Lukas: *„Vater, in deine Hände lege ich meinen Geist."* Und laut Johannes sagte Jesus: *„Es ist vollbracht!"* Es sind also nicht alle gleicher Meinung!

Ein Prophet kann nicht sagen: **„Mein Gott, mein Gott, warum hast du mich verlassen?"** Wenn jemand auf Gottes Wegen stirbt und weiß, wie Gott ist, dann muss er fröhlich sein, denn er geht zu Gott!

„Und sagt nicht von denen, die für Allahs Sache erschlagen werden, sie seien tot; nein, sie sind lebendig; nur begreift ihr es nicht." (Koran, 2,154)

Ein Prophet ist nicht wie ein gewöhnlicher Mensch. Er hat mehr Wissen über das System Gottes! Jemand war am Kreuz, aber es war nicht Jesus!

„Und ihres Unglaubens willen und wegen ihrer Rede - einer schweren Verleumdung gegen Maria; Und wegen ihrer Rede: 'Wir haben den Messias, Jesus, den Sohn der Maria, den Gesandten Allahs, getötet'; während sie ihn doch weder erschlugen noch den Kreuzestod erleiden ließen, **sondern er erschien ihnen nur gleich**

(einem Gekreuzigten); und jene, die in dieser Sache uneins sind, sind wahrlich im Zweifel darüber; sie haben keine (bestimmte) Kunde davon, sondern folgen bloß einer Vermutung; und sie haben darüber keine Gewissheit. Vielmehr hat ihm Allah einen Ehrenplatz bei Sich eingeräumt, und Allah ist allmächtig, allweise. Es ist keiner unter dem Volk der Schrift, der nicht vor seinem Tod daran glauben wird; und am Tage der Auferstehung wird er (Jesus) ein Zeuge wider sie sein." (Koran, 4,156-159)

Die Bibel wurde von Menschen geschrieben, wie Lukas sagt:

"Schon viele haben es unternommen, einen Bericht über all das abzufassen, was sich unter uns ereignet und erfüllt hat. Dabei hielten sie sich an die Überlieferung derer, die von Anfang an Augenzeugen und Diener des Wortes waren. Nun habe auch ich mich entschlossen, allem von Grund auf sorgfältig nachzugehen, um es für dich, hochverehrter Theophilus, der Reihe nach aufzuschreiben." (Bibel, Lk 1,1-3)

Im Neuen Testament gibt es einige unklare Stellen:
War der Kreuzträger Simon oder Jesus?

"Stammbaum Jesu Christi, des Sohnes Davids, des Sohnes Abrahams: Abraham war Vater von Isaak, Isaak von Jakob, (...) Isai der Vater des Königs David. David war der Vater von Salomo*, dessen Mutter die Frau von Urija war. Salomo war der Vater von Rehabeam, (...) von ihr (Maria) wurde Jesus geboren, der der Christus (der Messias) genannt wird. Im Ganen sind es also von Abraham bis David vierzehn

Generationen, von David bis zur Babylonischen Gefangenschaft vierzehn Generationen und von der Babylonischen Gefangenschaft bis zu Christus vierzehn Generationen." (Bibel, Mt 1,1-17)
* Nach dem Evangelium von Lukas (3,32) kommt Salomo nicht in Jesus' Stammbaum vor.

*„Auf dem Weg trafen sie einen Mann aus Zyrene namens **Simon**; ihn zwangen sie, Jesus das Kreuz zu tragen. So kamen sie an den Ort, der Golgota genannt wird, das heißt Schädelhöhe." (Bibel, Mt 27,32-33)*

*„Sie übernahmen Jesus. **Er** trug sein Kreuz und ging hinaus zur sogenannten Schädelhöhe, die auf Hebräisch Golgota heißt. Dort kreuzigten sie ihn (...).* " *(Bibel, Joh 19,16b-18)*

"Ist mein Zeugnis nicht gültig" oder **"Ist mein Zeugnis gültig"?**

*"Wenn ich über mich selbst als Zeuge aussage, **ist mein Zeugnis nicht gültig**;" (Bibel, Joh 5,31)*

*„Jesus erwiderte ihnen: Auch wenn ich über mich selbst Zeugnis ablege, **ist mein Zeugnis gültig**." (Bibel, Joh 8,14)*

War das Mädchen gestorben oder **lag es im Sterben?**

„Meine Tochter ist eben gestorben;" (Bibel, Mt 9,18)

„Denn sein einziges Kind, ein Mädchen von etwa zwölf Jahren, lag im Sterben." (Bibel, Lk 8/42)

Wurde Gott gesehen oder nicht?

„Ihr habt weder seine Stimme gehört noch seine Gestalt gesehen." (Bibel, Joh 5,37)

„Wer mich gesehen hat, hat den Vater gesehen. Wie kannst du sagen: Zeig uns den Vater?" (Bibel, Joh 14,9)

Das Alte Testament antwortet:

„Weiter sprach er: **Du kannst mein Angesicht nicht sehen; denn kein Mensch kann mich sehen und am Leben bleiben.***" (Bibel, Ex 33,20)*

Der Koran schreibt folgenderweise:

„Blicke können Ihn nicht erreichen, Er aber erreicht die Blicke. *Und Er ist der Gütige, der Allkundige. 'Sichtbare Beweise sind euch nunmehr gekommen von eurem Herrn; wer also sieht, es ist zu seinem eigenen Besten; und wer blind wird, es ist zu seinem eigenen Schaden. (...)" (Koran, 6,103-104)*

„Siehst du denn nicht, dass Allah alles weiß, was in den Himmeln ist, und alles, was auf Erden ist? Keine geheime Unterredung zwischen dreien gibt es, bei der Er nicht vierter wäre, noch eine zwischen fünfen, bei der Er nicht sechster wäre, noch zwischen weniger oder mehr als diesen, ohne dass Er mit ihnen wäre, wo immer sie sein mögen. Dann wird Er ihnen am Tage der Auferstehung verkünden, was sie getan. ***Wahrlich, Allah weiß alle Dinge.****" (Koran, 58,7)*

Über die Auferstehung wird im Alten Testament geschrieben:

„Henoch war seinen Weg mit Gott gegangen, dann war er nicht mehr da; denn Gott hatte ihn aufgenommen." (Bibel, Gen 5,24)

„Während sie miteinander gingen und redeten, erschien ein feuriger Wagen mit feurigen Pferden und trennte beide voneinander. Elija fuhr im Wirbelsturm zum Himmel empor. Elischa sah es und rief laut: **Mein Vater, mein Vater! Wagen Israels und sein Lenker!** *Als er ihn nicht mehr sah, fasste er sein Gewand und riss es mitten entzwei."* (Bibel, 2 Kön 2,11-12)

„(...) Während sie ihn doch weder erschlugen noch den Kreuzestod erleiden ließen, sondern er erschien ihnen nur gleich (einem Gekreuzigten); (...)" (Koran, 4,157)

Gott sprach zum Propheten Mohammed:

„Wir gewährten keinem Menschenwesen vor dir ***immerwährendes Leben***. *(...)"* (Koran, 21,34)

Was zur Zeit Jesu passierte, weiß niemand. Jemand wurde am Kreuz getötet, aber laut Koran, war dieser jemand nicht Jesus!

Die folgenden Verse kommen im ursprünglichen Neuen Testament nicht vor, aber in die heutigen Bücher sind sie hinzugefügt[2]:

Mt 17,21; Mt 18,11; Mt 23,14; Mk 7,16; Mk 9,44 und 46; Mk 11,26; Mk 15,28; Lk 17,36; Lk 23,17; Joh 5,4

Vom Evangelium nach Johannes sind die Verse 7,53 bis 8,11 in vielen ursprünglichen Texten so gut wie nicht existent.[2]
Auch im Alten Testament gibt es Fehler:

> *„Wähle dir: **drei Jahre Hungersnot**,..."* *(Bibel, 1 Chr 21,12).* Und in der gleichen Bibel steht: *„Gad kam zu David, teilte ihm das Wort mit und sagte: Was soll über dich kommen?* ***Sieben Jahre Hungersnot*** *in deinem Land?"* *(Bibel, 2 Sam 24,13)*

Drei oder sieben Hungerjahre?

> *„David vernichtete **siebenhundert** aramäische Kriegswagen und tötete vierzigtausend Reiter."* *(Bibel, 2 Sam 10,18)* und in der gleichen Bibel steht: *„David vernichtete **siebentausend** aramäische Kriegswagen und tötete vierzigtausend Mann von ihren Fußtruppen."* *(Bibel, 1 Chr 19,18)*

Siebenhundert oder siebentausend?
Jene, welche die Bibel geschrieben haben, müssen überprüfen, wer im Recht ist!
Auch in der folgenden Angelegenheiten gibt es Unklarheit:

> *„Gott redete mit Mose und sprach zu ihm: Ich bin Jahwe. Ich bin Abraham, Isaak und Jakob als El-Schaddai (Gott, der Allmächtige) erschienen,* ***aber unter meinem Namen Jahwe habe ich mich ihnen nicht zu erkennen gegeben."*** *(Bibel, Ex 6,2-3)* und wir überprüfen: *„Abram antwortete: Herr, mein Herr*, was willst du mir schon geben?"* *(Bibel, Gen 15,2)*

* Im ursprünglichen Text wird Gott Jehova also Jahwe genannt. Auch die Zeugen Jehovas nennen Gott Jehova, ebenso wie in der UBS Turkish Bible.

Gott hat zu Abraham gesagt, dass sein Name Jehova ist, aber laut Bibel (Ex 6,3) wäre Gott früher nicht als Jehova oder Jahwe erschienen! Also auch nicht Abraham. Aber in der gleichen Bibel wird geschrieben, dass Gott auch Abraham eine Mitteilung gegeben hatte, im Namen des Allmächtigen. Die Menschen schrieben, aber überprüften nicht, was zuvor geschrieben worden war!
Woanders in der Bibel (Gen 15,2) sagt man, dass woanders in der Bibel (Ex 6,3) etwas Falsches steht!

„Der Zorn des Herrn entbrannte noch einmal gegen Israel und er reizte David gegen das Volk auf und sagte: Geh, zähl Israel und Juda!" (Bibel, 2 Sam 24,1). Und in der gleichen Bibel schreibt man: „Der Satan trat gegen Israel auf und reizte David, Israel zu zählen." (Bibel, 1 Chr 21,1)

War der Satan der Herr Davids? Nein!

*„Aber **wehe jenen, welche die Schrift selbst schreiben, dann aber sagen: ‚Dies ist von Allah!'**, und das für einen winzigen Preis. Wehe ihnen wegen dessen, was ihre Hände geschrieben haben, und wehe ihnen wegen ihres Gewinns!" (Koran, 2,79)*

„(...) Und wir gaben David die Psalmen." (Koran, 17,55) und *„Und wahrlich, wie schon zuvor (in der Schrift) erwähnt, schrieben Wir in den Psalmen, dass Meine gerechten Diener die Erde erben werden. Hierin*

ist wahrlich eine Botschaft für ein Volk, das (Gott) dient." (Koran, 21,105-106)

„Wahrlich, Wir nahmen von den Kindern Israels ein Versprechen entgegen und schickten Gesandte zu ihnen. Wenn immer zu ihnen ein Gesandter mit dem Kam, was ihnen nicht behagte, ziehen die einen sie der Lüge, und die anderen ermordeten sie." (Koran, 5,70)

„Darum sage ich euch: **Das Reich Gottes wird euch weggenommen und einem Volk gegeben werden,** das die erwarteten Früchte bringt." (Bibel, Mt 21,43)

„Diese sind es, denen Wir die Schrift, die Weisheit und das Prophetentum gaben. Wenn aber diese da nicht daran glauben, dann vertrauen Wir diese (gaben) Leuten an, die sie nicht verleugnen." (Koran, 6,89)

Gott machte das!

„Siehe, dieser Koran erläutert den Kindern Israels das meiste von dem, worüber sie uneins sind. Und er ist wahrlich eine Rechtleitung und eine Barmherzigkeit für die Gläubigen." (Koran, 27,76-77)

Gott warnt:

„Die Juden sagen, **Esra** sei Allahs Sohn, und die Christen sagen, der **Messias** sei Allahs Sohn. Das ist das Wort ihres Mundes. Sie ahmen die Rede derer nach, die vordem ungläubig waren. Allahs Fluch über sie! Wie sind sie irregeleitet! **Sie haben sich ihre Schriftgelehrten und Mönche zu Herren genommen neben Allah und den Messias, den Sohn der Maria.**

Und doch war ihnen geboten, allein den Einigen Gott anzubeten. Es ist kein Gott außer Ihm. Allzu heilig ist Er für das, was sie (Ihm) zur Seite stellen! Sie möchten gern Allahs Licht auslöschen mit ihrem Munde; jedoch Allah will nichts anderes, als Sein Licht vollkommen machen, mag es den Ungläubigen auch zuwider sein." (Koran, 9,30-32)

„Jesus antwortete: **Warum nennst du mich gut? Niemand ist gut außer Gott, dem Einen.***"* (Bibel, Lk 18,19)

Jesus war ein Prophet und er wollte, dass wir einem einzigen Gott dienen!

„Wenn Jesus mit klaren Beweisen kommen wird, wird er sprechen: 'Traun, ich komme zu euch mit der Weisheit und um euch etwas von dem zu verdeutlichen, worüber ihr uneinig seid. So fürchtet Allah und gehorchet mir. Allah allein ist mein Herr und euer Herr. Drum dienet Ihm. Das ist der gerade Weg.'" (Koran, 43,63-64)

Jesus betet zu Gott (siehe auch Kapitel Gebet):

„Da sagte Jesus zu ihm: Weg mit dir, Satan! Denn in der Schrift steht: Vor dem Herrn, deinem Gott, sollst du dich niederwerfen und ihm allein dienen." (Bibel, Mt 4,10 und Lk 4,8)

„Und er betete in seiner Angst noch inständiger." (Bibel, Lk 22,44)

„Nachdem er sie weggeschickt hatte, stieg er auf einen Berg, um in der Einsamkeit zu beten. Spät am Abend war er immer noch allein auf dem Berg." (Bibel, Mt 14,23)

„Nachdem er sich von ihnen verabschiedet hatte, ging er auf einen Berg, um zu beten." (Bibel, Mk 6,46)

„Sie kamen zu einem Grundstück, das Getsemani heißt, und er sagte zu seinen Jüngern: Setzt euch und wartet hier, während ich bete." (Bibel, Mk 14,32)

„In diesen Tagen ging er auf einen Berg, um zu beten. Und er verbrachte die ganze Nacht im Gebet zu Gott." (Bibel, Lk 6,12)

„Du aber geh in deine Kammer, wenn du betest, und schließ die Tür zu; dann bete zu deinem Vater, der im Verborgenen ist. Dein Vater, der auch das Verborgene sieht, wird es dir vergelten." (Bibel, Mt 6,6)

„Rufet denn Allah an, (...)." (Koran, 40/14)

„Dein Almosen soll verborgen bleiben und dein Vater, der auch das Verborgene sieht, wird es dir vergelten." (Bibel, Mt 6,4)

„Weiter sage ich euch: Alles, was zwei von euch auf Erden gemeinsam erbitten, werden sie von meinem himmlischen Vater erhalten." (Bibel, Mt 18,19)

„Bittet also den Herrn der Ernte, Arbeiter für seine Ernte auszusenden." (Bibel, Mt 9,38)

„Jesus antwortete ihnen: Amen, das sage ich euch: Wenn ihr Glauben habt und nicht zweifelt, dann werdet ihr nicht nur das vollbringen, was ich mit dem Feigenbaum getan habe; selbst wenn ihr zu diesem Berg sagt: Heb dich empor und stürz dich ins Meer!, wird es geschehen." (Bibel, Mt 21,21)

„Denn wer sich selbst erhöht, wird erniedrigt, und wer sich selbst erniedrigt, wird erhöht werden." (Bibel, Mt 23,12)

Jesus war der Messias:

*„Dann befahl er den Jüngern, niemand zu sagen, dass er der **Messias** sei."* (Bibel, Mt 16,20)

*„Andreas, der Bruder des Simon Petrus, war einer der beiden, die das Wort des Johannes gehört hatten und Jesus gefolgt waren. Dieser traf zuerst seinen Bruder Simon und sagte zu ihm: Wir haben den **Messias** gefunden. Messias heißt übersetzt: der Gesalbte (Christus)."* (Bibel, Joh 1,40-41)

*„O Volk der Schrift, übertreibt nicht in eurem Glauben und saget von Allah nichts als die Wahrheit. Der **Messias**, Jesus, Sohn der Maria, war nur ein Gesandter Allahs und eine frohe Botschaft von Ihm, (...)."* (Koran, 4,171)

*„Der **Messias**, Sohn der Maria, war nur ein Gesandter;. (...)."* (Koran, 5,75)

Laut Jesus werden Kinder sündenfrei geboren!

"Doch Jesus sagte: Lasst die Kinder zu mir kommen; hindert sie nicht daran! Denn Menschen wie ihnen gehört das Himmelreich. Dann legte er ihnen die Hände auf und zog weiter." (Bibel, Mt 19,14-15)

Laut Jesus ist ein neugeborenes Baby also ohne Sünden. Die Kirche sollte erneut nachsehen, was Jesus lehrte, und seine Lehren befolgen!

"Jesus sagte: Wer sich selbst findet, dessen ist die Welt nicht würdig." (Evangelium nach Thomas, 111)

"Er sprach: ‚Du weißt recht wohl, dass kein anderer diese (Zeichen) herabgesandt hat als der Herr der Himmel und der Erde, (...)." (Koran, 17,102)

Eine Warnung des Alten Testaments, dass in den Kirchen keine Statuen oder Bilder sein dürfen:

"Du sollst dir kein Gottesbild machen und keine Darstellung von irgendetwas am Himmel droben, auf der Erde unten oder im Wasser unter der Erde." (Bibel, Ex 20,4)

"Ihr sollt euch keine Götzen machen, euch weder ein Gottesbild noch ein Steinmal aufstellen, und in eurem Land keine Steine mit Bildwerken aufrichten, um euch vor ihnen niederzuwerfen; denn ich bin der Herr, euer Gott." (Bibel, Lev 26,1)

Außerdem steht im Neuen Testament über Jesus geschrieben:

„Ein Schriftgelehrter hatte ihrem Streit zugehört; und da er bemerkt hatte, wie treffend Jesus ihnen antwortete, ging er zu ihm hin und fragte ihn: Welches Gebot ist das erste von allen? Jesus antwortete: Das erste ist: Höre, Israel, der Herr, unser Gott, ist der einzige Herr. Darum sollst du den Herrn, deinen Gott, lieben mit ganzem Herzen und ganzer Seele, mit all deinen Gedanken und all deiner Kraft." (Bibel, Mk 12, 28-30)

„Da sagte der Schriftgelehrte zu ihm: Sehr gut, Meister! Ganz richtig hast du gesagt: Er allein ist der Herr, und es gibt keinen anderen außer ihm, und ihn mit ganzem Herzen, ganzem Verstand und ganzer Kraft zu lieben (...)." (Bibel, Mk 12,32-33)

„Er antwortete: Lasst uns anderswohin gehen, in die benachbarten Dörfer, damit ich auch dort predige; denn dazu bin ich gekommen." (Bibel, Mk 1,38)

„Dann wurde Jesus vom Geist in die Wüste geführt; dort sollte er vom Teufel in Versuchung geführt werden. Als er vierzig Tage und vierzig Nächte gefastet hatte, bekam er Hunger. Da trat der Versucher an ihn heran und sagte: Wenn du Gottes Sohn bist, so befiehl, dass aus diesen Steinen Brot wird. Er aber antwortete: In der Schrift heißt es: Der Mensch lebt nicht nur von Brot, sondern von jedem Wort, das aus Gottes Mund kommt. Darauf nahm ihn der Teufel mit sich in die Heilige Stadt, stellte ihn oben auf den Tempel und sagte zu ihm: Wenn du Gottes Sohn bist, so stürz dich hinab; denn es heißt in der Schrift: Seinen Engeln befiehlt er, dich auf ihren Händen zu tragen, damit dein Fuß nicht an einen Stein stößt. Jesus antwortete ihm: In der

Schrift heißt es auch: Du sollst den Herrn, deinen Gott, nicht auf die Probe stellen. Wieder nahm ihn der Teufel mit sich und führte ihn auf einen sehr hohen Berg; er zeigte ihm alle Reiche der Welt mit ihrer Pracht und sagte zu ihm: Das alles will ich dir geben, wenn du dich vor mir niederwirfst und mich anbetest. Da sagte Jesus zu ihm: Weg mit dir Satan! Denn in der Schrift steht: Vor dem Herrn, deinem Gott, sollst du dich niederwerfen und ihm allein dienen. Darauf ließ der Teufel von ihm ab und es kamen Engel und dienten ihm." (Bibel, Mt 4,1-11)

"Und dabei wurde Jesus vom Teufel in Versuchung geführt. Die ganze Zeit über aß er nichts; als aber die vierzig Tage vorüber waren, hatte er Hunger. Da sagte der Teufel zu ihm: Wenn du Gottes Sohn bist, so befiehl diesem Stein, zu Brot zu werden. Jesus antwortete ihm: In der Schrift heißt es: Der Mensch lebt nicht nur von Brot. Da führte ihn der Teufel (auf einen Berg) hinauf und zeigte ihm in einem einzigen Augenblick alle Reiche der Erde. Und er sagte zu ihm: All die Macht und Herrlichkeit dieser Reiche will ich dir geben; denn sie sind mir überlassen, und ich gebe sie, wem ich will. Wenn du dich vor mir niederwirfst und mich anbetest, wird dir alles gehören. Jesus antwortete ihm: In der Schrift steht: Vor dem Herrn, deinem Gott, sollst du dich niederwerfen und ihm allein dienen. Darauf führte ihn der Teufel nach Jerusalem, stellte ihn oben auf den Tempel und sagte zu ihm: Wenn du Gottes Sohn bist, so stürz dich von hier hinab; denn es heißt in der Schrift: Seinen Engeln befiehlt er, dich zu behüten; und: Sie werden dich auf ihren Händen tragen, damit dein Fuß nicht an einen Stein stößt. Da antwortete ihm Jesus:

Die Schrift sagt: Du sollst den Herrn, deinen Gott, nicht auf die Probe stellen." (Bibel, Lk 4,2-11

„Da sagte er zu ihnen: Wenn ihr betet, so sprecht: Vater, dein Name werde geheiligt, Dein Reich komme. Gib uns täglich das Brot, das wir brauchen. Und erlass uns unsere Sünden; denn auch wir erlassen jedem, was er uns schuldig ist. Und führe uns nicht in Versuchung." (Bibel, Lk 11,2-4)

„Darum sage ich euch: Bittet, dann wird euch gegeben; sucht, dann werdet ihr finden; klopft an, dann wird euch geöffnet. Denn wer bittet, der empfängt; wer sucht, der findet; und wer anklopft, dem wird geöffnet. Oder ist unter euch ein Vater, der seinem Sohn eine Schlange gibt, wenn er um einen Fisch bittet." (Bibel, Lk 11,9-11)

„Wenn nun schon ihr, die ihr böse seid, euren Kindern gebt, was gut ist, wie viel mehr wird der Vater im Himmel den Heiligen Geist denen geben, die ihn bitten." (Bibel, Lk 11,13)

„Er aber erwiderte: Selig sind vielmehr die, die das Wort Gottes hören und es befolgen." (Bibel, Lk 11,28)

„Jesus sagte: Wenn ihr den seht, der nicht geboren worden ist vom Weibe, werft euch auf euer Antlitz und verehrt ihn. (...)" (Evangelium nach Thomas, 15)

Die Aufgabe eines Propheten ist es, die Botschaft Gottes an die Menschen weiterzugeben:

„(...) Und dem Gesandten obliegt nur die deutliche Verkündigung.'" (Koran 29,18)

Der Prophet leitet das, was er empfangen hat, wie ein Briefträger Ihre Briefe, an Sie weiter. Der Briefträger ist nicht der Verfasser der Briefe und auch nicht deren Besitzer. Die Menschen verwechseln manchmal in ihrer Dummheit den Briefträger, den Brief und den Besitzer des Briefes miteinander.

„Jesus antwortete: **Warum nennst du mich gut? Niemand ist gut außer Gott, dem Einen.**" (Bibel, Lk 18,19)

„Der Messias, Sohn der Maria, war nur ein Gesandter; gewiss, andere Gesandte sind vor ihm dahingegangen. Und seine Mutter war eine Wahrheitsliebende; beide pflegten sie Speise zu sich zu nehmen. (...)" (Koran, 5,75)

1.4 Übertritt zu einem anderen Glauben

> *„Euch euer Glaube, und mir mein Glaube!" (Koran, 109,6)*

Laut einem Hadith im Buch von Buhar *„muss man einen Menschen, der zu einem anderen Glauben überwechselt, töten."*
Was sagt der Koran wirklich dazu?

> *„Ermahne drum; denn du bist nur ein Ermahner; Du bist nicht Wächter über sie." (Koran, 88,21-22)*

Demnach ist die oben genannte, für richtig gehaltene Glaubensvorstellung völlig falsch.
Prophet Mohammed konnte keine derartige Anordnung, die so gegen den Koran ist, geben, so wie das in den Hadith-Büchern aufgezeichnet wurde.

> ***„Kehren sie sich jedoch ab, so haben Wir dich nicht als Wächter über sie entsandt.*** *Deine Pflicht ist nur die Verkündigung. (...)" (Koran, 42,48)*

Der Mensch ist frei, seinen eigenen Glauben zu wählen:

> *„Es soll kein Zwang sein im Glauben. (...)" (Koran, 2,256)*

Kriegsgefangene, die im Krieg festgenommen werden, müssen danach freigelassen werden. Wenn das so ist, dann kann es im Islam keine Befehle geben, Andersgläubige (vom Islam zu einem anderen Glauben Übergetretene) zu töten.

„Wenn ihr (in der Schlacht) auf die stoßet, die ungläubig sind, trefft (ihre) Nacken; und wenn ihr sie so überwältigt habt, dann schnüret die Bande fest. Hernach dann entweder Gnade oder Lösegeld, bis der Krieg seine Waffen niederlegt. Das ist so. Und hätte Allah es gewollt, Er hätte sie Selbst strafen können, aber Er wollte die einen von euch durch die andern prüfen. Und diejenigen, die auf Allahs Weg getötet werden - nie wird Er ihre Werke zunichte machen. (...)" (Koran, 47,4)

Ein Muslim kann anderen seinen eigenen Glauben erklären und darüber erzählen, danach hat der Zuhörer seine Entscheidung zu treffen.

Wenn jemand vom islamischen Glauben zu einem anderen Glauben übergetreten ist, sagen wir:

„Euch euer Glaube und mir mein Glaube!" (Koran, 109,6)

Die Verse des Korans widerrufen, dass *„man einen Menschen, der zu einem anderen Glauben überwechselt, töten muss"*, wie es im Buch von Buhar steht.

„Es soll kein Zwang sein im Glauben. Gewiss, Wahrheit ist nunmehr deutlich unterscheidbar von Irrtum; wer also sich von dem Verführer nicht leiten lässt und an Allah glaubt, der hat sicherlich eine starke Handhabe ergriffen, die kein Brechen kennt; und Allah ist allhörend, allwissend." (Koran, 2,256)

„Wer dem Gesandten gehorcht, der gehorcht in der Tat Allah; und wer sich abkehrt - wohlan, Wir haben dich nicht gesandt zum Hüter über sie." (Koran, 4,80)

„(...) Wir haben dich nicht zu ihrem Hüter gemacht, noch bist du ein Wächter über sie." (Koran, 6,107)

„Doch wenn sie sich wegkehren, dann bist du für nichts verantwortlich als für die klare Verkündigung." (Koran, 16,82)

„Dass ihr nicht sprechet: 'Nur zu zwei Völkern vor uns ward die Schrift niedergesandt, und wir hatten in der Tat keine Kunde von ihrem Inhalt';" (Koran, 6,159)

„Und sprich: 'Ich bin gewiss der aufklärende Warner.'" (Koran 15,89)

„Und mit der Wahrheit haben Wir es hinabgesandt, und mit der Wahrheit kam es hernieder. Und dich entsandten Wir nur als Bringer froher Botschaft und Warner." (Koran, 17,105)

„Sprich: 'Gehorchet Allah und gehorchet dem Gesandten.' Doch wenn ihr euch abkehrt, dann ist er nur für das verantwortlich, was ihm auferlegt wurde, und ihr seid nur für das verantwortlich, was euch auferlegt wurde. Und wenn ihr ihm gehorcht, so werdet ihr dem rechten Weg folgen. Und dem Gesandten obliegt nur die deutliche Verkündigung." (Koran, 24,54)

„Und Wir haben dich nur als Bringer froher Botschaft und als Warner gesandt." (Koran, 25,56)

"Nur dies ward mir offenbart, dass ich bloß ein aufklärender Warner bin.'" (Koran, 38,70)

Einen Menschen zu töten ist Mord. Jemand, der einen Mord begangen hat, muss vor Gott für seine Taten die Verantwortung übernehmen.

Moses tötete einen andersgläubigen Menschen und bereute es. Gott vergab ihm:

"Und er betrat die Stadt um eine Zeit, da ihre Bewohner in einem Zustand von Unachtsamkeit waren; und er fand da zwei Männer, die miteinander kämpften, der eine von seiner eigenen Partei und der andere von seinen Feinden. Jener, der von seiner Partei war, rief ihn zu Hilfe gegen den, der von seinen Feinden war. So schlug Moses ihn zurück; doch es führte zu seinem Tod. Er sprach: 'Das ist ein Werk Satans; er ist ein Feind, ein offenbarer Verführer.' Er sprach: 'Mein Herr, ich habe an meiner Seele Unrecht getan, so vergib mir.' So verzieh Er ihm; denn Er ist der Allverzeihende, der Barmherzige." (Koran, 28,15-16)

Der Koran wurde den Menschen gegeben, damit sie ihn lesen und verstehen und seine Anweisungen ausführen.
Über jemanden, der sich nicht dem Koran anschließt und nach anderen Schriften handelt, sagt der Koran:
Jene, die nicht demnach urteilen, was Gott gesendet hat:

"(...) Das sind die Ungläubigen" (Koran, 5,44)

"(...) Das sind die Ungerechten." (Koran, 5,45)

"(...) Das sind die Empörer." (Koran, 5,47)

Der Mensch kann für diesen Fehler weder den Islam noch den Koran beschuldigen.

Der Islam ist im Koran.

Der Koran ist in seiner ursprünglichen Form bei uns. Für die traurigen Ereignisse der letzten Zeit wird oft der Islam verantwortlich gemacht. Wenn man aber trotzdem die Geschehnisse im Licht des Korans untersucht, stellt man fest, dass diese Geschehnisse gegen die Anweisungen des Korans waren.

Der Koran ist das Grundgesetz der Muslime.

Gott sagt denen, die sich auf anderes als den Koran berufen:

"Sprich: 'Wollt ihr Allah über eure Religion belehren, während Allah doch alles kennt, was in den Himmeln und was auf Erden ist, und Allah alle Dinge weiß?'" (Koran, 49,16)

"Kehren sie sich jedoch ab, so haben Wir dich nicht als Wächter über sie entsandt. Deine Pflicht ist nur die Verkündigung. (...)" (Koran, 42,48)

In der Bibel findet sich folgende Anweisung:

"Wenn er hingeht, anderen Göttern dient und sich vor ihnen niederwirft – und zwar vor der Sonne, dem Mond oder dem ganzen Himmelsheer, was ich verboten habe -, wenn dir das gemeldet wird, wenn du den Fall anhängig machst, genaue Ermittlungen anstellst und es sich zeigt: Ja, es ist wahr, der Tatbestand steht fest, dieser Gräuel ist in Israel geschehen!, dann sollst du diesen Mann oder diese Frau, die den Frevel begangen

*haben, den Mann oder die Frau, zu einem deiner Stadttore führen und **steinigen und sie sollen sterben.**" (Bibel, Dtn 17,3-5)*

Im Koran ist eine klare Botschaft an die Menschen.

Die Tür ist für alle offen, jeder darf hereinkommen und auch hinausgehen!

„Wir haben fürwahr den Menschen in diesem Koran Gleichnisse aller Art auf mannigfache Weise vorgelegt, allein die meisten Menschen weisen alles zurück, nur nicht den Unglauben." (Koran, 17,89)

1.5 Kommen auch Juden und Christen ins Paradies?

„Und die, denen die Schrift gegeben ward, waren nicht eher gespalten, als nachdem der deutliche Beweis zu ihnen gekommen war. Und doch war ihnen nichts anderes befohlen, als Allah zu dienen, in lauterem Gehorsam gegen Ihn und aufrechtem Glauben, und das Gebet zu verrichten und die Zakat zu zahlen. Und das ist der beständige Glaube." (Koran, 98,4-5)

Laut Koran ist der Glaube an einen Gott der einzig richtige. Dieser Glaube wurde schon dem ersten Menschen beigebracht, und danach durch alle Propheten der gesamten Menschheit überbracht. Der Gründer des Glaubens ist Allah. Der Glaube ist der Islam.

„Wahrlich, die Religion vor Allah ist Islam. (...)" (Koran, 3,19)

„Und wer eine andere Glaubenslehre sucht als den Islam: nimmer soll sie von ihm angenommen werden, und im zukünftigen Leben soll er unter den Verlierenden sein." (Koran, 3,85)

Alles stammt von derselben Quelle (von Gott), und der Name oder der Glaube ist der gleiche: der Islam! Die letzte Version des Islam steht im Koran!
    Kein Prophet wird Herr des Glaubens oder Beschützer genannt. Der Herr des Glaubens ist Gott und nur Gott. Obwohl Mathematik von verschiedenen Lehrern unterrichtet wird, ändert sich der Name des Unterrichtsfaches nicht. Auch wenn

ein neuer Lehrer es vermittelt, bleibt der Name des Unterrichtsfaches Mathematik.

"Und eifert in Allahs Sache, wie dafür geeifert werden soll. Er hat euch erwählt und hat euch keine Härte auferlegt in der Religion; **(folget) dem Bekenntnis eures Vaters Abraham**. *Er ist es, Der euch vordem schon* **Muslims** *nannte und (nun) in diesem (Buche), damit der Gesandte Zeuge sei über euch und damit ihr Zeugen seiet über die Menschen. Drum verrichtet das Gebet und zahlet die Zakat und haltet fest an Allah. Er ist euer Gebieter. Ein vortrefflicher Gebieter und ein vortrefflicher Helfer!"* (Koran, 22,78)

"Er verordnete für euch eine Glaubenslehre, die Er Noah anbefahl und die Wir dir offenbart haben und die Wir Abraham und Moses und Jesus auf die Seele banden: Nämlich, bleibet standhaft im Gehorsam, und seid nicht gespalten darin. (...)" (Koran, 42,13)

"Und sie sprechen: 'Werdet Juden oder Christen, auf dass ihr rechtgeleitet seiet.' Sprich: 'Nein, (folget) dem Glauben Abrahams, des Aufrichtigen; er war keiner der Götzendiener.' Sprecht: **'Wir glauben an Allah und was zu uns herabgesandt worden, und was herabgesandt ward Abraham und Ismael und Isaak und Jakob und (seinen) Kindern**, *(...)."* (Koran, 2,135-136)

"Und die, denen die Schrift gegeben ward, waren nicht eher gespalten, als nachdem der deutliche Beweis zu ihnen gekommen war. Und doch war ihnen nichts anderes befohlen, als Allah zu dienen, in lauterem Gehorsam gegen Ihn und aufrechtem Glauben, und das

Gebet zu verrichten und die Zakat zu zahlen. Und das ist der beständige Glaube." (Koran, 98,4-5)

*„Dann ließen Wir Unsere Gesandte ihren Spuren folgen; und Wir ließen Jesus, den Sohn der Maria, (ihnen) folgen, und Wir gaben ihm das Evangelium. Und in die Herzen derer, die ihm folgten, legten Wir Güte und Barmherzigkeit. **Das Mönchstum jedoch, das sie sich erfanden** - das schrieben Wir ihnen nicht vor - um das Trachten nach Allahs Wohlgefallen; doch sie befolgten es nicht auf richtige Art. Dennoch gaben Wir denen unter ihnen, die gläubig waren, ihren Lohn, aber viele unter ihnen waren ruchlos."* (Koran, 57,27)

Weder Moses noch Jesus noch Mohammed haben einen neuen Glauben hervorgebracht. Abraham, Moses, Jesus und Mohammed waren Muslime.

Allah hat Zeugnisse des Glaubens durch die Propheten gegeben, zuletzt durch Prophet Mohammed:

„Mohammed ist nicht der Vater eines eurer Männer, sondern der Gesandte Allahs und das Siegel der Propheten; (...)" (Koran, 33,40)

Laut Koran sind der christliche Glaube und das Judentum nicht gesondert vom Islam zu betrachten:

„(...) Nein, (folget) dem Glauben Abrahams, des Aufrichtigen; er war keiner der Götzendiener.'" (Koran, 2,135)

In der Bibel kommt das Judentum der Neuzeit nicht vor, ebenso wenig der christliche Glaube. **Paulus** versuchte eine Glaubensgemeinschaft zu gründen. In den Evangelien nach

Matthäus, Markus, Lukas und Johannes sagte Jesus nicht, dass er einen neuen Glauben in die Welt gebracht hätte.

„Denkt nicht, ich sei gekommen, um das Gesetz und die Propheten aufzuheben. Ich bin nicht gekommen, um aufzuheben, sondern um zu erfüllen. Amen, das sage ich euch: Bis Himmel und Erde vergehen, wird auch nicht der kleinste Buchstabe des Gesetzes vergehen, bevor nicht alles geschehen ist." (Bibel, Mt 5,17-18)

„Dass aber die Toten auferstehen, hat schon Mose in der Geschichte vom Dornbusch angedeutet, in der er den Herrn den Gott Abrahams, den Gott Isaaks und den Gott Jakobs nennt. Er ist doch kein Gott von Toten, sondern von Lebenden; denn für ihn sind alle lebendig." (Bibel, Lk 20,37-38)

Der Koran zählt in den folgenden Versen auf, wer ins Paradies aufgenommen wird:

„Wahrlich, die Gläubigen und die Juden und die Christen und die Sabäer - wer immer (unter diesen) wahrhaft an Allah glaubt und an den Jüngsten Tag und gute Werke tut -, sie sollen ihren Lohn empfangen von ihrem Herrn, und keine Furcht soll über sie kommen, noch sollen sie trauern." (Koran, 2,62)

„Jene, die geglaubt haben, und die Juden und die Sabäer und die Christen - wer da an Allah glaubt und an den Jüngsten Tag und gute Werke tut -, keine Furcht soll über sie kommen, noch sollen sie trauern." (Koran, 5,69)

„Und sie sprechen: 'Keiner soll je in den Himmel eingehen, er sei denn ein Jude oder ein Christ.' Solches sind ihre eitlen Wünsche. Sprich: 'Bringt her euren Beweis, wenn ihr wahrhaftig seid.' Nein, wer sich gänzlich Allah unterwirft und Gutes tut, ihm wird sein Lohn bei seinem Herrn. Keine Furcht soll auf solche kommen, noch sollen sie trauern. Die Juden sagen: 'Die Christen fußen auf nichts'; und die Christen sagen: 'Die Juden fußen auf nichts', obwohl sie doch (beide) die Schrift lesen. So, gleich ihrer Rede, sprachen schon die, die keine Kenntnis hatten. Allah aber wird richten unter ihnen am Tage der Auferstehung über das, worin sie uneinig sind."
(Koran, 2,111-113)

Heutzutage behaupten auch manche Muslime des Korans das Gleiche: *„Niemand anderer als die Muslime des Korans kommen in das Paradies."* Und der Koran antwortet: *„(...) Bringt her euren Beweis, wenn ihr wahrhaftig seid.."* (Koran, 2,111)

Im Koran steht die letzte Version des Glaubens von Abraham geschrieben. Auch Jesus brachte eine etwas neuere Version zu den Menschen. Die Version von Moses funktioniert immer noch. Der Glaube ist der gleiche: und zwar der von Abraham!

Jeder sagt: „Wir kommen ins Paradies. Das Paradies ist für uns allein!"
- Die Juden sagen: *„Der Glaube der Christen und der Glaube des Korans fußen auf nichts."*
- Die Christen sagen: *„Der Glaube der Juden und der Glaube des Korans fußen auf nichts."*
- Manche Muslime sagen: *„Der Glaube der Juden und der Glaube der Christen fußen auf nichts."*

Gott sagt: „(...) *Obwohl sie doch (beide) die Schrift lesen.* **So, gleich ihrer Rede, sprachen schon die, die keine Kenntnis hatten.** *Allah aber wird richten unter ihnen am Tage der Auferstehung über das, worin sie uneinig sind.*" *(Koran, 2,113)*

„*Die Juden und die Christen sagen:* **'Wir sind Söhne Allahs und Seine Lieblinge.'** *Sprich: 'Warum straft Er euch dann für eure Sünden? Nein, ihr seid (bloß) Menschenkinder unter denen, die Er schuf.' Er vergibt, wem Er will, und Er straft, wen Er will. Allahs ist das Königreich der Himmel und der Erde und was zwischen beiden ist, und zu Ihm ist die Heimkehr.*" *(Koran, 5,18)*

„*Wahrlich,* **die Gläubigen und die Juden und die Christen und die Sabäer - wer immer (unter diesen) wahrhaft an Allah glaubt und an den Jüngsten Tag und gute Werke tut -, sie sollen ihren Lohn empfangen von ihrem Herrn**, *und keine Furcht soll über sie kommen, noch sollen sie trauern.*" *(Koran, 2,62)*

„*Jene,* **die geglaubt haben, und die Juden und die Sabäer und die Christen** - *wer da an Allah glaubt und an den Jüngsten Tag und gute Werke tut -, keine Furcht soll über sie kommen, noch sollen sie trauern.*" *(Koran, 5,69)*

Der Glaube von Abraham besteht weiterhin:

„**Denkt nicht, ich sei gekommen, um das Gesetz und die Propheten aufzuheben. Ich bin nicht gekommen, um aufzuheben, sondern um zu erfüllen.** *Amen, das sage ich euch: Bis Himmel und Erde vergehen, wird* *auch nicht der kleinste Buchstabe des Gesetzes vergehen, bevor nicht alles geschehen ist." (Bibel, Mt 5,17-18)*

Es gibt Windows 95, Windows 98 und neuere Versionen dieses Programms. Neu ist neu, aber auch die alten Versionen funktionieren!
Der Koran gibt uns jedoch eine Idee davon, was wir tun und sagen sollen.

„Die aber, die glauben und gute Werke tun, ihrer ist unendlicher Lohn." (Koran, 84,25)

„Sie sind nicht (alle) gleich. Unter dem Volke der Schrift ist eine Gemeinde, die (zu ihrem Vertrag) steht; sie sprechen Allahs Wort in den Stunden der Nacht und werfen sich nieder (vor Ihm). Sie glauben an Allah und an den Jüngsten Tag und gebieten das Gute und verwehren das Böse und wetteifern miteinander in guten Werken. Und sie zählen zu den Rechtschaffenen. Und was sie Gutes tun, nimmer wird es ihnen bestritten; und Allah kennt die Gottesfürchtigen wohl." (Koran, 3,113-115)

Aus diesem Vers lässt sich die Unvergleichbarkeit des Korans ableiten. Die Tür des Paradieses ist offen! Und dort ist viel Platz!

Laut Koran darf ein Muslim auch nicht schlecht über Polytheisten (oder Gottlose) sprechen:

„Und schmähet nicht die, welche sie statt Allah anrufen, sonst würden sie aus Groll Allah schmähen ohne Wissen. (...)" (Koran, 6,108)

Demnach ist zum Beispiel die Zerstörung der Buddha-Statuen in Afghanistan durch die Taliban gegen den Koran. Sie haben also gegen die Befehle Gottes verstoßen.
Der Islam ist der Glaube des Friedens.
Ein Muslim sollte den Anhängern anderer Religionen Folgendes sagen:

> *„Euch euer Glaube und mir mein Glaube!"* (Koran, 109,6)

Die Juden sollte man nach der Thora richten (Muslime der Thora):

> *„Wir hatten die Thora hinabgesandt, in der Führung und Licht war. Damit haben die Propheten, die gehorsam waren, den Juden Recht gesprochen, und so auch die Wissenden und die Gelehrten; denn ihnen wurde aufgetragen, das Buch Allahs zu bewahren, und sie waren seine Hüter. Darum fürchtet nicht die Menschen, sondern fürchtet Mich; und gebt nicht Meine Zeichen hin um geringen Preis. Wer nicht nach dem richtet, was Allah hinabgesandt hat - das sind die Ungläubigen. Wir hatten ihnen darin vorgeschrieben: Leben um Leben, Auge um Auge, Nase um Nase, Ohr um Ohr und Zahn um Zahn, und für (andere) Verletzungen billige Vergeltung. Wer aber darauf Verzicht tut, dem soll das eine Sühne sein; und wer nicht nach dem richtet, was Allah hinabgesandt hat - das sind die Ungerechten."* (Koran, 5,44-45)

Und auch die Christen sollten nach den Evangelien gerichtet werden (Muslime der Evangelien):

„Es soll das Volk des Evangeliums richten nach dem, was Allah darin offenbart hat; wer nicht nach dem richtet, was Allah hinabgesandt hat - das sind die Empörer." (Koran, 5,47, siehe auch 5,46)

„Wenn das Volk der Schrift geglaubt hätte und gottesfürchtig gewesen wäre, Wir hätten gewiss ihre Übel von ihnen hinweggenommen und Wir hätten sie gewiss in die Gärten der Wonne geführt. Und hätten sie die Thora befolgt und das Evangelium und was (nun) zu ihnen hinabgesandt ward von ihrem Herrn, sie würden sicherlich (von den guten Dingen) über ihnen und unter ihren Füßen essen. Es sind unter ihnen Leute, die Mäßigung einhalten; doch gar viele von ihnen - wahrlich, übel ist, was sie tun." (Koran, 5,65-66)

„Und in jedem Volke erweckten Wir einen Gesandten (der da predigte): 'Dienet Allah und meidet den Bösen.' Dann waren unter ihnen einige, die Allah leitete, und es waren unter ihnen einige, die sich Verderben zuzogen. So reiset umher auf der Erde und seht, wie das Ende der Leugner war!" (Koran, 16,36)

„(...) Wahrlich, Allah wird richten zwischen ihnen am Tage der Auferstehung, denn Allah ist Zeuge über alle Dinge." (Koran, 22,17)

„Die Unsere Zeichen und die Begegnung des Jenseits leugnen, ihre Werke sind eitel. Können sie belohnt werden außer für das, was sie tun?" (Koran, 7,147)

Wenn die Bahai (Anhänger des Bahaismus) einen Muslim etwas fragen, soll er ihnen dies zeigen:

> *„Mohammed ist nicht der Vater eines eurer Männer, sondern der Gesandte Allahs und das **Siegel** der Propheten; (...)"* *(Koran, 33,40)*

Sie glauben, dass der Koran von Gott ist. Und dann spricht der Koran und sprechen Sie: Mohammed war der letzte Prophet. Wie hätte Bahaullah (gest. 1892) nach dem Propheten Mohammed existieren können?! Ich habe den Bahai die Stelle 33,40 des Korans gezeigt, dieser können sie nicht widersprechen.

Der Perser **Bahaullah** (1817-1892) war ein **falscher Prophet**. Er versuchte die Texte des Korans durch seine Interpretation des Korans zu erneuern. Er gab seinen Anhängern neue Regeln.

> *„Wer ist ungerechter, als wer eine Lüge wider Allah erdichtet oder spricht: 'Mir ward offenbart', während ihm doch nichts offenbart worden, (...)."* *(Koran, 6,93)*

Waren **Sokrates** oder **Siddhartha** (Begründer des Buddhismus) Propheten?
Sokrates (gest. 399 v. Chr.):

> *„Sokrates wurde vor allem dafür beschuldigt, dass er nicht einwilligte, die Götter Athens anzuerkennen. (...) Das genauere Untersuchen der Philosophie von Sokrates wird erschwert durch die Tatsache, dass er keine schriftlichen Beweisstücke hinterließ."* [*]

---

[*] Filosofian Historia („Geschichte der Philosophie"), Martyn Oliver, 1997, Gummerus Kustannus Oy, Finnland.

Sokrates wurde in Athen 399 v. Chr. hingerichtet. Er lehnte es ab, die Götter Athens anzuerkennen! Er war möglicherweise ein Prophet!

Für den Vater des Buddhismus wird Siddhartha Gautama gehalten. Er gründete den Buddhismus ungefähr 500 Jahre v. Chr. Seine Lehren werden heute von Mönchen beachtet und verbreitet.[1]

Im Buddhismus wird das richtige Benehmen nach fünf Richtlinien definiert[*]:

- *Töte nicht,*
- *Lebe nicht unanständig,*
- *Lüge nicht,*
- *Trinke keine berauschenden Getränke,*
- *Beherrsche dich selbst.*

Ein Muslim kann nicht beweisen, dass Sokrates oder Siddharta keine Propheten gewesen wären. Aber der heutige Buddhismus ist nicht der ursprüngliche, und wir können auch nicht sicher sein, wie der Buddhismus am Anfang war. Wir laden auch sie ein, an einen einzigen Gott zu glauben. An Abrahams Gott, an den Gott von Adam, von Noah, von Moses, von David, von Jesus und den Gott von Mohammed!

Wir wissen auch nicht, wie viele Propheten Gott auf die Welt sandte!

„Und sicherlich entsandten Wir schon Gesandte vor dir; darunter sind manche, von denen Wir dir bereits erzählten, und es sind darunter manche, von denen Wir dir noch nicht erzählten; (...)" (Koran, 40,78)

---

[*] Filosofian Historia („Geschichte der Philosophie"), Martyn Oliver, 1997, Gummerus Kustannus Oy, Finnland

*„Und **in jedem Volke erweckten Wir einen Gesandten (der da predigte): 'Dienet Allah und meidet den Bösen.'** Dann waren unter ihnen einige, die Allah leitete, und es waren unter ihnen einige, die sich Verderben zuzogen. So reiset umher auf der Erde und seht, wie das Ende der Leugner war!"* (Koran, 16,36)

Der erste Prophet war Adam, also der erste Mensch! Deshalb hatte die Menschheit auch immer das Bedürfnis zu glauben! Der Koran sagt, dass wir nicht wissen, wie viele Propheten es gegeben hat und wo sie aufgetreten sind: *„**Und sicherlich entsandten Wir schon Gesandte vor dir; darunter sind manche, von denen Wir dir bereits erzählten, und es sind darunter manche, von denen Wir dir noch nicht erzählten; (...)**"* (Koran, 40,78)

Es kann sein, dass auch den Azteken, Chinesen, Indern, Iranern, Afrikanern, Japanern und auch den kleineren Völkern Propheten geschickt wurden.

Ein Muslim sagt Andersgläubigen immer: *„Euch euer Glaube und mir mein Glaube!"* (Koran, 109,6)

Ein Buddhist fragte mich: „Was sagt der Koran den Buddhisten?"

Ich antwortete: Der Koran sagt: *„Euch euer Glaube, und mir mein Glaube."* (Koran, 109,6). Und er antwortete: „Danke!"

Auch die Atheisten haben ihren eigenen Glauben. Sie glauben, dass es Gott nicht gibt. Auch das ist ein Glaube, so sagen wir auch ihnen: *„Euch euer Glaube, und mir mein Glaube."* (Koran, 109,6).

„Und schmähet nicht die, welche sie statt Allah anrufen, sonst würden sie aus Groll Allah schmähen ohne Wissen. (...)" (Koran, 6,108)

„Es soll kein Zwang sein im Glauben. Gewiss, Wahrheit ist nunmehr deutlich unterscheidbar von Irrtum; (...)" (Koran, 2,256)

Heutzutage glauben und sagen manche Muslime, dass die Schiiten im Irrglauben sind. Wenn jemand glaubt, dass es nur einen einzigen Gott gibt, und dass Mohammed ein Prophet war, wie könnte dann noch jemand denken und sagen, dass er in die Hölle kommen könnte? So etwas darf man nicht sagen!

„O die ihr glaubt, wenn ihr auszieht auf Allahs Weg, so stellt erst gehörig Nachforschung an und sagt nicht zu jedem, der euch den Friedensgruß bietet: 'Du bist kein Gläubiger.' (...)" (Koran, 4,94)

Und schlussendlich:

*„Mohammed ist nicht der Vater eines eurer Männer, sondern der Gesandte Allahs und das **Siegel** der Propheten; (...)" (Koran, 33,40)*

„Wir entsandten dich nur als eine Barmherzigkeit für alle Welten." (Koran, 21,107)

„Und mit der Wahrheit haben Wir es hinabgesandt, und mit der Wahrheit kam es hernieder. Und dich entsandten Wir nur als Bringer froher Botschaft und Warner." (Koran, 17,105)

„Wir haben den Menschen in diesem Koran allerlei Gleichnisse aufgestellt, damit sie ermahnt sein möchten." (Koran, 39,27)

„Dies sind Gleichnisse, die Wir für die Menschheit aufstellen, doch es verstehen sie nur jene, die Wissen haben." (Koran, 29,43)

„(...) Ein Buch, das Wir zu dir hinabgesandt haben, auf dass du die Menschheit aus den Finsternissen zum Licht führen mögest nach ihres Herrn Gebot auf den Weg des Allmächtigen, des Preiswürdigen -" (Koran, 14,1)

2. MYSTISCHE ASPEKTE

2.1 Traum und Tod

„Jedes Lebewesen soll den Tod kosten; zu Uns sollt ihr dann zurückgebracht werden." (Koran, 29,57)

Sehen wir uns zuerst an, was die heutige Wissenschaft zum Thema Traum sagt[*]:

„Wir schlafen ein Drittel unseres Lebens. Wenn Sie 80 Jahre alt werden, verbringen Sie 30 Jahre davon mit Schlafen.

In jeder Nacht träumen wir mehrere Träume.

Der Schlaf hat verschiedene Phasen. Der ganze Körper ist auf eine sehr komplizierte Art und Weise mit in diese Phasen eingebunden. In der Grundstruktur des Schlafes wiederholen sich mehrere unterschiedliche Phasen.

Oft erinnert sich der Mensch nur an den zuletzt (vor dem Aufwachen) geträumten Traum. Manchmal wacht der Mensch mitten im Schlaf auf, ohne zu wissen, dass er aufgewacht ist, und deshalb hat er am Morgen das Gefühl, dass sich zwei oder gar mehrere Träume aneinander geknüpft hätten. So ist es auch. Im Moment

---

[*] Frei übersetzt nach: Suuri Suomalainen Unikirja („Großes Finnisches Traumbuch"), Anja Angel und Leena Larjanko, Tammi, 1989, S. 7.

des Aufwachens trifft der Traum auf das Bewusstsein, und davon bleibt eine Spur im Bewusstsein zurück."

Wie kann man die Sprache der Träume verstehen? Was ist ein Traum?

Sehen wir nach, was der Koran dazu sagt:

Dem Koran nach sterben wir jede Nacht und erwachen erneut zum Leben, wenn wir aufwachen. Schlafen ist wie ein Training für das Sterben:

*„Allah **nimmt die Seelen (der Menschen) hin zur Zeit ihres Absterbens** und (auch) derer, **die nicht gestorben sind, während ihres Schlafs**. Dann hält Er die zurück, über die Er den Tod verhängt hat, und schickt die anderen (wieder) bis zu einer bestimmten Frist. Hierin sind sicherlich Zeichen für Leute, die nachdenken."* (Koran, 39,42)

„Und Er ist es, Der eure Seelen zu Sich nimmt in der Nacht und weiß, was ihr schaffet am Tag; darin erweckt Er euch dann wieder, auf dass die vorbestimmte Frist vollendet werde. Zu Ihm ist dann eure Heimkehr; dann wird Er euch verkünden, was eure Werke waren." (Koran, 6,60)

„Sprich: 'Euch ist die Frist von einem Tag festgesetzt, von der ihr nicht einen Augenblick säumen noch (ihr) vorauseilen könnt.'" (Koran, 34,30)

„Zu sterben steht niemandem zu, es sei denn mit Allahs Erlaubnis - ein Beschluss mit vorbestimmter Frist. (...)" (Koran, 3,145)

Wir können zweihundert Jahre lang schlafen und dann wieder im diesseitigen Leben erwachen, so wie es im Koran erzählt wird:

> *„Oder wie jener, der an einer Stadt vorüberkam, die auf ihren Dächern lag, (und) ausrief: 'Wann wird Allah diese dem Leben zurückgeben nach ihrem Tod?'* **Da ließ Allah ihn sterben auf hundert Jahre;** *dann erweckte Er ihn (und) sprach: 'Wie lange hast du geharrt?' Er antwortete:* **'Ich harrte einen Tag oder den Teil eines Tages.'** *Er sprach:* **'Nein, du harrtest hundert Jahre lang.** *Nun blicke auf deine Speise und deinen Trank; sie sind nicht verdorben. Und blicke auf deinen Esel (Anm.: Zum Beweis, dass Gott alles möglich ist, auch Tote zu erwecken und Lebendes vor Alterung zu bewahren.)- also, dass Wir dich zu einem Zeichen machen für die Menschen. Und blicke auf die Knochen, wie Wir sie zusammensetzen und dann mit Fleisch überziehen.' Als ihm dies klar wurde, sprach er: 'Ich weiß, dass Allah die Macht hat, alles zu tun, was Er will.'"* (Koran, 2,259)

„Meinst du wohl, die Gefährten in der Höhle und der Inschrift (Anm.: arabisch: ‚ar-raqim'); möglicherweise ist die Qumran-Gemeinde der vorchristlichen jüdischen, asketischen Sekte der Essener oder eine frühchristliche Gemeinde gemeint.) seien ein Wunder unter Unseren Zeichen? Als die Jünglinge in der Höhle Zuflucht nahmen und sprachen: 'Unser Herr, gewähre uns Barmherzigkeit von Dir aus und bereite uns einen Weg in unserer Sache.' Also versiegelten Wir ihre Ohren in der Höhle auf eine Anzahl von Jahren. Dann erweckten Wir sie, auf dass Wir erführen welche von den beiden Scharen die Zeit ihres Verweilens am besten *berechnet hatte. Wir wollen dir ihre Geschichte der Wahrheit gemäß berichten: Sie waren Jünglinge, die an ihren Herrn glaubten, und Wir ließen sie zunehmen an Führung. Und Wir stärkten ihre Herzen, als sie aufstanden und sprachen: 'Unser Herr ist der Herr der Himmel und der Erde. Nie werden wir einen Gott anrufen außer Ihm: sonst würden wir ja eine Ungeheuerlichkeit aussprechen. Dieses unser Volk hat Götter statt Ihn angenommen. Warum bringen sie dann nicht einen klaren Beweis dafür? Und wer verübt größeren Frevel, als wer eine Lüge gegen Allah erdichtet? Und wenn ihr euch nun von ihnen und dem, was sie statt Allah anbeten, zurückzieht, so suchet Zuflucht in der Höhle; euer Herr wird Seine Barmherzigkeit über euch breiten und euch einen tröstlichen Ausweg aus eurer Lage weisen.' Und du hättest sehen können, wie die Sonne, da sie aufging, sich von ihrer Höhle rechtshin wegneigte, und da sie unterging, sich von ihnen linkshin abwandte; und sie waren in einem Hohlraum inmitten. Das gehört zu den Zeichen Allahs. Wen Allah leitet, der ist rechtgeleitet; doch wen Er irregehen lässt, für den wirst du auf keine Weise einen Helfer (und) Führer finden. Du könntest sie für wach halten, indes sie schlafen; und Wir werden sie auf die rechte Seite und auf die linke sich umdrehen lassen, während ihr Hund seine Vorderpfoten auf der Schwelle ausstreckt. Hättest du sie so erblickt, du würdest dich gewiss vor ihnen zur Flucht gewandt haben und wärest mit Grausen vor ihnen erfüllt gewesen. Und so erweckten Wir sie, damit sie einander befragen möchten. Ein Sprecher unter ihnen sprach: 'Wie lange habt ihr verweilt?' Sie sprachen: 'Wir verweilten einen Tag oder den Teil eines Tages.' (Andere) sprachen: 'Euer Herr kennt am besten die*

(Zeit), die ihr verweilt habt. Nun entsendet einen von euch mit dieser eurer Silbermünze zur Stadt; und er soll sehen, wer von ihren (Bewohnern) die reinste Speise hat, und soll euch davon Vorrat bringen. Er muss aber geschmeidig sein und soll ja keinem über euch Kunde geben. Denn wenn sie von euch erfahren sollten, sie werden euch steinigen oder euch zu ihrem Glauben zurückbringen, und ihr werdet dann nimmermehr glücklich sein.' Und so entdeckten Wir sie (den Menschen), damit sie erkennen möchten, dass Allahs Verheißung wahr ist und dass über die 'Stunde' kein Zweifel ist. (Und gedenke der Zeit) als die Leute untereinander stritten über sie und sprachen: 'Bauet ein Gebäude über ihnen.' Ihr Herr wusste sie am besten. Jene, deren Ansicht obsiegte, sprachen: 'Wir wollen unbedingt ein Bethaus über ihnen errichten.' Manche sagen: '(Sie waren ihrer) drei, ihr vierter war ihr Hund', und (andere) sagen: '(Sie waren) fünf, ihr sechster war ihr Hund', indem sie herumraten im Dunkel, und (wieder andere) sagen: '(Sie waren) sieben, ihr achter war ihr Hund.' Sprich: 'Mein Herr kennt am besten ihre Zahl. Niemand weiß sie, außer einigen wenigen ' So streite nicht über sie, es sei denn durch zwingendes Beweisen, und suche nicht Kunde über sie bei irgendeinem von ihnen. Und sprich nie von einer Sache: 'Ich werde es morgen tun', Es sei denn: 'So Allah will' Und gedenke deines Herrn, wenn du es vergessen hast, und sprich: 'Ich hoffe, mein Herr wird mich noch näher als dies zum rechten Wege führen.' **Und sie blieben dreihundert Jahre lang in ihrer Höhle, noch neun hinzugefügt."** *(Koran, 18,9-25)*

„*Er gibt Leben und sendet Tod, und zu Ihm kehrt ihr zurück.*" *(Koran, 10,56)*

> *„Sprich: 'Der **Engel des Todes**, der über euch eingesetzt ward, wird eure Seelen hinnehmen; zu eurem Herrn dann werdet ihr zurückgebracht.'" (Koran, 32,11)*

Der Todesengel ist wie ein Dienstbote eines Telefonunternehmens, der den Sprecher aus der Leitung nimmt, wenn die Sprechzeit seiner SIM-Karte ausläuft. Wir haben Nokia-Telefone und SIM-Karten, aber dennoch rufen wir nicht an und hören nicht! Die Sprechzeit läuft aus! Aber die Telefonnummer besteht! Obwohl wir das Gespräch unterbrechen, bekommen wir eine Rechnung. Auch im jenseitigen Leben bekommen wir die Rechnung und mit ihr eine Auflistung der Rechnungsposten! Im jenseitigen Leben gibt man uns eine neue Sprechzeit, eine unbegrenzte!

> *„**Nie aber wird Allah einer Seele Aufschub gewähren, wenn ihre Frist um ist;** (...)" (Koran, 63,11)*

> *„Am Tage, an dem sie sie schauen (da wird es sein), als hätten sie (in der Welt) nicht länger geweilt als **einen Abend oder den Morgen** darauf." (Koran, 79,46)*

> *„Und weil die 'Stunde' kommt - daran ist kein Zweifel - und weil Allah alle erwecken wird, die in den Gräbern sind." (Koran, 22,7)*

> *„(...) und zu Ihm werdet ihr gewendet werden." (Koran, 29,21)*

Gott gibt uns im Traum Zeichen:

> *„Als Allah sie dir in deinem Traume zeigte als wenige; (...)" (Koran, 8,43)*

"Erfüllt hast du bereits das Traumgesicht.' Also lohnen Wir denen, die Gutes tun." (Koran, 37,105)

Im Koran ist die Geschichte vom Propheten **Joseph**, **Jakobs** Sohn, zu lesen. Diese Geschichte zeigt uns, dass wir aufgrund eines Traums erkennen können, was in der Zukunft geschehen wird, falls wir wissen, wie man die Zeichen des Traums richtig deutet:

„(Gedenke der Zeit) da Joseph zu seinem Vater sprach: **'O mein Vater, ich sah elf Sterne und die Sonne und den Mond, ich sah sie vor mir sich neigen.'** *Er sprach: 'Du, mein Söhnchen, erzähle dein Traumgesicht nicht deinen Brüdern, sie möchten sonst einen Allschlag gegen dich ersinnen; denn Satan ist dem Menschen ein offenkundiger Feind.* ***Also wird dein Herr dich erwählen und dich die Deutung der Träume lehren*** *und Seine Huld an dir vollenden und an dem Geschlecht Jakobs, so wie Er sie zuvor an zweien deiner Vorväter vollendete, an Abraham und Isaak. Wahrlich, dein Herr ist allwissend, allweise.'"* (Koran, 12,4-6)

„Es kamen mit ihm zwei Jünglinge ins Gefängnis. Der eine von ihnen sprach: 'Ich sehe mich Wein auspressen.' Und der andere sprach: 'Ich sehe mich auf meinem Kopfe Brot tragen, von dem die Vögel fressen. Verkünde uns die Deutung hiervon, denn wir sehen, dass du der Rechtschaffenen einer bist.' Er antwortete: 'Ich werde euch die Deutung hiervon verkünden, noch ehe das Essen, mit dem ihr versorgt werdet, zu euch kommt, noch bevor es zu euch kommt. Dies auf Grund dessen, was mich mein Herr gelehrt hat. Verlassen habe ich die Religion jener Leute, die

nicht an Allah glauben und Leugner des Jenseits sind. Und ich folge der Religion meiner Väter Abraham und Isaak und Jakob. Uns geziemt es nicht, Allah irgend etwas zur Seite zu stellen. Dies ist etwas von Allahs Huld gegen uns und gegen die Menschheit, jedoch die meisten Menschen sind undankbar. O meine beiden Kerkergenossen, sind verschiedene Herren besser oder Allah, der Eine, der Allmächtige? Statt Ihn verehrt ihr nichts anderes als Namen, die ihr selbst genannt habt, ihr und eure Väter; Allah hat dazu keine Ermächtigung herabgesandt. Die Entscheidung ist einzig bei Allah. Er hat geboten, dass ihr Ihn allein verehret. Das ist der beständige Glaube, jedoch die meisten Menschen wissen es nicht. O meine beiden Kerkergenossen, was den einen von euch anlangt, so wird er seinem Herrn Wein kredenzen; und was den andern anlangt, so wird er gekreuzigt werden, so dass die Vögel von seinem Kopfe fressen. Beschlossen ist die Sache, über die ihr um Auskunft fragtet.' Er sagte zu dem von den beiden, von dem er glaubte, er würde entkommen: 'Erwähne meiner bei deinem Herrn.' Doch Satan ließ ihn vergessen, es bei seinem Herrn zu erwähnen. so blieb er einige Jahre im Gefängnis." (Koran, 12,36-42)

Joseph erzählte auch dem Pharao, was dessen Traum bedeutete:

„Und der König sprach: 'Ich sehe sieben fette Kühe, und es fressen sie sieben magere; und sieben grüne Ähren und (sieben) andere dürre. O ihr Häupter, erkläret mir die Bedeutung meines Traums, wenn ihr einen Traum auszulegen versteht.' Sie antworteten: 'Wirre Träume! und wir kennen die Deutung der Träume nicht.' Und derjenige von den beiden, der

entkommen war und der sich erinnerte nach geraumer Zeit, sprach: 'Ich will euch die Deutung davon wissen lassen, darum sendet mich.' 'Joseph! O du Wahrhaftiger, erkläre uns die Bedeutung von sieben fetten Kühen, die von sieben magern gefressen werden, und von sieben grünen Ähren und (sieben) andern dürren, auf dass ich zurückkehre zu den Leuten, damit sie es erfahren.' Er sprach: 'Ihr werdet säen sieben Jahre lang, hart arbeitend und ohne Unterlass, und was ihr erntet, lasset es in seinen Ähren, bis auf weniges, von dem ihr esset. Nach diesem werden dann sieben schwere Jahre kommen, die alles aufzehren werden, was ihr an Vorrat für sie aufgespeichert hattet, bis auf weniges, das ihr bewahren mögt. Dann wird nach diesem ein Jahr kommen, in welchem die Menschen Erleichterung finden und in welchem sie Geschenke geben werden.' Der König sprach: 'Bringt ihn mir.' Doch als der Bote zu ihm kam, sprach er: 'Kehre zurück zu deinem Herrn und frage ihn, wie es den Frauen ergeht, die sich in die Hände schnitten, denn mein Herr kennt ihren Anschlag recht wohl.' Er sprach: 'Wie stand es um euch, als ihr Joseph zu verführen suchtet gegen seinen Willen?' Sie sprachen: 'Er hütete sich um Allahs willen. Wir haben nichts Böses über ihn erfahren.' Da sprach die Frau des Aziz: 'Nun ist die Wahrheit ans Licht gekommen. Ich versuchte ihn zu verführen gegen seinen Willen, .und er gehört sicherlich zu den Wahrhaftigen. Dies, damit er (der Aziz) erfahre, dass ich nicht treulos gegen ihn war in (seiner) Abwesenheit und dass Allah den Anschlag der Treulosen nicht gelingen lässt. Und ich erachte mich selbst nicht frei von Schwäche; denn die Seele gebietet oft Böses, die allein ausgenommen, deren mein Herr Sich erbarmt. Fürwahr, mein Herr ist allverzeihend, barmherzig.' Und der König sprach: 'Bringt ihn mir, ich will ihn für mich wählen.' Als er mit ihm geredet hatte, sprach er: 'Du bist von heute an bei uns in Amt (und) Vertrauen.' Er sprach: 'Setze mich über die Schatzkammern des Landes, denn ich bin ein Hüter, ein wohlerfahrener.' Also setzten Wir Joseph im Land fest. Er weilte darin, wo immer es ihm gefiel. Wir gewähren Unsere Gnade, wem Wir wollen, und Wir lassen den Lohn der Rechtschaffenen nicht verloren gehen. Der Lohn des Jenseits aber ist besser für jene, die glauben und Gott fürchten." (Koran, 12,43-57)

Wenn jemand die Sprache der Träume versteht, kann er die Bedeutung eines Traums so wie Joseph erklären:

„Erfüllt hast du bereits das Traumgesicht. (...)" (Koran, 37,105)

Wir schlafen und sterben jede Nacht und wachen danach wieder auf. Wenn Sie 80 Jahre alt werden, verbringen Sie 30 Jahre mit Schlafen (oder 30 Jahre mit Sterben). Schlafen ist wie Sterben. Und die Traumsprache lässt uns auch sehen, was in der Zukunft geschehen wird, wie das auch Josef, sein Kamerad in der Gefangenschaft und Pharao sahen.

Laut Koran (18/9-25) können wir auch zweihundert Jahre lang schlafen und danach wieder aufwachen, als hätten wir nur ganz normal eine Nacht lang geschlafen. Die Wissenschaftler staunen, wie das möglich sein soll.

„Dies sind Gleichnisse, die Wir für die Menschheit aufstellen, doch es verstehen sie nur jene, die Wissen haben." (Koran, 29,43)

2.2 Geisterwelt und Zauberei

> *„Und Ich habe die Dschinn und die Menschen nur darum erschaffen, dass sie Mir dienen."* (Koran, 51,56)

> *„Er hat den Menschen **aus** trockenem **Lehm** erschaffen, der klingt (und ausschaut) wie ein **Tongefäß**. Und die Dschinn schuf Er aus der **Flamme** des **Feuers**."* (Koran, 55,14-15)

> *„(...) Wahrlich, er (Satan) sieht euch, er und seine Schar, von wo ihr sie nicht seht. (...)"* (Koran, 7,27)

Bevor es Menschen gab, gab es Geister (Dschinn). Sie leben nach wie vor unter uns. Laut Koran ist der Mensch nicht das einzig denkende Wesen im Universum.

> *„Wahrlich, Wir haben den Menschen aus trockenem, tönendem Lehm erschaffen, aus schwarzem, zu Gestalt gebildetem Schlamm. Und die Dschinn erschufen Wir zuvor aus dem Feuer des heißen Windes."* (Koran, 15,26-27)

Im Koran werden die Dschinn erwähnt. Auch sie haben ein Familienleben. **Die Dschinn sind uns ganz nahe:**

> *„(...) Wahrlich, er (Satan) sieht euch, er und seine Schar, von wo ihr sie nicht seht. (...)"* (Koran, 7,27)

Der Teufel stammt aus der Mitte der Dschinn:

„Und (gedenke der Zeit) da Wir zu den Engeln sprachen: ‚Bezeuget Adam Ehrerbietung', und sie bezeugten Ehrerbietung. Nur Iblis nicht. Er war einer der **Dschinn***, so war er ungehorsam gegen den Befehl seines Herrn. Wollt ihr nun ihn und seine Nachkommenschaft zu Freunden nehmen statt Mich, und sie sind eure Feinde? Schlimm ist der Eintausch für die Frevler."* (Koran, 18,50)

„Als Wir zu den Engeln sprachen: 'Bezeuget Adam Ehrerbietung', da bezeugten sie Ehrerbietung. Nur Iblis nicht. Er sprach: **'Soll ich mich beugen vor einem, den Du aus Ton erschaffen hast?'** *Er sprach (weiter):* **'Was dünket Dich? Dieser ist's, den Du höher geehrt hast als mich! Willst Du mir Frist geben bis zum Tage der Auferstehung, so will ich gewisslich Gewalt erlangen über seine Nachkommen, bis auf wenige.'** *Er sprach: 'Fort mit dir!* **und wer von ihnen dir folgt, fürwahr, die Hölle soll euer aller Lohn sein, ein ausgiebiger Lohn. Und betöre nun von ihnen, wen du vermagst, mit deiner Stimme und treibe gegen sie dein Ros und deinen Fuß und sei ihr Teilhaber an Vermögen und Kindern und mache ihnen Versprechungen.'** *- Und Satan verspricht ihnen nur Trug."* (Koran, 17,61-64)

„(...) Und wer **Satan** *zum Gefährten hat - welch ein übler Gefährte ist er!"* (Koran, 4,38)

„(...) Jedoch ihre Herzen waren verhärtet, und **Satan** *ließ ihnen alles, was sie taten, als wohlgetan erscheinen."* (Koran, 6,43)

Die Dschinn können mit Menschen in Verbindung stehen:

„Und freilich pflegten einige Leute (Anm.: wörtlich: Männer) unter den gewöhnlichen Menschen bei einigen Leuten (Anm.: wörtlich: Männer) unter den Dschinn Schutz zu suchen, so dass sie (letztere) in ihrer Bosheit bestärkten;" (Koran, 72,6)

„(...) Nein, sie dienten den Dschinn; an sie haben die meisten von ihnen geglaubt.'" (Koran, 34,41)

„Und an dem Tage, da Er sie versammelt allzumal, dann: 'O Zunft der Dschinn, ihr vermehrtet euch um die meisten der Menschen.' Und ihre Freunde unter den Menschen werden sagen: 'Unser Herr, einige von uns haben von anderen Vorteil genossen, nun aber stehen wir am Ende unserer Frist, die Du uns bestimmtest.' (...)" (Koran, 6,128)

„Und die Ungläubigen werden sagen: 'Unser Herr, zeige uns jene der Dschinn und der Menschen, die uns irreführten, damit wir sie mit unseren Füßen treten, so dass sie zu den Niedrigsten gehören.'" (Koran, 41,/29)

„Und sie machen eine Blutsverwandtschaft aus zwischen Ihm und den Dschinn, während die Dschinn doch recht wohl wissen, dass sie (vor Ihn zum Gericht) gebracht werden sollen." (Koran, 37,158)

Manche Menschen dienen den Dschinn und verehren sie an Stelle Gottes. In alten Geschichten erzählt man von den Beziehungen zwischen den Dschinn und den Menschen. Die historischen Tierstatuen und auch andere Statuen könnten

Abbildungen der Dschinn sein. Der Koran bringt uns dazu, über diese Dinge nachzudenken.

> *„Und doch halten sie die* **Dschinn** *(Anm.: Die aus Feuer erschaffenen, unsichtbaren Geistwesen, die zwischen Engeln und Menschen stehen. Darunter gibt es gute und böse Geister.) für Allahs* **Nebenbuhler**, *obwohl Er sie geschaffen hat; und sie dichten Ihm fälschlich Söhne und Töchter an ohne alles Wissen. Heilig ist Er und erhaben über das, was sie (Ihm) zuschreiben."* (Koran, 6,100)

Gott schickte auch den Dschinn Propheten aus ihrer Schar:

> *„ 'O Zunft der Dschinn und der Menschen! Sind nicht Gesandte zu euch gekommen aus eurer Mitte, die euch Meine Zeichen berichteten und euch warnten vor dem Eintreffen dieses eures Tages?' Sie werden sagen: 'Wir zeugen wider uns selbst.' Das irdische Leben hat sie betrogen, und sie werden wider sich selbst Zeugnis ablegen, dass sie Ungläubige waren."* (Koran, 6,130)

Auch die Dschinn befolgten den Koran. Einige von ihnen wandten sich sogar dem islamischen Glauben zu:

> *„Und (gedenke der Zeit) da Wir eine Schar Dschinn dir zuwandten, die den Koran zu vernehmen wünschten (Anm.: Diese Vision hatte Muhammad auf seiner Flucht von Mekka nach Medina [622].); und als sie in seiner Gegenwart waren, sprachen sie: 'Schweiget (und höret zu)', und als er zu Ende war, kehrten sie warnend zurück zu ihrem Volk. Sie sprachen: 'O unser Volk, wir haben ein Buch gehört, das nach Moses herabgesandt ward, das bestätigend,*

was schon vor ihm da ist; es leitet zur Wahrheit und zu dem geraden Weg. O unser Volk, höret auf Allahs Rufer und glaubet an Ihn. Er wird euch eure Sünden vergeben und euch vor qualvoller Strafe schützen. Und wer nicht auf Allahs Rufer hört, der kann nicht auf Erden entrinnen, noch kann er Beschützer haben außer Ihm. Solche sind in offenkundigem Irrtum.'" (Koran, 46,29-32)

*„Sprich: 'Es ward mir offenbart, dass eine **Schar der Dschinn** zuhörte;' sie sprachen: 'Fürwahr, wir haben einen wunderbaren Koran gehört,' Der zur Rechtschaffenheit leitet; so haben wir an ihn geglaubt, und wir werden unserem Herrn nie jemanden zur Seite stellen. Und die Majestät unseres Herrn ist hoch erhaben. Er hat Sich weder Gattin noch Sohn zugesellt. Und die Toren unter uns pflegten abscheuliche Lügen wider Allah zu äußern. Und wir hatten angenommen, weder Menschen noch Dschinn würden je eine Lüge über Allah sprechen."* (Koran, 72,1-5)

Laut Koran gehorchten die Dschinn dem Propheten Salomo (in der Bibel König Salomo) und handelten nach seinen Befehlen. Die aus dieser Zeit stammenden **hohen Gebäude wurden mit Hilfe der Dschinn gebaut.**

Es mag sein, dass die **Dschinn** im alten Ägypten auch **am Bau der Pyramiden beteiligt waren:**

*„Und die **Draufgänger, alle die Erbauer und Taucher**, Wie auch andere, in Fesseln aneinander gekettet."* (Koran, 38,37-38)

Sie bewegten sich unglaublich schnell:

„*Er sprach: 'O ihr Häupter, wer von euch bringt mir ihren Thron, bevor sie zu mir kommen in Ergebenheit?' Da sprach ein Kraftvoller unter den Dschinn:* **'Ich will ihn dir bringen, ehe du dich von deinem Feldlager erhebst;** *wahrlich, ich habe die Stärke dazu und bin vertrauenswürdig.' Da sprach einer, der Kenntnis von der Schrift hatte:* **'Ich bringe ihn dir, ehe dein Blick zu dir zurückkehrt.'** *Und da er ihn vor sich stehen sah, sprach er: 'Dies ist durch die Gnade meines Herrn, dass Er mich prüfen möge, ob ich dankbar oder undankbar bin. Und wer dankbar ist, der ist dankbar zum Heil seiner eigenen Seele; wer aber undankbar ist siehe, mein Herr ist Sich Selbst genügend, freigebig.' Er sprach: 'Lasst ihr ihren Thron gering erscheinen; wir wollen sehen, ob sie dem rechten Weg folgt oder ob sie zu denen gehört, die nicht dem rechten Wege folgen.'*" *(Koran, 27,38-41)*

Sie dienten auch in Salomos Armee :

„*Und Salomo (machten Wir) den Wind (dienstbar); sein Morgenweg dauerte einen Monat, und sein Abendweg dauerte einen Monat. Und Wir ließen eine Quelle von geschmolzenem Erz für ihn fließen.* **Und von den Dschinn waren etwelche, die unter ihm arbeiteten auf seines Herrn Geheiß,** *und sollte einer von ihnen sich wegwenden von Unserem Gebot, so würden Wir ihn die Strafe des flammenden Feuers kosten lassen.* **Sie machten für ihn, was er begehrte: Bethäuser und Bildsäulen, Becken wie Teiche und eingebaute Kochbottiche**: *'Wirket, ihr, vom Hause Davids, in Dankbarkeit.' Und nur wenige von Meinen Dienern* sind dankbar. Und als Wir seinen (Salomos) Tod herbeigeführt hatten, da zeigte ihnen nichts seinen Tod an als ein Wurm der Erde, der sein Zepter zerfraß; also gewahrten die Dschinn deutlich, wie er fiel, dass sie, hätten sie das Verborgene gekannt, nicht in schmählicher Pein hätten bleiben müssen." (Koran, 34,12-14)*

*"Und Salomo den Sturmwind, der in seinem Auftrage nach dem Lande blies, das Wir gesegnet hatten. Und Wir haben Kenntnis von allen Dingen. Und Teufel, **die für ihn tauchten und dazu noch andere Werke verrichteten;** und Wir Selbst beaufsichtigten sie." (Koran, 21,81-82)*

Unter ihnen befinden sich auch satanische Dschinn (Satans Nachkommen):

*"(...) Er **(Satan)** war einer der **Dschinn**, (...)." (Koran, 18,50)*

*"Also hatten Wir **die Teufel unter den Menschen und den Dschinn** jedem Propheten zum Feind gemacht. Sie geben einander prunkende Rede ein zum Trug - und hätte dein Herr Seinen Willen erzwungen, sie hätten es nicht getan; so überlas sie sich selbst mit dem, was sie erdichten - Und damit die Herzen derer, die nicht an das Jenseits glauben, demselben zugeneigt würden und an diesem Gefallen fänden und (fortfahren) möchten zu verdienen, was sie sich nun erwerben." (Koran, 6,112-113, siehe 15,26-45)*

Sie sehen uns, aber wir sehen sie nicht, außer sie wollen es. Wenn sie sich uns zeigen wollen, sehen wir sie (siehe Koran 72,1-5, 46,29-32, 28,30-31).

Sie können in verschiedenen Gestalten erscheinen. Fabelwesen, die halb Mensch und halb Tier sind, sind möglicherweise Dschinn.

> *„(...) 'O Moses, wahrlich Ich, Ich bin Allah, der Herr der Welten. Wirf deinen Stab hin.' Als er ihn sich regen sah, als wäre er eine Schlange, da wandte er sich zur Flucht und schaute nicht zurück. 'O Moses, tritt vor und fürchte dich nicht; denn du gehörst zu jenen, die sicher sind."* (Koran, 28,30-31)

An dieser Stelle zeigt der Koran, dass wir sehen können, wie die Dschinn **verschiedene Gestalten** annehmen.

Als nächstes wollen wir sehen, was im Buch „Die Mythen und die Geschichte der Welt" geschrieben wird[*]:

> *„Die Dämonen der Mythologie sind verkörperte Kräfte des Bösen, welche mitunter die Macht haben, Übeltäter zu bestrafen. Dämonen können die Gestalt von Menschen annehmen, sie können aber auch in der Gestalt von Tieren oder Ungeheuern auftreten."*

In diesem Buch wird auch erzählt, dass der Iraner Rustem, der in einer Geschichte vorkommt, alle seine Gegner schlug, die Menschen wie auch die Dämonen (Dschinn). Dschinn kommen

---

[*] frei übersetzt nach „Maailman Myytit ja Tarut" (Die Welt der Mythen und Legenden), Arthur Cotterell, Wsoy, Finnland, 1991.

auch in indischen Geschichten vor (zum Beispiel der Dämon Hayagriva).
Auch in der Geschichte von Aladin kommen Dschinn vor!
Der Koran regt uns an, darüber nachzudenken, wer beziehungsweise was die Dschinn wirklich sind. Auch Jesus hat über sie gesprochen, aber die Geistlichen verstehen ihn nicht!

*„Wahrlich, Wir haben den Menschen aus trockenem, tönendem Lehm erschaffen, aus schwarzem, zu Gestalt gebildetem Schlamm. Und **die Dschinn erschufen Wir zuvor** aus dem Feuer des heißen Windes." (Koran, 15,26-27)*

*„(...) Wahrlich, er **(Satan) sieht euch, er und seine Schar, von wo ihr sie nicht seht.** (...)"(Koran, 7,27)*

Wir können sie aber sehen, wenn sie es wollen!
Wenn Sie Gott vergessen, sind die bösen Dschinn (die satanischen) an der Macht. Dann treten Probleme in Ihrem Leben auf.
Der Koran spricht sowohl zu den Dschinn als auch zu den Menschen. Die Dschinn haben nach ihrem Tod das gleiche Schicksal wie die Menschen: Auch sie kommen ins Paradies oder in die Hölle:

„O Versammlung von Dschinn und Menschen! (...)" (Koran, 55,33, 6,130)

Im Paradies und in der Hölle sind die Dschinn und die Menschen vereint. Denn dann ist nur der Geist von Wichtigkeit, der Körper bleibt im Diesseits zurück. Im Jenseits wird sowohl den Dschinn als auch den Menschen ein neuer

Körper gegeben. Auch die Dschinn bekommen einen Partner im Paradies. Und auch auf dieser Welt haben sie ein Familienleben.

„Wir hatten Gefährten für sie bestimmt, die ihnen als wohlgefällig erscheinen ließen, was vor ihnen war und was hinter ihnen war (Anm.: ihr vergangenes und künftiges Vorgehen und Verhalten.): und (so) ward der Spruch fällig gegen sie zusammen mit den Scharen der Dschinn und der Menschen, die vor ihnen hingegangen waren. Gewiss, sie waren Verlorene." (Koran, 41,25)

„Er wird sprechen: 'Tretet ein in das Feuer zu den Scharen der Dschinn und der Menschen, die vor euch dahingingen.' Sooft eine Schar eintritt, wird sie ihre Schwesterschar verfluchen, bis endlich, wenn sie alle nacheinander darin angekommen sind, die letzten von den ersten sprechen werden: 'Unser Herr, diese da haben uns irregeführt, so gib ihnen die Pein des Feuers mehrfach.' Er wird sprechen: 'Jeder hat mehrfach, allein ihr wisst es nicht.'" (Koran, 7,38)

„Wir haben viele **der Dschinn und der Menschen** *erschaffen, deren Ende die Hölle sein wird! Sie haben Herzen, und sie verstehen nicht; sie haben Augen, und sie sehen nicht; sie haben Ohren, und sie hören nicht. Sie sind wie das Vieh; ja sie sind weit ärger abgeirrt. Sie sind fürwahr unbedacht."* (Koran, 7,179)

Im Neuen Testament wird ebenfalls über die Dschinn geschrieben:

Ich habe eine türkischsprachige Bibel, in der, anstatt zu erwähnen, dass es sich an den betreffenden Stellen um Besessene handelt, von Dschinn gesprochen wird!

> *„Als Jesus an das andere Ufer kam, in das Gebiet von Gadara, liefen ihm aus den Grabhöhlen **zwei Besessene (Anm.: Dschinn)** entgegen. Sie waren so gefährlich, dass niemand den Weg benutzen konnte, der dort vorbeiführte."* (Bibel, Mt 8,28)

Meiner Meinung nach wissen die christlichen Priester nicht, was ein böser Geist ist, und wie man sich von bösen Geistern befreien kann. Wenn ein Mensch von einem bösen Geist besessen ist, muss man ihn mit Gebeten heilen. Auch Jesus heilte durch Gebete.

> *„(...) Auch die von unreinen Geistern Geplagten wurden geheilt."* (Bibel, Luk 6,18)

> *„Als die Pharisäer das hörten, sagten sie: Nur mit Hilfe von Beelzebul, dem Anführer der Dämonen, kann er die Dämonen austreiben. Doch Jesus wusste, was sie dachten und sagte zu ihnen: Jedes Reich, das in sich gespalten ist, geht zugrunde, und keine Stadt und keine Familie, die in sich gespalten ist, wird Bestand haben. Wenn also der Satan den Satan austreibt, dann liegt der Satan mit sich selbst im Streit. Wie kann sein Reich dann Bestand haben? Und wenn ich die Dämonen durch Beelzebul austreibe, durch wen treiben dann eure Anhänger sie aus? Sie selbst also sprechen euch das Urteil. Wenn ich aber die Dämonen durch den Geist*

Gottes austreibe, dann ist das Reich Gottes schon zu euch gekommen." (Bibel, Mt 12,24-28)

„Als sie gegangen waren, brachte man zu Jesus einen Stummen, der von einem Dämon besessen war. Er trieb den Dämon aus, und der Stumme konnte reden. Alle Leute staunten und sagten: So etwas ist in Israel noch nie geschehen. Die Pharisäer aber sagten: Mit Hilfe des Anführers der Dämonen treibt er die Dämonen aus." (Bibel, Mt 9,32-34)

Die Menschen wurden geschaffen, um über die Dschinn zu herrschen. Deshalb ist Satan zornig geworden! Satan ist selbst ein Dschinn!

Die Waffe des Menschen gegen böse Geister ist das Gebet!

„Sprich: ‚Ich nehme meine Zuflucht beim Herrn der Menschen, Dem König der Menschen, Dem Gott der Menschen, Vor dem Übel des schleichenden Einflüsterers - Der da einflüstert in die Herzen der Menschen –'" (Koran, 114,1-5)

Schlussendlich: Der schlimmste Feind der Menschen, Satan, stammt von den Dschinn ab. Die Schar der Dschinn besteht aus guten und bösen Geistern, wie das auch unter den Menschen der Fall ist. Auch sie haben ein Familienleben.

Die bösen Geister wollen den Menschen Schaden zufügen. Viele psychische Krankheiten werden von bösen Geistern ausgelöst, also von den Dschinn. Wenn der Mensch Gott nicht nahe ist, können ihm die bösen Geister Schaden zufügen. Mit der Kraft des Gebets kann man die psychischen Krankheiten, die von bösen Geistern hervorgerufen wurden, heilen.

*„Dann drohte Jesus dem **Dämon (Anm.: Dschinn)**. Der Dämon **verließ** den Jungen, und der Junge war von diesem Augenblick an geheilt."* (Bibel, Mt 17,18)

*„Am Abend, als die Sonne untergegangen war, brachte man alle Kranken und **(Anm.: von den Dschinn) Besessenen** zu Jesus."* (Bibel, Mk 1,32)

Im Neuen Testament erwähnt Jesus, dass wir mit der Kraft des Glaubens unbesiegbar sind (die gleichen Worte finden sich auch im Koran).

„Jesus antwortete ihnen: Amen, das sage ich euch: Wenn ihr Glauben habt und nicht zweifelt, dann werdet ihr nicht nur das vollbringen, was ich mit dem Feigenbaum getan habe; selbst wenn ihr zu diesem Berg sagt: Heb dich empor und stürz dich ins Meer!, wird es geschehen." (Bibel, Mt 21,21)

Die heutige Wissenschaft erkennt die Seele nicht im Sinn des Korans an. Wie könnte man dann psychische Krankheiten heilen? Heute werden den Patienten Medikamente gegen psychische Probleme gegeben. **Die Menschen werden zu toten Lebenden!**

*„Als der Sohn herkam, warf der **Dämon (Anm.: Dschinn)** ihn zu Boden und zerrte ihn hin und her, Jesus aber **drohte dem unreinen Geist,** heilte den Jungen und gab ihn seinem Vater zurück."* (Bibel, Lk 9,42)

> *„Und als sie nach Hause kam, fand sie das Kind auf dem Bett liegen und sah, dass der **Dämon (Anm.: Dschinn)** es verlassen hatte."* (Bibel, Mk 7,30)

Wenn der Mensch mit Gott und gläubig ist, kann man ihm keinen Schaden zufügen.

> *„Jesus fragte den Vater: Wie lange hat er das schon? Der Vater antwortete: Von Kind auf; oft hat er ihn sogar ins Feuer oder ins Wasser geworfen, um ihn umzubringen. Doch wenn du kannst, hilf uns; hab Mitleid mit uns! Jesus sagte zu ihm: Wenn du kannst? **Alles kann, wer glaubt.** Da rief der Vater des Jungen: Ich glaube; hilf meinem Unglauben! Als Jesus sah, dass die Leute zusammenliefen, drohte er dem unreinen Geist und sagte: Ich befehle dir, du stummer und tauber Geist: Verlass ihn und kehr nicht mehr in ihn zurück! Da zerrte der Geist den Jungen hin und her und verließ ihn mit lautem Geschrei. Der Junge lag da wie tot, so dass alle Leute sagten: Er ist gestorben. Jesus aber fasste ihn an der Hand und richtete ihn auf, und der Junge erhob sich."* (Bibel, Mk 9,21-27)

Laut Koran sind wir nicht allein im Universum.

> *„Und Ich habe die **Dschinn** und die **Menschen** nur darum erschaffen, dass sie Mir dienen."* (Koran, 51,56)

> *„Dies sind Gleichnisse, die Wir für die Menschheit aufstellen, doch **es verstehen sie nur jene, die Wissen haben.**"* (Koran, 29,43)

ZAUBEREI

Laut Koran gibt es Zauberei.

> *„Und sie (die Juden) folgen, wohin die Aufrührer unter der Herrschaft Salomos gingen; und Salomo war kein Ungläubiger, sondern es waren die Aufrührer, die Ungläubige waren und das Volk Schwarze Magie lehrten. Und was den beiden Engeln (Anm.: Oder Könige) in Babel, Hárut und Márut, offenbart ward. Doch diese beiden belehrten keinen, bevor sie nicht sagten: 'Wir sind bloß eine Prüfung (von Gott), verwirf (uns) also nicht.' So lernten (die Menschen) von ihnen das, **was den Mann von seiner Frau trennte,** doch sie taten damit niemandem etwas zuleide, es sei denn auf Allahs Gebot; (im Gegenteil) diese Leute lernen das, was ihnen schaden und nichts nützen würde. Und sie wussten sicherlich, dass einer, der sich solches erhandelt, keinen Anteil am Jenseits haben kann; und fürwahr, um Schlimmes verkauften sie ihre Seelen; hätten sie es nur gewusst!"* (Koran, 2,102)

> *„Und (ein weiteres Zeichen) in Moses, da Wir ihn zu Pharao sandten mit offenkundigem Beweis. Da wandte er sich zu seiner Säule (Tempel) und sprach: 'Ein Zauberer oder ein Wahnsinniger!'"* (Koran, 51,38-39)

Wenn der Mensch mit Gott und gläubig ist, kann ihm kein Schaden zugefügt werden.

Wenn man Zauberei betreibt, ist das eine Sünde. Im Koran wird keinerlei Bestrafung für Zauberei im Diesseits erwähnt (die Gesellschaft oder der Staat kann über die Strafen für Zauberei bestimmen), aber laut Bibel wird sie mit dem Tod bestraft:

„(...) Wahrsagerei und Zauberei sollt ihr nicht treiben." (Bibel, Lev 19,26)

„Eine Hexe sollst du nicht am Leben lassen." (Bibel, Ex 22,17)

Im Mittelalter wurden Frauen im Auftrag der Kirche auf dem Scheiterhaufen verbrannt. Im Islam werden Menschen wegen Hexerei nicht verbrannt, wie es die Priester des Christentums getan haben. Anstatt jemanden zu verbrennen, wird gebetet. Auch Jesus hat mit Gebeten geheilt.

*„Männer oder Frauen, in denen ein Toten- oder Wahrsagegeist ist, sollen mit dem Tod bestraft werden. Man soll sie **steinigen**, ihr Blut soll auf sie kommen." (Bibel, Lev 20,27)*

„Es soll bei dir keinen geben, der seinen Sohn oder seine Tochter durchs Feuer gehen lässt, keinen, der Losorakel befragt, Wolken deutet, aus dem Becher weissagt, zaubert, Gebetsbeschwörungen hersagt oder Totengeister befragt, keinen Hellseher, keinen, der Verstorbene um Rat fragt. Denn jeder, der so etwas tut, ist dem Herrn ein Gräuel. Wegen dieser Gräuel vertreibt sie der Herr, dein Gott, vor dir. Du sollst ganz und gar bei dem Herrn, deinem Gott, bleiben. Denn diese Völker, deren Besitz du übernimmst, hören auf Wolkendeuter und Orakelleser. Für dich aber hat der Herr, dein Gott, es anders bestimmt." (Bibel, Dtn 18, 10-14)

Im Alten Ägypten war Zauberei hingegen etwas Großartiges:

*„Wenn Wir dir auch eine Schrift hinabgesandt hätten auf Pergament, welche sie befühlt hätten mit ihren Händen, die Ungläubigen hätten selbst dann gesagt: **'Das ist nichts als offenkundige Zauberei.'**"* (Koran, 6,7)

*„Dann zog er seine Hand hervor und siehe, sie ward den Beschauern weiß. Die Häupter von Pharaos Volk sprachen: **'Wahrlich, das ist ein geschickter Zauberer.'**"* (Koran, 7,108-109)

*„Und Wir offenbarten Moses: 'Wirf deinen Stab!' Und siehe, er verschlang alles, was sie an Trug vollbracht. So wurde die Wahrheit festgestellt, und ihre Werke erwiesen sich als nichtig. Jene wurden damals besiegt, und beschämt kehrten sie um. Und die **Zauberer** trieb es, dass sie niederfielen in Anbetung. Sie sprachen: 'Wir glauben an den Herrn der Welten,"* (Koran, 7,117-121)

*„Als nun die Zauberer kamen, sprach Moses zu ihnen: 'Werfet, was ihr zu werfen habt.' Als sie dann geworfen hatten, sprach Moses: 'Was ihr gebracht habt, ist **Zauberei**. Allah wird sie sicherlich zunichte machen. Denn wahrlich, Allah lässt das Werk der Verderbensstifter nicht gedeihen. Allah erhärtet die Wahrheit durch Seine Worte, auch wenn es den Sündern unlieb ist.'"* (Koran, 10,80-82)

*„Er sprach: 'Bist du zu uns gekommen, o Moses, uns aus unserem Land zu treiben **durch deinen Zauber**?"* (Koran, 20,57)

„Sie sprachen: 'Diese beiden sind sicherlich Zauberer, die euch durch ihren Zauber aus eurem Land treiben und mit euren besten Überlieferungen aufräumen wollen." (Koran, 20,63)

„Als Moses zu ihnen kam mit Unseren deutlichen Zeichen, da sprachen sie: 'Das ist nichts als ein Zaubertrug, und wir haben unter unseren Vorvätern nie dergleichen gehört.'" (Koran, 28,36)

Die Waffe der Menschen gegen Zauberei ist das Gebet!

„Sprich: ,Ich nehme meine Zuflucht beim Herrn der Morgendämmerung, vor dem Übel dessen, was Er erschaffen (Anm.: Von Gott stammt auch, was Menschen in ihrer eingeschränkten Sicht als Übel empfinden) und vor dem Übel der Nacht, wenn sie sich verbreitet, und vor dem Übel derer, die auf die Knoten blasen (um sie zu lösen), und vor dem Übel des Neiders, wenn er neidet.'" (Koran, 113,1-5)

Nachfolgend werden weitere Erkenntnisse aus der Bibel, dem Neuen Testament, und dem Koran wiedergegeben (von bösen Geistern besessen = vom satanischen Dschinn besessen; Dämon = satanischer Dschinn):

„Der Feind, der es gesät hat, ist der **Teufel;** die Ernte ist das Ende der Welt; die Arbeiter bei dieser Ernte sind die Engel." (Bibel, Mt 13,39)

„Und sein Ruf verbreitete sich in ganz Syrien. Man brachte Kranke mit den verschiedensten Gebrechen und

Leiden zu ihm, Besessene, Mondsüchtige* und Gelähmte, und er heilte sie alle." (Bibel, Mt 4,24)
*Als Mondsucht wurde jene Krankheit betrachtet, die in Form von Krampf- und Epilepsieanfällen erschien. Man glaubte, dass die Anfälle mit dem Wechsel des Mondes zusammenhingen.

„Am Abend brachte man viele *(Anm.: von bösen Geistern)* Besessene zu ihm. Er trieb mit seinem Wort die Geister aus und heilte alle Kranken." (Bibel, Mt 8,16)

„Die Hirten flohen, liefen in die Stadt und erzählten dort alles, auch das, was mit den *(Anm.: von bösen Geistern)* Besessenen geschehen war." (Bibel, Mt 8,33)

„Johannes ist gekommen, er isst nicht und trinkt nicht und sie sagen: Er ist von einem **Dämon** besessen." (Bibel, Mt 11,18)

„Damals brachte man zu ihm einen **Besessenen**, der blind und stumm war. Jesus heilte ihn, so dass der Stumme wieder reden und sehen konnte." (Bibel, Mt 12,22)

„Da kam eine kanaanäische Frau aus jener Gegend zu ihm und rief: Hab Erbarmen mit mir, Herr, du Sohn Davids! Meine Tochter wird von einem **Dämon** gequält." (Bibel, Mt 15,22)

„Am Abend, als die Sonne untergegangen war, brachte man alle Kranken und **Besessenen** zu Jesus." (Bibel, Mk 1,32)

> *„Und er zog durch ganz Galiläa, predigte in den Synagogen und trieb die **Dämonen** aus." (Bibel, Mk 1,39)*

> *„Sie kamen zu Jesus und sahen bei ihm den Mann, der von der Legion **Dämonen** besessen gewesen war. Er saß ordentlich gekleidet da und war wieder bei Verstand. Da fürchteten sie sich." (Bibel, Mk 5,15)*

> *„Da befahl ihm Jesus: Schweig und verlass ihn! Der **Dämon** warf den Mann mitten in der Synagoge zu Boden und verließ ihn, ohne ihn jedoch zu verletzen." (Bibel, Lk 4,35)*

> *„Johannes der Täufer ist gekommen, er isst kein Brot und trinkt keinen Wein und ihr sagt: Er ist von einem **Dämon** besessen." (Bibel, Lk 7,33)*

> *„Außerdem einige Frauen, die er von bösen Geistern und von Krankheiten geheilt hatte: Maria Magdalene, **aus der sieben Dämonen ausgefahren waren**" (Bibel, Lk 8,2)*

Aus dem vorangegangen Abschnitt und dem folgenden sehen wir, dass es mehr als nur einen Dämon gegeben hat:

> *„Als Jesus an Land ging, lief ihm ein Mann aus der Stadt entgegen, der von Dämonen besessen war. Schon seit langem trug er keine Kleider mehr und lebte nicht mehr in einem Haus, sondern in den Grabhöhlen." (Bibel, Lk 8,27)*

> *„Jesus hatte nämlich dem unreinen Geist befohlen, den Mann zu verlassen. Denn schon seit langem hatte ihn*

der Geist in seiner Gewalt und man hatte ihn wie einen Gefangenen an Händen und Füßen gefesselt. Aber immer wieder zerriss er die Fesseln und wurde von dem Dämon in menschenleere Gegenden getrieben. Jesus fragte ihn: Wie heißt du? Er antwortete: Legion. Denn er war von vielen Dämonen besessen." (Bibel, Lk 8,29-30)

„Nun weidete dort an einem Berg gerade eine große Schweineherde. Die Dämonen baten Jesus, ihnen zu erlauben, in die Schweine hineinzufahren. Er erlaubte es ihnen. Da verließen die Dämonen den Menschen und fuhren in die Schweine, und die Herde stürzte sich den Abhang hinab in den See und ertrank." (Bibel, Lk 8,32-33)

„Darauf eilten die Leute herbei, um zu sehen, was geschehen war. Sie kamen zu Jesus und sahen, dass der Mann, den die Dämonen verlassen hatten, wieder bei Verstand war und ordentlich gekleidet Jesus zu Füßen saß. Da fürchteten sie sich. Die, die alles gesehen hatten, berichteten ihnen, wie der Besessene geheilt wurde." (Bibel, Lk 8,35-36)

„Jesus trieb einen Dämon aus, der stumm war. Als der **Dämon** den Stummen **verlassen hatte,** konnte der Mann reden. Alle Leute staunten. Einige von ihnen aber sagten: Mit Hilfe von **Beelzebul,** dem Anführer der Dämonen, treibt er die **Dämonen** aus." (Bibel, Lk 11,14-15)

„Wenn also der Satan mit sich selbst im Streit liegt, wie kann sein Reich dann Bestand haben? Ihr sagt doch, dass ich die Dämonen mit Hilfe von Beelzebul *austreibe. Wenn ich die Dämonen durch Beelzebul austreibe, durch wen treiben dann eure Anhänger sie aus? Sie selbst also sprechen euch das Urteil. Wenn ich aber die Dämonen **durch den Finger Gottes austreibe**, dann ist doch das Reich Gottes schon zu euch gekommen."* (Bibel, Lk 11,18-20)

*„Sage Meinen Dienern, sie möchten nur das Beste reden (Anm.: In jeder Situation, nicht nur mit Ungläubigen.), denn Satan stiftet zwischen ihnen Zwietracht. **Satan ist dem Menschen fürwahr ein offenkundiger Feind."*** (Koran, 17,53)

*„Sprich: ,Ob sich auch die **Menschen und die Dschinn** vereinigten, um ein diesem Koran Gleiches hervorzubringen, sie brächten doch kein ihm Gleiches hervor, selbst wenn sie einander beistünden.'."* (Koran, 17,88)

„Wir hatten euch auf der Erde festgesetzt und euch darin die Mittel bereitet zum Unterhalt. Wie wenig seid ihr dankbar! Und Wir haben euch hervorgebracht, dann gaben Wir euch Gestalt; dann sprachen Wir zu den Engeln: 'Unterwerfet euch Adam'; und sie alle unterwarfen sich. Nur Iblis nicht; er gehörte nicht zu denen, die sich unterwerfen. Er sprach: 'Was hinderte dich, dass du dich nicht unterwarfest, als Ich es dir gebot?' Er sagte: 'Ich bin besser als er. Du hast mich aus Feuer erschaffen, ihn aber erschufst Du aus Lehm!' Er sprach; 'Hinab mit dir von hier; es ziemt sich nicht für dich, hier hoffärtig zu sein. Hinaus denn; du bist wahrlich der Erniedrigten einer.' Er sprach: 'Gewähre mir Aufschub bis zum Tage, wenn sie auferweckt werden.' Er sprach: 'Dir sei Aufschub gewährt.' Er

sprach: 'Wohlan, da Du mich als verloren verurteilt hast, will ich ihnen gewisslich auflauern auf Deinem geraden Weg. Dann will ich über sie kommen von vorne und von hinten, von ihrer Rechten und von ihrer Linken, und Du wirst die Mehrzahl von ihnen nicht dankbar finden.' Er sprach: 'Hinweg mit dir, verachtet und verstoßen! Wahrlich, wer von ihnen dir folgt - Ich werde die Hölle füllen mit euch allesamt.' 'O Adam, weile du und dein Weib in dem Garten und esset, wo immer ihr wollt, nur nähert euch nicht diesem Baume, sonst seid ihr Ungerechte.' Doch Satan flüsterte ihnen Böses ein, dass er ihnen kundtun möchte, was ihnen verborgen war von ihrer Scham. Er sprach: 'Euer Herr hat euch diesen Baum nur deshalb verboten, damit ihr nicht Engel werdet oder Ewiglebende.' Und er schwor ihnen: 'Gewiss, ich bin euch ein aufrichtiger Ratgeber.' 'So verführte er sie durch Trug. Und als sie von dem Baume kosteten, da ward ihre Scham ihnen offenbar und sie begannen, sich in die Blätter des Gartens zu hüllen. Und ihr Herr rief sie: 'Habe Ich euch nicht diesen Baum verwehrt und euch gesagt: 'Wahrlich, Satan ist euch ein offenkundiger Feind'? Sie sprachen: 'Unser Herr, wir haben wider uns selbst gesündigt; und wenn Du uns nicht verzeihst und Dich unser erbarmst, dann werden wir gewiss unter den Verlorenen sein.' Er sprach: 'Hinab mit euch; die einen von euch sind den anderen feind. Und es sei euch auf der Erde ein Aufenthaltsort und eine Versorgung auf Zeit.' Er sprach: 'Dort sollt ihr leben, und dort sollt ihr sterben, und von dort sollt ihr hervorgebracht werden.'"
(Koran, 7,10-25)

„*O Kinder Adams, lasst Satan euch nicht verführen, wie er* **eure Eltern aus dem Garten vertrieb**, *ihnen ihre*

Kleidung raubend, auf dass er ihnen ihre Scham zeigte. Wahrlich, er sieht euch, er und seine Schar, von wo ihr sie nicht seht. Denn siehe, Wir haben die Teufel zu Freunden derer gemacht, die nicht glauben." (Koran, 7,27)

„Nein, Allah ist euer Beschützer, und Er ist der beste Helfer." (Koran, 3,150)

---

[2] Kitabi Mukaddes, UBS Türkische Bibel in Englisch, 1997, Istanbul – Türkei

Die Bibel, Altes und Neues Testament, Einheitsübersetzung, Herder, 2002

2.3 Die Sprache der Tiere

„Salomo ward Davids Erbe, und er sprach: 'O ihr Menschen, der Vögel Sprache ist uns gelehrt worden; und alles ward uns beschert. Das ist fürwahr die offenbare Huld.'" (Koran, 27,16)

Laut Koran sprechen die Tiere miteinander, und die Menschen können ebenfalls mit Tieren sprechen.

Im Koran wird erwähnt, dass ein Mensch die Tiersprache verstehen kann.

*„Salomo ward Davids Erbe, und er sprach: 'O ihr Menschen, **der Vögel Sprache ist uns gelehrt worden**; und alles ward uns beschert. Das ist fürwahr die offenbare Huld.' Und versammelt wurden dort vor Salomo dessen Heerscharen der Dschinn und Menschen und Vögel, und sie waren in geschlossene Abteilungen geordnet, bis dann, als sie zum Tale der Ameisen kamen, **eine Ameise sprach: 'O ihr Ameisen hinein in eure Wohnungen, damit nicht Salomo und seine Heerscharen euch zertreten, ohne dass sie es merken.'** Da lächelte er heiter über ihre Worte und sprach: 'Mein Herr, gib mir ein, dankbar zu sein für Deine Gnade, die Du mir und meinen Eltern gewährt hast, und Gutes zu tun, das Dir wohlgefällig sei, und nimm mich, durch Deine Barmherzigkeit, unter Deine rechtschaffenen Diener auf.' "* (Koran, 27,16-19, siehe auch Unterhaltung der Vögel: 27,22-38)

Auch Gott sprach zu den Tieren:

> **„Und dein Herr hat der Biene eingegeben**: *'Baue dir Häuser in den Bergen und in den Bäumen und in den Spalieren, die sie errichten. Dann iss von allen Früchten und folge den Wegen deines Herrn, (die dir) leicht gemacht.' Aus ihren Leibern kommt ein Trank, mannigfach an Farbe. Darin ist Heilung für die Menschen. Wahrlich, hierin ist ein Zeichen für Leute, die nachdenken."* (Koran, 16,68-69)

Die Tiere lehren uns:

> *„Da sandte Allah einen Raben, der auf dem Boden scharrte, dass Er ihm zeige, wie er den Leichnam seines Bruders verbergen könne. Er sprach: 'Weh mir! Bin ich nicht einmal imstande, wie dieser Rabe zu sein und den Leichnam meines Bruders zu verbergen?' (...)"* (Koran, 5,31)

Auch im jenseitigen Leben sprechen die Tiere:

> *„Kein Getier gibt es auf der Erde, keinen Vogel, der auf seinen zwei Schwingen dahinfliegt, die nicht Gemeinschaften wären gleich euch. Nichts haben Wir in dem Buch ausgelassen. Zu ihrem Herrn sollen sie dann versammelt werden."* (Koran, 6,38)

> *„Dies sind Gleichnisse, die Wir für die Menschheit aufstellen, doch es verstehen sie nur jene, die Wissen haben."* (Koran, 29,43)

2.4 Das Leben im Paradies

"Die aber glauben und gute Werke tun - diese sind die Bewohner des Himmels; darin sollen sie bleiben."
(Koran, 2,82, siehe auch 22,14)

Im Paradies ist das Leben anders als auf der Erde. Wir erinnern uns, dass Adam und Eva im Paradies waren, aber es gab zwischen ihnen keine sexuelle Beziehung, wie sie hier auf der Welt existiert. Als ihre Sexualität erwachte, wurden sie aus dem Paradies vertrieben. Aber sie waren dort zusammen als Partner, und ein gleichartiges Leben als Paar erwartet uns dort. Es kommen jedoch keine Kinder zur Welt! Es gibt Liebe, und wir wohnen dort für immer.

Im Paradies kann es nur einen Partner geben, denn am Anfang schuf Gott einen Adam und eine Eva!

Also nicht einen Adam und zwei Evas und auch nicht eine Eva und zwei Adams!

Heutzutage wird ein Kampf gegen den Islam und den Koran geführt, denn die Menschen glauben, dass im Koran von 72 Jungfrauen die Rede ist, die einen Mann im Paradies erwarten. Das ist eine falsche Behauptung, entgegen den Lehren des Korans (siehe auch die Kapitel „Terrorismus" und „Berauschende Mittel").

Die Zahl 72 kommt von den 72 Völkern. Gemäß einer Geschichte aus früheren Zeiten gab es auf der Welt 72 verschiedene Völker. Aus jedem Volk nahm man eine Jungfrau. Also eine finnische Jungfrau, eine deutsche Jungfrau, eine chinesische Jungfrau, eine aus Mexiko, eine dänische Jungfrau, eine schwedische, eine japanische, eine englische Jungfrau, eine arabische, eine türkische, eine russische (wir zählen bis 72)! Das ist eine Geschichte, die von Menschen erdacht wurde, denn im Paradies kennt man keine unterschiedlichen Völker. Die Einteilung der Menschheit in Volksstämme ist eine Konsequenz der Gedanken des diesseitigen Lebens und des Alten Testaments.

Es gibt heutzutage beinahe 190 Mitgliedsstaaten des Gemeinschaftsrates der Vereinten Nationen, demnach müsste die Anzahl der Jungfrauen gewaltig steigen, von 72 auf 190, denn von jedem Volk wird eine Jungfrau genommen.

Das Paradies wird von den Feinden des Islam als sexueller Ort beschrieben. Dieser Gedanke stammt von den Männern, denn die Männer haben Bücher zur Erklärung des Glaubens geschrieben.

„Ein hungriges Huhn träumt immer vom Weizenspeicher." (türkisches Sprichwort)

Ist das besser, als zu Gott zu kommen?

„Er gibt Leben und sendet Tod, und zu Ihm kehrt ihr zurück." (Koran, 10,56)

*„Allah hat den gläubigen **Männern** und den gläubigen **Frauen** Gärten verheißen, die von Strömen durchflossen werden, immerdar darin zu weilen, und herrliche Wohnstätten in den Gärten der Ewigkeit. **Allahs Wohlgefallen aber ist das größte.** Das ist die höchste Glückseligkeit." (Koran, 9,72)*

Dem Koran nach wird sowohl dem Mann und als auch der Frau im Paradies ein Partner/eine Partnerin gegeben, falls sie dies wünschen. Sie können auch den gleichen Partner wie im Diesseits nehmen, falls beide ins Paradies gekommen sind. Auch die Hölle gibt es, und es kann vorkommen, dass einer von beiden in die Hölle kommt.

Gott weiß es am besten!

„Unser Herr, lasse sie eintreten in die Gärten der Ewigkeit, die Du ihnen verheißen hast, wie auch jene ihrer Väter und ihrer Frauen und ihrer Kinder, die rechtschaffen sind. (...)" (Koran, 40,8, siehe auch 13,23-24)

„Die Rechtschaffenen werden mitten in Gärten und Quellen sein. 'Tretet darein in Frieden, geborgen.' Und Wir wollen hinwegnehmen, was an Groll in ihrer Brust sein mag; wie Brüder sitzend auf erhöhten Sitzen, einander gegen über. Müdigkeit soll sie darin nicht berühren, noch sollen sie je von dort vertrieben werden," (Koran, 15,45-48)

Im Paradies kann man also auch den gleichen Partner haben wie im Diesseits.

„Tretet ein in den Garten, ihr und eure Gefährten, geehrt, glückselig!" (Koran, 43,70, siehe auch 36,56)

Gott also gibt im Paradies den Männern und den Frauen Partner.

Im Paradies gibt es Wein, aber er verursacht keine Trunkenheit!

Im Paradies erwartet uns ein so gutes Leben, dass wir uns nicht einmal vorstellen können, wie es sein wird. Gott erzählt vom Paradies mit Hilfe von Vergleichen.

„Ein geschriebenes Buch. Die Erwählten (Gottes) werden es schauen. Wahrlich, die Tugendhaften werden in Wonne sein. Auf hohen Pfühlen werden sie zuschauen. Erkennen wirst du auf ihren Gesichtern den

Glanz der Seligkeit. Ihnen wird gegeben ein reiner, versiegelter Trank, Dessen Siegel Moschus ist - und dies mögen die Begehrenden erstreben -, Und es wird ihm Tasním beigemischt sein: Ein Quell, aus dem die Erwählten trinken werden." (Koran, 83,20-28)

„Ein **Gleichnis von dem Paradiese,** *den Rechtschaffenen verheißen: Darin sind Ströme von Wasser, das nicht verdirbt, und Ströme von Milch, deren Geschmack sich nicht ändert, und Ströme von Wein, köstlich für die Trinkenden, und Ströme geläuterten Honigs. Und darin werden sie Früchte aller Art haben und Vergebung von ihrem Herrn. (...)"* (Koran, 47,15)

Auf jeden Fall erwartet uns nach dem Tod ein neues Leben. Es ist ein ewiges Leben.
Nachfolgend noch mehr Zitate aus dem Koran:

„Am Tage, an dem sie sie schauen (da wird es sein), als hätten sie (in der Welt) nicht länger geweilt als einen Abend oder den Morgen darauf." (Koran, 79,46)

„Dass Er die gläubigen Männer und die gläubigen Frauen einführe in Gärten, durch die Ströme fließen, ewig darin zu weilen, und dass Er ihre Missetaten von ihnen nehme - und das ist vor Allah die höchste Glückseligkeit -" (Koran, 48,5)

„Und (gedenke) des Tags, da du die gläubigen Männer und die gläubigen Frauen sehen wirst, indes (die Strahlen) ihres Lichts vor ihnen und zu ihrer Rechten hervorbrechen: 'Frohe Botschaft euch heute! - Gärten,

durch die Ströme fließen, darin ihr weilen werdet. Das ist die höchste Glückseligkeit.'" (Koran, 57,12)

„Und es werden ihnen dort Jünglinge aufwarten, die kein Alter berührt. (...)" (Koran, 76,19)

„Und Jungfrauen, Altersgenossinnen," (Koran, 78,33, siehe auch 55,70, 37,48, 44,54 und 52,20)

„Doch jene, die glauben und gute Werke tun - für sie sind Gärten, durch die Ströme fließen. Das ist die höchste Glückseligkeit." (Koran, 85,11, siehe auch 3,198, 4,57)

„Die aber, die glauben und gute Werke tun - Wir belasten keine Seele über ihr Vermögen -, sie sind die Bewohner des Himmels; darin sollen sie ewig weilen." (Koran, 7,42)

„Sprich: 'Soll ich euch von etwas Besserem Kunde geben als diesem?' Für jene, die Gott fürchten, sind Gärten bei ihrem Herrn, die Ströme durchfließen - dort sollen sie wohnen -, und reine Gattinnen und Allahs Wohlgefallen. (...)" (Koran, 3,15)

„(...) Wie schön ist also der Lohn derer, die (Gerechtigkeit) wirken! Und du wirst die Engel sich scharen sehen um den Thron, den Preis ihres Herrn verkündend. Und es wird zwischen ihnen (Anm.: den Menschen) gerichtet werden in Gerechtigkeit. Und es wird gesprochen werden: 'Aller Preis gehört Allah, dem Herrn der Welten.'" (Koran, 39,74-75)

„Dort werden sie einander einen Becher reichen von Hand zu Hand, worin weder Eitelkeit noch Sünde ist." (Koran, 52,23)

„Und bringe frohe Botschaft denen, die glauben und gute Werke tun, dass Gärten für sie sind, durch die Ströme fließen. Wann immer ihnen von den Früchten daraus gegeben wird, werden sie sprechen: 'Das ist, was uns zuvor gegeben wurde', und (Gaben) gleicher Art sollen ihnen gebracht werden. Und sie werden darin Gefährten und Gefährtinnen haben von vollkommener Reinheit, und darin werden sie weilen." (Koran, 2,25)

„Oder wie jener, der an einer Stadt vorüberkam, die auf ihren Dächern lag, (und) ausrief: 'Wann wird Allah diese dem Leben zurückgeben nach ihrem Tod?' Da ließ Allah ihn sterben auf hundert Jahre; dann erweckte Er ihn (und) sprach: 'Wie lange hast du geharrt?' Er antwortete: 'Ich harrte einen Tag oder den Teil eines Tages.' Er sprach: 'Nein, du harrtest hundert Jahre lang. Nun blicke auf deine Speise und deinen Trank; sie sind nicht verdorben. Und blicke auf deinen Esel - also, dass Wir dich zu einem Zeichen machen für die Menschen. Und blicke auf die Knochen, wie Wir sie zusammensetzen und dann mit Fleisch überziehen.' Als ihm dies klar wurde, sprach er: 'Ich weiß, dass Allah die Macht hat, alles zu tun, was Er will.'" (Koran, 2,259)

Auch die Tiere kommen ins Paradies:

> *„Kein Getier gibt es auf der Erde, keinen Vogel, der auf seinen zwei Schwingen dahinfliegt, die nicht Gemeinschaften wären gleich euch. Nichts haben Wir in dem Buch ausgelassen. Zu ihrem Herrn sollen sie dann versammelt werden."* (Koran, 6,38)

158

3. DIE PFLICHTEN DER GLÄUBIGEN

3.1 Gottesliebe

> *„Und Er ist der Allverzeihende, der Liebreiche;"*
> *(Koran, 85,14)*

Gott zu fürchten bedeutet, dass Sie Gott lieben und Sie die Befehle des Geliebten befolgen!
    Ein Liebender denkt immer an seine Geliebte. Wenn Sie ihn vergessen, vergisst er Sie auch! Ein Liebender fürchtet, dass er etwas falsch macht, und seine Liebe ihn verlässt. Diese Angst fühlt man im Herzen. Auf die gleiche Art und Weise lieben wir Gott und bewachen die Liebe zu Ihm in unseren Herzen, denn wir wollen nicht, dass uns seine Liebe verlässt!

> *„Die da sprechen: 'Unser Herr ist Allah', und danach fest bleiben -* **keine Furcht soll über sie kommen, noch sollen sie trauern.** *Sie sind des Gartens Bewohner; darin sollen sie weilen auf immer: eine Belohnung für das, was sie zu tun pflegten." (Koran, 46,13-14)*

Die Christen sagen, dass Gott Liebe ist! Er ist es! Aber man muss vorsichtig sein, wie Jesus sagte:

> *„Fürchtet euch nicht vor denen, die den Leib töten, die Seele aber nicht töten können, sondern fürchtet euch vor dem, der Seele und Leib ins Verderben der Hölle stürzen kann. Verkauft man nicht zwei Spatzen für ein paar Pfennig? Und doch fällt keiner von ihnen zur Erde*

ohne den Willen eures Vaters. Bei euch aber sind sogar die Haare auf dem Kopf alle gezählt. Fürchtet euch also nicht! Ihr seid mehr wert als viele Spatzen." (Bibel, Mt 10,28-31)

„Ich will euch zeigen, wen ihr fürchten sollt: Fürchtet euch vor dem, der nicht nur töten kann, sondern die Macht hat, euch auch noch in die Hölle zu werfen. Ja, das sage ich euch: **Ihn sollt ihr fürchten.**" *(Bibel, Lk 12,5)*

„Denn das sind die **Tage der Vergeltung,** *an denen alles in Erfüllung gehen soll, was in der Schrift steht."* (Bibel, Lk 21,22)

Altes Testament:

„Hast du alles gehört, so lautet der Schluss: **Fürchte Gott** *und achte auf seine Gebote! Das allein hat jeder Mensch nötig."* (Bibel, Koh 12,13)

„Du aber sieh dich im ganzen Volk nach tüchtigen, **gottesfürchtigen** *und zuverlässigen Männern um, die Bestechung ablehnen. (...)"* (Bibel, Ex 18,21)

„Du sollst einen Tauben nicht verfluchen und einem Blinden kein Hindernis in den Weg stellen; vielmehr sollst du deinen Gott **fürchten***. Ich bin der Herr."* (Bibel, Lev 19,14)

„Du sollst vor grauem Haar aufstehen, das Ansehen eines Greises ehren und deinen Gott fürchten. Ich bin der Herr." (Bibel, Lev 19,32)

*„Wenn du den Herrn, deinen Gott, **fürchtest**, indem du auf alle seine Gesetze und Gebote, auf die ich dich verpflichte, dein ganzes Leben lang achtest, du, dein Sohn und dein Enkel, wirst du lange leben." (Bibel, Dtn 6,2)*

*„Du sollst auf die Gebote des Herrn, deines Gottes, achten, auf seinen Wegen gehen und ihn **fürchten**." (Bibel, Dtn 8,6)*

*„Den **Herrn, deinen Gott,** sollst du **fürchten**; (...)" (Bibel, Dtn 6,13)*

*„Ihr sollt einander nicht übervorteilen. **Fürchte deinen Gott;** denn ich bin der Herr, euer Gott." (Bibel, Lev 25,17)*

*„Denn ich **hatte Angst** vor dem glühenden Zorn des Herrn. Er war voll Unwillen gegen euch und wollte euch vernichten. (...)" (Bibel, Dtn 9,19)*

*„Du sollst den **Herrn, deinen Gott, fürchten.** Ihm sollst du dienen, an ihm sollst du dich festhalten, bei seinem Namen sollst du schwören. Er ist dein Lobgesang, er ist dein Gott. (...)" (Bibel, Dtn 10,20-21)*

*„Und nun, Israel, was fordert der Herr, dein Gott, von dir außer dem einen: dass du den Herrn, **deinen Gott, fürchtest,** indem du auf allen seinen Wegen gehst, ihn liebst und dem Herrn, deinem Gott, mit ganzem Herzen und mit ganzer Seele dienst; dass du ihn fürchtest, indem du auf die Gebote des Herrn und seine Gesetze achtest, auf die ich dich heute verpflichte. Dann wird es dir gut gehen." (Bibel, Dtn 10, 12-13)*

Wenn wir die Gebote Gottes befolgen, haben wir keine Probleme.

> *"Keineswegs! wahrlich, dies (Anm.: der Koran) ist eine Ermahnung. So möge, wer da will, ihrer gedenken. Und sie werden sich nicht ermahnen lassen, bis Allah so will. **Er ist wert der Ehrfurcht und der Eigner der Vergebung.**" (Koran, 74,54-56)*

> *"Gewiss, **die da glauben und gute Werke tun und das Gebet verrichten und die Zakat zahlen**, ihr Lohn ist bei ihrem Herrn, und **keine Furcht soll über sie kommen, noch sollen sie trauern.**" (Koran, 2,277)*

> *"Und sucht eures Herrn Vergebung, dann bekehrt euch zu Ihm. Wahrlich, mein Herr ist barmherzig, **liebevoll.**'" (Koran, 11,90)*

3.2 Gebet

„Rufet denn Allah an, in lauterem Gehorsam gegen Ihn, und sollte es auch den Ungläubigen zuwider sein."
(Koran, 40,14)

Das Gebet im Islam bedeutet, dass man sich fünfmal am Tag reinigt. Durch die Waschungen und die Gebete erfährt man sowohl eine psychische als auch eine physische Säuberung.

„Er ist es, Der Reue annimmt von Seinen Dienern und Sünden vergibt und weiß, was ihr tut. Und Er erhört diejenigen, die gläubig sind und gute Werke üben, und gibt ihnen Mehrung von Seiner Gnadenfülle; (...)"
(Koran, 42,25-26)

„Wisse drum, dass es keinen Gott gibt außer Allah, und bitte um Vergebung für deine Fehler und für die gläubigen Männer und die gläubigen Frauen. (...)"
(Koran, 47,19)

Das Gebet derjenigen Muslime, die sich an den Koran halten, dauert pro Tag etwa eine Stunde.

Vor dem Gebet wäscht man sich mit Wasser (Koran, 5,6, siehe unten). Beim Beten wird zugleich auch der Körper trainiert, sodass man nicht ins Fitnessstudio gehen muss. Der Mensch ist beim Gebet in Verbindung mit Gott. Er offenbart Gott seine Sorgen und Nöte und wartet auf die Antwort. Gottes und seine Seele wird leichter. Die Muslime haben so eine direkte Verbindung zu Gott. Sie müssen nicht bei einem Priester Beichte ablegen. Auf diese Weise erlangt der Mensch auch psychischen Frieden, und er bedarf keiner psychischen Hilfe von anderswo.

*„So gedenke des Namens deines Herrn und weihe dich Ihm **ausschließlich**."* (Koran, 73,8)

„Sprich: 'Rufet Allah an oder rufet Rahmán an - bei welchem (Namen) immer ihr (Ihn) rufet, Sein sind die schönsten Namen.' Und sprich dein Gebet nicht zu laut, und flüstre es auch nicht zu leise, sondern suche einen Weg dazwischen." (Koran, 17,110)

Koran:

*„Die sich in Reue (zu Gott) wenden, (Ihn) anbeten, (Ihn) lobpreisen, die (in Seiner Sache) wandern, die sich **beugen** und **niederwerfen**, die das Gute gebieten und das Böse verbieten, und die Schranken Allahs achten - verkünde (diesen) Gläubigen frohe Botschaft."* (Koran, 9,112)

David:

*„Kommt, lasst uns niederfallen, uns vor ihm **verneigen, lasst uns niederknien** vor dem Herrn, unserm Schöpfer!"* (Bibel, Ps 95,6)

Jesus:

*„Jesus sagte: Wenn ihr den seht, der nicht geboren worden ist vom Weibe, **werft euch auf euer Antlitz und verehrt ihn**."* (Evangelium nach Thomas, 15)

Moses:

*„Mose und Aaron verließen die Versammlung, gingen zum Eingang des Offenbarungszeltes und **warfen sich auf ihr Gesicht nieder.**"* (Bibel, Num 20,6)

Heutzutage übt ein Muslim, der nach dem Koran lebt, den **Islam**, also die letzte Version von **Abrahams Glauben**, aus. Er **kniet** sich nieder, **verneigt** sich und **betet** zu Gott, so wie es auch David, Jesus und Moses getan haben!

„Und wenn Meine Diener dich nach Mir fragen (sprich): 'Ich bin nahe. Ich antworte dem Gebet des Bittenden, wenn er zu Mir betet. So sollten sie auf Mich hören und an Mich glauben, auf dass sie den rechten Weg wandeln mögen.'" (Koran, 2,186)

*„Wacht über die Gebete und das mittlere Gebet, und steht demütig **vor Allah.**"* (Koran, 2,238)

Ärzte, die Patienten mit psychischen Problemen betreuen, glauben nicht an die Existenz einer Seele (eines Geistes) im religiösen Sinn. Deshalb können sie manchen Menschen nicht helfen.
Das Gebet ist Nahrung für den Geist! Der Glaube gibt Lebenskraft. Ein Gläubiger versinkt nicht in Verzweiflung. Jemand, der seine Gebete ausgeführt hat, erhält Frieden und Kraft.

„Deren Herzen mit Furcht erfüllt sind, wenn Allah erwähnt wird, und die geduldig tragen, was sie trifft, und das Gebet verrichten und spenden von dem, was Wir ihnen gegeben haben." (Koran, 22,35)

Das Gebet ist die Waffe der Gläubigen!

"Nein, Allah ist euer Beschützer, und Er ist der beste Helfer." (Koran, 3,150)

"(...) Und Allah kennt das Innerste der Seelen. (...)" (Koran, 3,154)

"(...) Und Er ist der Kenner all dessen, was in den Herzen ist." (Koran, 57,6)

"Und sprich: 'Mein Herr, ich nehme meine Zuflucht bei Dir vor den Einflüsterungen der Teufel." (Koran, 23,97)

Das Gebet wird täglich fünfmal ausgeführt (siehe Koran, 17,78, 11,114, 33,42, 20,130, 30,17-18).

"(...) denn das Gebet zu bestimmten Zeiten ist den Gläubigen eine Pflicht." (Koran, 4,103)

In Wien gehen Muslime folgenden Gebetsbräuchen nach:

Gebetstafel 1. Januar:
erste Gebetszeit (Gebet des Morgenanbruchs):
um 5:46 bis 7:39 Uhr
zweite Gebetszeit (Gebet des Mittags):
um 12:05 bis 13:57 Uhr
dritte Gebetszeit (Gebet des Nachmittags):
um 13:58 bis ca. 16:05 Uhr
vierte Gebetszeit (Gebet des Sonnenuntergangs):
um 16:17 bis 17:36
fünfte Gebetszeit (Abendgebet):
um 17:37 bis 05:45 Uhr.

Gebetstafel 15. Juli:
erste Gebetszeit: 2:15 bis 5:04
zweite Gebetszeit: 13:08 bis 17:16
dritte Gebetszeit: 17:17 bis ca. 20:40
vierte Gebetszeit: 20:58 bis 22:17
fünfte Gebetszeit: 22:18 bis 2:14.

Es ist auch in Ordnung, wenn man täglich zur selben Zeit eine Stunde auf einmal betet. Nach dem Gebet ist man in einer entspannten Stimmung und braucht keinen Alkohol oder andere Berauschungsmittel, um sich wohl zu fühlen.

Über das Gebet am Freitag sagt man Folgendes:

> *„O die ihr glaubt, wenn der Ruf zum Gebet am Freitag erschallt, dann eilet zum Gedenken Allahs und lasset den Handel ruhen. Das ist besser für euch, wenn ihr es nur wüsstet. Und wenn das Gebet beendet ist, dann zerstreut euch im Land und trachtet nach Allahs Gnadenfülle und gedenket Allahs häufig, auf dass ihr Erfolg habt."* (Koran, 62,9-10)

Für einen Muslim, der sich an den Koran hält, gibt es also keinen wöchentlichen Feiertag. Nach dem Gebet am Freitag geht die Arbeit weiter.

Wenn die Männer und Frauen zum Freitagsgebet oder zur Gebetsstätte gehen, werden sie angehalten, sich feierlich zu kleiden:

> *„O Kinder Adams, leget euren Schmuck an (zu jeder Zeit und) an jeder Stätte der Andacht, (...)."* (Koran, 7,31)

Auch Jesus betete selbst und gab seinen Anhängern die Anweisung zu beten:

"Wacht und betet, damit ihr nicht in Versuchung geratet.(...)" (Bibel, Mk 14,38)

"Darauf kam Jesus mit den Jüngern zu einem Grundstück, das man Getsemani nennt, und sagte zu ihnen: Setzt euch und wartet hier, während ich dort bete." (Bibel, Mt 26,36)

"Und er betete in seiner Angst noch inständiger und sein Schweiß war wie Blut, das auf die Erde tropfte. Nach dem Gebet stand er auf, ging zu den Jüngern zurück und fand sie schlafend; denn sie waren vor Kummer erschöpft. Da sagte er zu ihnen: Wie könnt ihr schlafen? Steht auf und betet, damit ihr nicht in Versuchung geratet." (Bibel, Lk 22,44-46)

"O die ihr glaubt, sucht Hilfe in Geduld und Gebet; Allah ist mit den Standhaften." (Koran, 2,153)

"Wacht über die Gebete und das mittlere Gebet, und steht demütig vor Allah." (Koran, 2,238)

Während des Betens stehen Sie vor Gott!

Über das Waschen vor dem Gebet sagt man Folgendes:

"O die ihr glaubt! Wenn ihr zum Gebet hintretet, waschet euer Gesicht und eure Hände bis zu den Ellbogen und fährt euch über den Kopf und waschet eure Füße bis zu den Knöcheln. Und wenn ihr im Zustande der Unreinheit seid, reinigt euch durch ein

Bad. Und wenn ihr krank oder auf einer Reise seid (und dabei unrein), oder wenn einer von euch vom Abtritt kommt, oder wenn ihr Frauen berührt habt, und ihr findet kein Wasser, so nehmt reinen Sand und reibt euch damit Gesicht und Hände. Allah will euch nicht in Schwierigkeiten bringen, sondern Er will euch nur reinigen und Seine Gnade an euch erfüllen, auf dass ihr dankbar seiet." (Koran, 5,6; siehe auch 4,43)

Auch im Alten Testament findet sich eine entsprechende Anweisung zur Waschung:

„Sie sollen sich ihre Hände und Füße waschen, damit sie nicht sterben. Dies soll für sie eine immer währende Verpflichtung sein, für Aaron und seine Nachkommen von Generation zu Generation." (Bibel, Ex 30,21)

„Mose ließ Aaron und seine Söhne näher treten und wusch sie mit Wasser." (Bibel, Lev 8,6)

„Schläft ein Mann, der Samenerguss hat, mit einer Frau, müssen sie sich beide in Wasser baden und sind unrein bis zum Abend." (Bibel, Lev 15,18)

Sowohl Muslime, die sich nach dem Koran richten, als auch Juden waschen ihren ganzen Körper vor dem Gebet. Dieses rituelle Waschen des gesamten Körpers wird „Gusl" genannt. Auch als Christ muss man rituelle Waschungen vornehmen (die Taufe könnte die gleiche Bedeutung haben). Sich zu säubern ist gesund.

„O die ihr glaubt, sucht Hilfe in Geduld und Gebet; Allah ist mit den Standhaften." (Koran, 2,153)

3.3 Das Geben von Almosen

*„Die **gläubigen Männer** und die **gläubigen Frauen** sind einer des andern Freund. Sie gebieten das Gute und verbieten das Böse und verrichten das Gebet und **zahlen die Zakat** und gehorchen Allah und Seinem Gesandten. Sie sind es, deren Allah Sich erbarmen wird. Wahrlich, Allah ist allmächtig, allweise."* (Koran, 9,71)

*„(...) **die Männer, die Almosen geben, und die Frauen, die Almosen geben,** (...)- Allah hat ihnen Vergebung und herrlichen Lohn bereitet."* (Koran, 33,35)

Es ist Gottes Vorschrift, dass Muslime je nach ihren Möglichkeiten Almosen spenden. Sowohl Frauen als auch Männer geben Almosen! Denn auch die Frau hat dem Koran nach ein Recht auf Besitz. Es ist ihnen ebenso wie der Ehefrau des Propheten, Khadija, die Geschäftsfrau war, möglich zu arbeiten und über ihren Besitz zu verfügen (siehe Kapitel „Die Rechte der Frauen").

„So gib dem Verwandten, was ihm zukommt, wie auch dem Bedürftigen und dem Wanderer. Das ist das Beste für die, die nach Allahs Antlitz verlangen, und sie sind die Erfolgreichen." (Koran, 30,38, siehe auch 17,26)

Almosen muss man zuerst seinen eigenen Kindern, den Eltern und nahen Verwandten geben, falls sie in Schwierigkeiten sind.
Almosen kann man aber nicht geben, wenn die eigene Familie des Spenders daran leiden würde. Wenn man

Sozialhilfe bekommt, darf man von diesem Geld nicht geben, da man dann selbst ein Almosenempfänger ist.

Muslime sollen auch **Nicht-Muslimen** Almosen geben:

> *„Die Almosen (Anm.: Arabisch: ‚sadaqa'. Dies ist der Oberbegriff für freiwilliges Spenden wie die obligatorische Steuer vom Vermögen (zakat).) sind nur für die Armen und Bedürftigen und für die mit ihrer Verwaltung Beauftragten und **für die, deren Herzen versöhnt werden sollen**, für die (Befreiung von) Sklaven und für die Schuldner, für die Sache(Anm.: wörtlich: den Weg) Allahs und für den Wanderer: eine Vorschrift von Allah. Und Allah ist allwissend, allweise. (...)"* (Koran, 9,60)

Die Priester und Kirchen der Christen leben im Reichtum, während das Volk leidet.

> *„O die ihr glaubt, wahrlich, **viele der Schriftgelehrten und Mönche verzehren das Gut der Menschen durch Falsches und machen abwendig von Allahs Weg**. Und jene, die Gold und Silber anhäufen und es nicht aufwenden auf Allahs Weg - ihnen verheiße **schmerzliche Strafe**."* (Koran, 9,34)

> *„Da sagte der Herr zu ihm: O ihr Pharisäer! Ihr haltet zwar Becher und Teller außen sauber, innen aber seid ihr voll Raubgier und Bosheit."* (Bibel, Lk 11,39)

Alle sollen den Wohlstand gerecht genießen. Das Imamsystem (Priestersystem) ist nicht gemäß den Lehren des Korans.

Dem Koran nach wird Arbeit für den Islam im Jenseits belohnt. Also dürfen Imame und Priester dafür, dass sie Gott dienen, kein Geld nehmen!

*"Folget denen, **die keinen Lohn von euch fordern** und die rechtgeleitet sind." (Koran, 36,21)*

Jesus wollte dem Volk die Macht über den Glauben geben, aber die Kirche kam dazwischen und nahm sie in ihre Hände.

Später gab der Koran die Macht über den Glauben wieder den Menschen zurück, und die Menschen wurden vor Gott gleich. Die Priester als Vermittler zwischen Gott und Mensch wurden aus dem Weg geräumt! Zuhause beten die Menschen fünfmal am Tag (siehe Kapitel Gebet).

Der Islam lehnt die Einteilung von Menschen in unterschiedliche Klassen ab. Das oberste Haupt des Staates ist ein völlig gleichwertiger Mensch wie jemand, der Müll aufsammelt.

Der Islam beendete das Eintreiben von Geld durch Kirche und Synagogen vom Volk.

Die Moscheen werden mit vereinten Kräften erbaut (Koran, 9,18) und sie gehören dem Volk. Jeder kann während der Gebetszeit als Gebetsleiter fungieren. Diese Person wird während der Gebetszeit **Imam** genannt, also **Gebetsleiter**! Auch zu Hause können Mann, Frau und Kinder gemeinsam beten, und auch dann gibt es einen Imam! Aber dann kommt der Imam aus der Familie! Wenn zum Beispiel ein Kind zu Hause Imam ist, darf es nach dem Gebet nicht sagen: „Papa, gib mir Geld dafür, dass ich Imam war." In den Moscheen arbeitet man auf die gleiche Weise! Der Lohn kommt von Gott!

Vom Reichtum des Reichen hat jeder etwas, wenn er den anderen etwas von seinem Reichtum abgibt.

„Nie könnt ihr zur vollkommenen Rechtschaffenheit gelangen, solange ihr nicht spendet von dem, was ihr liebt; und was immer ihr spendet, wahrlich, Allah weiß es wohl." (Koran, 3,92)

„Eher geht ein Kamel durch ein Nadelöhr, als dass ein Reicher in das Reich Gottes gelangt." (Bibel, Mk 10, 25)

Es ist besser, Gaben im Verborgenen zu geben als in aller Öffentlichkeit:

„Gebt ihr öffentlich Almosen, so ist es schön und gut; hält ihr sie aber geheim und gebt sie den Armen, so ist es noch besser für euch; und Er wird (viele) eurer Sünden von euch hinwegnehmen, denn Allah achtet wohl eures Tuns." (Koran, 2,271)

Der Reiche ist verpflichtet zu geben.

„Darum bedrücke nicht die Waise, und schilt nicht den Bettler, und erzähle von der Gnade deines Herrn." (Koran, 93,9-11)

Der Islam hält Reichtum nicht für schlecht, aber er möchte, dass die Reichen hilfsbereit sind. Werden Sie reich und geben Sie anderen von Ihrem Besitz! Gott gibt Ihnen etwas, und Sie geben einen Teil weiter an Leute, die es brauchen.

Die Menschen müssen einander helfen und miteinander teilen. Das ist die Vorschrift Gottes.

Laut Islam ist alles Seiende Gott. Gemäß dem System Gottes ist es die Aufgabe der Wohlhabenden, den Wohlstand und das Wohlbefinden mit anderen zu teilen.

Im Diesseits hat jeder Mensch seine eigene Aufgabe:
- Wenn alle Präsidenten wären, wer wäre dann das Volk?
- Wenn alle Pizzaköche wären, wem würde man dann die Pizza verkaufen?
- Wenn alle Männer wären, wer würde dann Kinder zur Welt bringen?
- Wenn alle Landwirte wären, wem würde man Landwirtschaftsprodukte verkaufen?

Reich – arm, Präsident – Volk, Herr – Diener, Mann – Frau, schwarz – weiß, alle sind vor Gott gleich.

Jesus versuchte, sich für die gleiche Sache stark zu machen!

„Denn wer sich selbst erhöhnt, wird erniedrigt, und wer sich selbst erniedrigt, wird erhöht werden." (Bibel, Lk 14,11)

Alle verlassen das Diesseits mit den gleichen Voraussetzungen, ohne Besitz und gleichwertig.

Der Sarg eines Reichen ist vielleicht ansehnlicher, aber der Körper in ihm ist nicht mehr wert als der eines Armen.

Diesseitiges bleibt im Diesseits, die Sargträger tragen den menschlichen Körper zu Grabe.

*„**Was bei euch ist, vergeht, und was bei Allah ist, besteht.** Und Wir werden gewisslich denen, die standhaft sind, ihren Lohn bemessen nach dem besten ihrer Werke." (Koran, 16,96)*

„Jesus sagt: Wer sich selbst findet, dessen ist die Welt nicht würdig." (Evangelium nach Thomas, 111)

"Und die, denen die Schrift gegeben ward, waren nicht eher gespalten, als nachdem der deutliche Beweis zu ihnen gekommen war. Und doch war ihnen nichts anderes befohlen, als Allah zu dienen, in lauterem Gehorsam gegen Ihn und aufrechtem Glauben, und das Gebet zu verrichten und die Zakat zu zahlen. Und das ist der beständige Glaube." (Koran, 98,4-5)

Lassen Sie uns miteinander teilen und gemeinsam glücklich leben.

"Die das Gebet verrichten und spenden von dem, was Wir ihnen gegeben haben." (Koran, 8,3)

*"Gewiss, die da glauben und gute Werke tun und das Gebet verrichten und die **Zakat zahlen**, ihr Lohn ist bei ihrem Herrn, und keine Furcht soll über sie kommen, noch sollen sie trauern."* (Koran, 2,277, siehe 2,43,110; 24,56)

*"Nicht darin besteht Tugend, dass ihr euer Antlitz nach Osten oder nach Westen kehrt, sondern wahrhaft gerecht ist der, welcher an Allah glaubt und an den Jüngsten Tag und an die Engel und das Buch und die Propheten und aus Liebe zu Ihm **Geld ausgibt** für die Angehörigen und für die Waisen und Bedürftigen und für den Wanderer und die, die um eine milde Gabe bitten, und für (Loskauf der) Gefangenen, und der das Gebet verrichtet und die Zakat zahlt; sowie jene, die ihr Versprechen halten, wenn sie eins gegeben haben, und die in Armut und Krankheit und in Kriegszeit Standhaften; sie sind es, die sich als redlich bewährt haben, und sie sind die Gottesfürchtigen."* (Koran, 2,177)

*„(...) Wir haben den Ungläubigen unter ihnen eine schmerzliche Strafe bereitet. Die unter ihnen aber, die fest gegründet im Wissen sind, und die Gläubigen, die da an das glauben, was zu dir hinabgesandt ward und was vor dir hinabgesandt worden, und (vor allem) die, die das Gebet verrichten und die **Zakat zahlen** und an Allah glauben und an den Jüngsten Tag - ihnen allen werden Wir gewiss einen großen Lohn gewähren."* (Koran, 4,161-162 und siehe auch 24,37)

„Jene Wohnstatt im Jenseits! Wir geben sie denen, die weder Selbsterhöhung auf Erden begehren noch irgendeine Verderbnis. Und der Ausgang ist für die Rechtschaffenen." (Koran, 28,83)

178

3.4 Fasten

> *„O die ihr glaubt! Fasten ist euch vorgeschrieben, wie es denen vor euch vorgeschrieben war, auf dass ihr euch schützet -"* (Koran, 2,183)

Fasten heißt, den Körper ausruhen zu lassen. Jedes Jahr leistet der Körper elf Monate lang Arbeit und ruht sich einen Monat lang aus. In dieser Zeit reinigt sich der Körper selbst (das ist wie eine Jahresüberholung).

Während der Zeit des Fasten bekommt der Mensch mehr geistige Kraft. Wenn der Körper in Frieden ausruhen kann, kann der Geist gut arbeiten!

> *„Der Monat Ramadán ist der, in welchem der Koran herabgesandt ward: eine Weisung für die Menschheit, deutliche Beweise der Führung und (göttliche) Zeichen. Wer also da ist von euch in diesem Monat, der möge ihn durchfasten; ebenso viele andere Tage aber, wer krank oder auf Reisen ist. Allah wünscht euch erleichtert und wünscht euch nicht beschwert, und dass ihr die Zahl (der Tage) erfüllen und Allah preisen möchtet dafür, dass Er euch richtig geführt hat, und dass ihr dankbar sein möchtet."* (Koran, 2,185, siehe auch Koran, 2,184)

In Wien zum Beispiel ist der Zeitplan des Fastens folgender: am 15. Januar beginnt das Fasten um 5:44 Uhr und endet um 16:34, am 9. Juli beginnt das Fasten um 1:58 Uhr und endet um 21:02 Uhr. Das ist einfach.

Während der Fastenzeit isst und trinkt man tagsüber nichts und hat auch keinen Sex.

> *„(...) Und esset und trinket, bis der weiße Faden von dem schwarzen Faden der Morgenröte zu unterscheiden ist. Dann vollendet das Fasten bis zum Einbruch der Nacht; (...)" (Koran, 2,187)*

Wenn Gott wünscht, dass wir etwas tun, ist das zu unserem eigenen Vorteil.

> *„Erlaubt ist euch, in der Nacht des Fastens zu euren Frauen einzugehen. (...)" (Koran, 2,187)*

Geschlechtsverkehr ist jedoch während der Menstruation der Frauen verboten (siehe Koran, 2,222). Auch in der Bibel ist dies verboten (siehe Bibel, Lev 18,19).

Eine Frau, die schwanger ist oder ihr Kind stillt, muss nicht fasten.

Sowohl Moses als auch Jesus ermutigen die Menschen zu fasten:

> *„Als er vierzig Tage und vierzig Nächte gefastet hatte, bekam er Hunger." (Bibel, Mt 4,2)*

> *„Damit die Leute nicht merken, dass du fastest, sondern nur dein Vater, der auch das Verborgene sieht; und dein Vater, der das Verborgene sieht, wird es dir vergelten." (Bibel, Mt 6,18)*

> *„An diesem Tag sollt ihr euch Enthaltung auferlegen und dürft keinerlei Arbeit verrichten;" (Bibel, Num 29,7)*

3.5 Pilgerfahrt

Laut Koran müssen sowohl männliche als auch weibliche Muslime einmal im Leben eine Pilgerfahrt nach Mekka machen, vorausgesetzt, sie haben Geldreserven dafür!

> *„Wahrlich, das erste Haus, das für die Menschheit gegründet wurde, ist das zu Bakka (Anm.: Mekka) - überreich an Segen und zur Richtschnur für alle Völker. In ihm sind deutliche Zeichen. Die Stätte Abrahams - und wer sie betritt, hat Frieden. (...)" (Koran, 3,96-97; siehe auch 2,196)*

Dort können Sie gemeinsam mit Allah und einer großen Menschenmenge an der Stätte Abrahams sein. Das ist gut! Wenn Sie Geld haben, machen Sie eine Pilgerfahrt nach Mekka! Auf einer Pilgerfahrt tragen fast alle die gleiche Kleidung. Auch sonst ist eine Pilgerfahrt wie eine Versammlung im Jenseits vor Gottes Angesicht: Hautfarbe, Beruf, Stamm und Geschlecht sind nicht von Bedeutung, sondern wir alle sind gleichwertig.

4. EMPFEHLUNGEN

4.1 Das Kopftuch

„O Kinder Adams, Wir gaben euch Kleidung, eure Scham zu bedecken, und zum Schmuck; doch das Kleid der Frömmigkeit - das ist das beste. (...)" (Koran, 7,26)

In der finnischen Tageszeitung „Helsingin Sanomat" wurde Folgendes geschrieben:

„Laut muslimischen Feministinnen ist das Kopftuch ein Gegenstand der Unterdrückung... Das Kopftuch hat keine religiöse Bedeutung. Es ist ein Mittel, um die Frauen zu unterdrücken..." (übersetzt nach **Helsingin Sanomat**, Ausland, A13, 25. 01. 2004)

Die Zeitung „Ilta-Sanomat" veröffentlicht:

„Das heilige Buch der Muslime, der Koran, verpflichtet Frauen nicht, den Hijab zu tragen." (übersetzt nach **Ilta-Sanomat**, 18. 10. 2003, Seite 17)

Im Koran wird über das Tragen des Kopftuchs gesprochen. Es ist Gottes Befehl! Wenn wir den folgenden Ausschnitt aus dem Koran lesen, werden wir verstehen, dass **das Tragen des Kopftuchs eine religiöse Bedeutung hat!**

„O Prophet! sprich zu deinen Frauen und deinen Töchtern und zu den Frauen der Gläubigen, sie sollen ihre Tücher tief über sich ziehen. Das ist besser, damit

> *sie erkannt (Anm.: als anständige Frauen) und nicht belästigt werden. (...)" (Koran, 33,59)*

Laut Koran hat der Gebrauch des Kopftuchs eine religiöse Bedeutung, und der Koran verpflichtet zum Tragen eines Kopftuchs.
Dem Koran nach kann eine Frau aufhören, das Kopftuch zu tragen, wenn sie nicht mehr daran glaubt, dass sie heiraten wird.

> *"(Was nun) die älteren Frauen (betrifft), die nicht mehr auf Heirat hoffen können, so trifft sie kein Vorwurf, wenn sie ihre Tücher ablegen, ohne ihre Zierde zur Schau zu stellen. Dass sie sich dessen enthalten, ist besser für sie. (...)" (Koran, 24,60)*

> *"Sprich zu den gläubigen Männern, dass sie ihre Blicke zu Boden schlagen und ihre Keuschheit wahren sollen. (...) Und sprich zu den gläubigen Frauen, dass sie ihre Blicke zu Boden schlagen und ihre Keuschheit wahren sollen und dass sie ihre Reize nicht zur Schau tragen sollen, (...)." (Koran, 24,30-31)*

Auch mit seinen Augen kann der Mensch Hurerei treiben, wie auch **Jesus in der Bibel sagt:**

> *"Ihr habt gehört, dass gesagt worden ist: Du sollst nicht die Ehe brechen. Ich aber sage euch: Wer eine Frau auch nur lüstern ansieht, hat in seinem Herzen schon Ehebruch mit ihr begangen. Wenn dich dein rechtes Auge zum Bösen verführt, dann reiß es aus und wirf es weg! Denn es ist besser für dich, dass eines deiner Glieder verloren geht, als dass dein ganzer Leib in die Hölle geworfen wird. Und wenn dich deine rechte*

Hand zum Bösen verführt, dann hau sie ab und wirf sie weg! Denn es ist besser für dich, dass eines deiner Glieder verloren geht, als dass dein ganzer Leib in die Hölle kommt." (Bibel, Mt 5,27-30)

Jesus sagte, dass Frauen ihren Körper keinem anderen als dem eigenen Ehemann zeigen dürfen, denn der Mensch kann mit seinen Augen Hurerei treiben! Wenn wir an die Bedeutung der Worte Jesu denken, könnten wir uns fragen, ob Christinnen heutzutage das Wort Jesu beachten, wenn sie ihren Körper zeigen. Laut Jesus treiben die Augen der Männer Hurerei, was zur Folge hat, dass sie in die Hölle kommen!

Jesus sagte: „Ich will euch zeigen, wen ihr fürchten sollt: Fürchtet euch vor dem, der nicht nur töten kann, sondern die Macht hat, euch auch noch in die Hölle zu werfen. Ja, das sage ich euch: **Ihn sollt ihr fürchten.***" (Bibel, Luk 12,5)*

Das Kopftuch wird auch in der Bibel erwähnt. Es ist kein Zufall, dass Nonnen ein Kopftuch tragen. Der Gebrauch des Kopftuches hat auch für jüdische Frauen und Christinnen eine religiöse Bedeutung.

Im Folgenden führe ich Zitate aus der Bibel an, die sich auf den Gebrauch des Kopftuches beziehen:

„Eine Frau aber entehrt ihr Haupt, wenn sie betet oder prophetisch redet und dabei ihr Haupt nicht verhüllt. Sie unterscheidet sich dann in keiner Weise von einer Geschorenen. Wenn eine Frau kein Kopftuch trägt, soll sie sich doch gleich die Haare abschneiden lassen. Ist es aber für eine Frau eine Schande, sich die Haare abschneiden oder sich kahl scheren zu lassen, dann soll sie sich auch verhüllen. Der Mann darf sein Haupt

nicht verhüllen, weil er Abbild und Abglanz Gottes ist; die Frau aber ist der Abglanz des Mannes. Denn der Mann stammt nicht von der Frau, sondern die Frau vom Mann. Der Mann wurde auch nicht für die Frau geschaffen, sondern die Frau für den Mann. Deswegen soll die Frau mit Rücksicht auf die Engel das Zeichen ihrer Vollmacht auf dem Kopf tragen. Doch im Herrn gibt es weder die Frau ohne den Mann noch den Mann ohne die Frau. Denn wie die Frau vom Mann stammt, so kommt der Mann durch die Frau zur Welt; alles aber stammt von Gott. Urteilt selber! Gehört es sich, dass eine Frau unverhüllt zu Gott betet?" (Bibel, 1 Kor 11,5-13)

„Und fragte den Knecht: Wer ist der Mann dort, der uns auf dem Feld entgegenkommt? Der Knecht erwiderte: Das ist mein Herr. Da nahm sie (Rebekka) den Schleier und verhüllte sich." (Bibel, Gen 24,65)

„Da zog sie ihre Witwenkleider aus, legte einen Schleier über und verhüllte sich. Dann setzte sie sich an den Ortseingang von Enajim, der an der Straße nach Timna liegt." (Bibel, Gen 38/14)

Das Kopftuch wird also im Koran erwähnt. Dass Frauen es tragen sollen, ist ein Befehl Gottes! Das Tragen eines Kopftuches hat eine religiöse Bedeutung!
In der Bibel, im Neuen Testament, sollte laut Paulus die Frau ihren Kopf bedecken, um ihre Unterwerfung auszudrücken (Jesus hat das nicht ausdrücklich erwähnt, sodass dies Paulus eigener Gedanke sein kann), aber laut Koran trägt eine Frau ein Kopftuch, um sich zu schützen und ihre Ehre zu behüten.

Es ist eine Sünde, kein Kopftuch zu tragen. Jene, die behaupten, dass im Koran nicht gesagt wird, dass ein Kopftuch getragen werden soll, und dass ein Kopftuch ein Gegenstand der Unterdrückung ist, sind ungläubig. Sie sind keine richtigen Muslime, denn sie versuchen die Worte des Korans zu leugnen. Das Verleugnen der Worte des Korans ist Krieg gegen die Anweisungen Gottes.

„(...) Und Allah richtet; da ist keiner, der Seinen Richtspruch umstoßen könnte. (...)" (Koran, 13,41)

„Das Wort deines Herrn wird vollendet sein in Wahrheit und Gerechtigkeit. Keiner vermag Seine Worte zu ändern, und Er ist der Allhörende, der Allwissende." (Koran, 6,115)

„Unter den Leuten sind solche, die sagen: ‚Wir glauben an Allah und an den Jüngsten Tag', und sind gar nicht Gläubige. Sie möchten Allah betrügen und diejenigen, die gläubig sind; doch sie betrügen nur sich selbst; allein sie begreifen es nicht." (Koran, 2,8-9)

„(...) Wer nicht nach dem richtet, was Allah hinabgesandt hat - das sind die Ungläubigen." (Koran, 5,45)

„(...) wer nicht nach dem richtet, was Allah hinabgesandt hat - das sind die Empörer." (Koran, 5,47)

„Die aber, die nicht glauben und Unsere Zeichen verwerfen, das sind die Insassen der Hölle." (Koran, 5,86; 5,10)

„Und die Hölle ist wahrlich ihnen allen der verheißene Ort." (Koran, 15,43)

„Und dies ist Mein Weg, der gerade. So folget ihm; und folget nicht den (anderen) Pfaden, damit sie euch nicht weitab führen von Seinem Weg. Das ist es, was Er euch gebietet, auf dass ihr euch vor Bösem hütet." (Koran, 6,153)

„Es soll kein Zwang sein im Glauben. Gewiss, Wahrheit ist nunmehr deutlich unterscheidbar von Irrtum; wer also sich von dem Verführer nicht leiten lässt und an Allah glaubt, der hat sicherlich eine starke Handhabe ergriffen, die kein Brechen kennt; und Allah ist allhörend, allwissend." (Koran, 2,256)

Das Kopftuch bedeutet nicht Unterdrückung. Die Frau muss sich bedecken, weil sie sehr geschätzt wird.

Die Schönheit einer Frau gehört ihrem Ehemann und dementsprechend gehört die Schönheit eines Mannes seiner Ehefrau. Diese Gaben soll man nicht mit anderen teilen.

„Und unter Seinen Zeichen ist dies, dass Er Gattinnen für euch schuf aus euch selber, auf dass ihr Frieden in ihnen fändet, und Er hat Liebe und Zärtlichkeit zwischen euch gesetzt. Hierin sind wahrlich Zeichen für ein Volk, das nachdenkt." (Koran, 30,21)

Der Koran schützt sowohl die Frau als auch die Familie. Es ist auch ein Vorteil für die Frau, dass der Mann die Schönheit der anderen Frauen nicht sehen kann. So entsteht weniger Konkurrenz unter ihnen. Frauen kommen besser miteinander zurecht, und wenn der äußere Wettkampf endet, beginnt der Seelenfrieden.

„(...) Lasset nicht ein Volk über das andere spotten, vielleicht sind diese besser als jene; noch Frauen (eines Volkes) über Frauen (eines andern Volkes), vielleicht sind diese besser als jene. Und verleumdet einander nicht und gebet einander nicht Schimpfnamen. Schlimm ist das Wort: Ungehorsam nach dem Glauben; und wer nicht ablässt, das sind die Frevler." (Koran, 49,11)

„Ein gütiges Wort und Verzeihung sind besser als ein Almosen, gefolgt von Anspruch; und Allah ist Sich Selbst genügend, langmütig." (Koran, 2,263)

„Was dich Gutes trifft, kommt von Allah, und was dich Schlimmes (Anm.: als moralisches Versagen zu verstehen) trifft, kommt von dir selbst. (...)" (Koran, 4,79)

Gott weiß, was Mann und Frau brauchen.
    Der Koran hat das Kopftuch zum Vorteil der Frauen angeordnet. Die heutige Rolle der Frau als Sexobjekt verstößt gegen die Lehren des Korans. Heutzutage sieht man in den Medien, dass in der Werbung Ware zum Kauf angeboten wird. Als Werbemittel verwendet man die nackte Haut von Frauen. Das nennt man das Recht der Frau! Es ist nicht wahr, dass eine Frau, die ihre Kleider auszieht, die Rechte bekommt, die ihr zustehen! (Siehe Kapitel „Die Rechte der Frauen").
    Der Koran will ein friedliches Leben für die Menschheit.

„Allah hat die Himmel und die Erde in Weisheit geschaffen und daher wird jeder belohnt werden für das, was er verdient; und kein Unrecht sollen sie leiden." (Koran, 45,22)

4.2 Beschneidung

„Und sprich: ‚Gekommen ist die Wahrheit und dahingeschwunden ist das Falsche. Siehe, das Falsche schwindet schnell.'" (Koran, 17,81)

Im Koran gibt es keinerlei Stellungnahme zur Beschneidung; weder was die Frau noch was den Mann betrifft.
Die Beschneidung war ein Brauch alter Traditionen auf der arabischen Halbinsel vor der Offenbarung des Korans.
In der Bibel hingegen empfiehlt man Abraham, eine Beschneidung durchzuführen.

„Und Gott sprach zu Abraham: Du aber halte meinen Bund, du und deine Nachkommen, Generation um Generation. Das ist mein Bund zwischen mir und euch samt deinen Nachkommen, den ihr halten sollt: Alles, was männlich ist unter euch, muss beschnitten werden. Am Fleisch eurer Vorhaut müsst ihr euch beschneiden lassen. Das soll geschehen zum Zeichen des Bundes zwischen mir und euch. Alle männlichen Kinder bei euch müssen, sobald sie acht Tage alt sind, beschnitten werden in jeder eurer Generationen, seien sie im Haus geboren oder um Geld von irgendeinem Fremden erworben, der nicht von dir abstammt. Beschnitten muss sein der in deinem Haus Geborene und der um Geld Erworbene. So soll mein Bund, dessen Zeichen ihr an eurem Fleisch tragt, ein ewiger Bund sein. Ein Unbeschnittener, eine männliche Person, die am Fleisch ihrer Vorhaut nicht beschnitten ist, soll aus ihrem Stammesverband ausgemerzt werden. Er hat meinen Bund gebrochen." (Bibel, Gen 17,9-14)

> *„Abraham nahm nun seinen Sohn Ismael sowie alle in seinem Haus Geborenen und alle um Geld Erworbenen, alle männlichen Personen vom Haus Abraham, und beschnitt das Fleisch ihrer Vorhaut noch am selben Tag, wie Gott ihm befohlen hatte. Abraham war neunundneunzig Jahre alt, als er am Fleisch seiner Vorhaut beschnitten wurde, und sein Sohn Ismael war dreizehn Jahre alt, als er am Fleisch seiner Vorhaut beschnitten wurde. Am selben Tag wurden Abraham und sein Sohn Ismael beschnitten. Auch alle Männer seines Hauses, die im Haus Geborenen und die um Geld von Fremden Erworbenen, wurden mit ihm beschnitten."* (Bibel, Gen 17,23-27)

> *„Lebt bei dir jemand als Fremder, der das Pascha zur Ehre des Herrn feiern will, so muss er alle männlichen Angehörigen beschneiden lassen; dann darf er sich am Pascha beteiligen. Er gilt dann wie ein Einheimischer. Doch kein Unbeschnittener darf davon essen."* (Bibel, Ex 12,48)

Prophet Mohammed war mit Ismael verwandt. Ich glaube, dass die Muslime deshalb ihre Söhne bis zum Alter von 12 oder 13 Jahren beschneiden lassen!

Die Propheten Jesus und Mohammed waren beschnitten - noch bevor sie Propheten wurden. Jesus wurde laut Neuem Testament im Alter von acht Tagen beschnitten, und Mohammed war der Überlieferung nach schon bei der Geburt beschnitten!

> *„Als acht Tage vorüber waren und das Kind beschnitten werden sollte, gab man ihm den Namen Jesus, den der Engel genannt hatte, noch ehe das Kind*

im Schoß seiner Mutter empfangen wurde." (Bibel, Lk 2,21)

Im Islam ist die Beschneidung nicht verpflichtend für den Mann. Die Beschneidung ist Sunna.
Nach heutigem Wissen ist die Beschneidung der Männer gut für die Gesundheit.
Heutzutage beschneiden die Muslime und die Juden ihre Söhne.
Die Beschneidung von Frauen kennt man in den unten genannten Ländern:

> *„Unter anderem beschneiden in Ägypten und in Somalia die Muslime, aber in Äthiopien die jüdischen Falasha und in Nigeria die christlichen Ibo die Frau. In den westlichen Ländern verhält man sich diesem Brauch gegenüber ablehnend, und auch viele Muslime selbst widersetzen sich dieser Sitte."*[1]

Die Beschneidung der Frauen ist also ein Brauch alter Kulturen in Nordafrika. Das religiöse Bekenntnis hat damit in christlichen, jüdischen und muslimischen Gesellschaften in Nordafrika nichts zu tun.

Die Beschneidung der Frauen wird durchgeführt, um für sie den Genuss des Sexuallebens zu verringern und Untreue zu verhindern.
Im Islam hat die Frau ein Recht auf Genuss des Sexuallebens - auf dieselbe Weise wie auch der Mann:

> *„(...) Sie sind euch ein Gewand, und ihr seid ihnen ein Gewand. (...)"* (Koran, 2,187)

„(...) Und wie die Frauen Pflichten haben, so haben sie auch Rechte, nach dem Brauch; (...)" (Koran, 2,228)

In Finnland werden somalische Mädchen vor ihrem sechsten Lebensjahr beschnitten.

Es gibt einen Grund, Ihnen zu erklären, dass das nicht nach den Vorschriften des Islam ist:

Gott will nicht, dass irgendein Mensch sich selbst oder anderen körperliches Leid antut.

Über die Beschneidung von Frauen hörte ich erst in Finnland. Kein religiöses Buch erwähnt sie.

Der Kampf gegen den Islam, indem man die Beschneidung der Frauen als Waffe gebraucht, ist ähnlich dem von Don Quijote.

Wie schon oben festgestellt wurde, ist die Beschneidung der Frauen eine ungesunde Tradition.

Sie beruht nicht auf dem Glauben, sondern auf einer Tradition.

„(...) Ohne dass die Reichen darin gesprochen hätten: 'Wir fanden unsere Väter auf einem Weg, und wir treten in ihre Fußstapfen.' (Ihr Warner) sprach: 'Wie! auch wenn ich euch eine bessere Führung bringe als die, bei deren Befolgung ihr eure Väter fandet?' Sie sprachen: 'Wir leugnen das, womit ihr gesandt seid.'" (Koran, 43,23-24)

---

[1] frei übersetzt nach „Die Islamische Kultur" (Islamilainen Kultuuri, Heikki Palva und Irmeli Perho, Otava, Finnland, 2001, S. 21)

4.3 Opferfest

Das erste Opfer der Welt brachten die Söhne unseres Vorfahren Adam dar. Sie opferten Gott Tiere (siehe Koran 5,27). Diese Tradition pflegten die Menschen schon von Anfang an.
    Die muslimische Tradition des Opfers stammt von Abraham.

„Und Wir lösten ihn aus durch ein großes Opfer."
(Koran, 37,107)

Opferungen werden zum Wohl der Armen vollzogen, und um Gott unsere Ehrerbietung zu zeigen.

„(...) Darum esset davon und speiset den Notleidenden, den Bedürftigen." (Koran, 22,28)

Wir geben jenen, die wenig besitzen, ihren Anteil vom Opferfleisch. Ebenso Freunden. Dieses Opfer ist also nicht gleich wie das Opfer der Bibel, da man dort das Opferfleisch den Priestern zu geben hatte!
    Tiere werden geschlachtet, um Nahrung für die Menschen zu bieten, sodass das Opfern von Tieren für sie nicht von Schaden ist.
    Jedes Lebewesen hat seine Aufgabe.
    Es ist nicht möglich, sich zu weigern, Lebendiges zu essen, denn auch Pflanzen sind lebendig.

Auch in der Bibel kennt man den Opferbegriff, aber das Opferfleisch geht an den Priester!

"Israel (Jakob) brach auf mit allem, was ihm gehörte. Er kam nach Beerscheba und brachte dem Gott seines Vaters Isaak Schlachtopfer dar." (Bibel, Gen 46,1; siehe auch Lev 1,2-17 und Lev 3,1-5)

Das Opferfest wird einmal im Jahr gefeiert.

4.4 Demokratie

Es ist besser für Muslime, die Sunna zu befolgen, wie das auch zur Zeit der vier ersten Khalifen üblich war, als Abu Bakr (gest. 634), Umar (gest. 644), Uthman (gest. 656) und Ali (gest. 661) gewählt wurden!
Das ist die gute Sunna und diese entspricht auch dem Koran. Niemand wird Herrscher durch Geburtsrecht!
Gott sagt zum Propheten:

> *„(...) Und **ziehe sie zu Rate in Sachen der Verwaltung** (Anm.: Fundamentales islamisches Prinzip, wonach nur im Einvernehmen mit den Regierten regiert werden darf (schura)); wenn du aber dich entschieden hast, dann setze dein Vertrauen auf Allah. (...)"* (Koran, 3,159)

Auch ein Prophet berät sich vor einer Entscheidung mit den Menschen! Gemäß dem Koran können also König, Scheich oder Diktator keine rechtmäßigen Führer sein!
Halten wir Wahlen! Das ist die Vorschrift des Korans!

„Das ist Führung. (...)" (Koran, 45,11)

„(...) Wahrlich, Sein ist die Schöpfung und das Gesetz! (...)" (Koran, 7,54)

„(...) Wollt ihr euch da nicht ermahnen lassen?" (Koran, 45,23)

„(...) Und Allah richtet; da ist keiner, der Seinen Richtspruch umstoßen könnte. (...)" (Koran, 13,41)

„Das Wort deines Herrn wird vollendet sein in Wahrheit und Gerechtigkeit. Keiner vermag Seine Worte zu ändern, und Er ist der Allhörende, der Allwissende." (Koran, 6,115)

„(...) Seid ihr beide denn standhaft und folget nicht dem Weg derer, die nicht wissen." (Koran, 10,89)

4.5 Hadithe und das Alter von Prophet Mohammeds Ehefrau Aisha

„(...) und folget nicht dem Weg derer, die nicht wissen." (Koran, 10,89)

Im **Hadith** wird gesagt, dass der Prophet Mohammed ein 9- oder 10-jähriges Mädchen heiratete (Aisha)!

Aber wenn wir diese Aussage überprüfen, sehen wir, dass die Geschichte falsch ist!

Aishas ältere Schwester **Asma** starb als 100-Jährige; laut dem Hijra-Kalender geschah dies im Jahr 73! Also war Asma im Jahr 0 des Hijra-Kalenders 27 Jahre alt. Sie war um 10 Jahre älter als Aisha.

Daraus ergibt sich, dass Aisha zu Beginn der Zeitrechnung des Hijra-Kalenders 17 Jahre alt war.

Aisha heiratete den Propheten Mohammed im zweiten Jahr des Hijra-Kalenders. Ihr Alter bei der Hochzeit war also 19 Jahre (17 + 2).

Woher kommt dieser Widerspruch? Warum werden über den Propheten derartige Unwahrheiten erzählt? Die Ehefrau hätte eine 17-, 18-, 19- oder 25-Jährige sein können, und es wäre weder für den Propheten noch für die Gläubigen wichtig gewesen!

Für den Propheten war das Alter der Frau nicht wichtig, ebenso wenig wie ihre Unberührtheit, denn er heiratete auch eine Witwe. Als er über 50 Jahre alt war, heiratete er eine Witwe, die älter als er war. Er wollte, dass die Frau im Alter die Sicherheit und den Respekt hat, welche die Ehe mit sich bringt!

Die Menschen verstehen nicht, wie der Prophet war, und wie das System Gottes ist.

„Jesus sagt: ‚Wer sich selbst findet, dessen ist die Welt nicht würdig.'" (Evangelium nach Thomas, 111)

Aisha war eine intelligente Frau und nach dem Tod des Propheten lehrte sie den Glauben! Viele der Erzählungen über den Propheten kamen von Aisha (ungefähr 2000 Hadithe sind durch Aisha überliefert).

Schon zu Lebzeiten des Propheten Mohammed tratschten die Leute, lästerten über Aisha und beschuldigten sie, dass sie Ehebruch begangen hätte. Damals kam die Botschaft von Gott: Wenn ihr nicht vier Zeugen für eine Tat habt, bekommt ihr eine Strafe von 80 Rutenhieben für Verleumdung. Gott befreite Aisha!

*„Und diejenigen, die züchtige Frauen verleumden, jedoch nicht vier Zeugen beibringen - geißelt sie mit achtzig Streichen und lasset ihre Aussage niemals gelten, denn **sie sind es, die ruchlose Frevler sind**," (Koran, 24,4)*

Nach dem Tod des Propheten und seiner Ehefrau **Aisha**, ungefähr 200 Jahre später, können wir in den Büchern der Hadithe noch immer die gleichen Unwahrheiten lesen.

Laut Geschichtsbüchern war Aisha mit einem Nicht-Gläubigen verlobt. Nachdem sich Aishas Vater, **Abu Bakr**, dem islamischen Glauben zugewandt hatte, löste er die Verlobung, denn es ist nicht erlaubt, sich mit einem Nicht-Gläubigen zu verheiraten!

Laut Koran (2,221) ist die Ehe mit Atheisten oder Polytheisten verboten.

Heutzutage verhalten sich manche Muslime wie Priester aus dem Alten Testament:

> *„Er soll nur eine **Jungfrau** heiraten. Eine **Witwe**, eine Verstoßene oder eine Entehrte, eine Dirne, **darf er nicht heiraten; nur eine Jungfrau aus seinem Stamm darf er zur Frau nehmen;**" (Bibel, Lev 21, 13-14)*

Meiner Meinung nach schreiben die Juden über David wahrheitswidrig:

> *„König David war alt und hochbetagt; auch wenn man ihn in Decken hüllte, wurde ihm nicht mehr warm. Da sagten seine Diener zu ihm: **Man suche für unseren Herrn, den König, ein unberührtes Mädchen, das ihn bedient und pflegt.** Wenn es an seiner Seite schläft, wird es unserem Herrn, dem König, warm werden. Man suchte nun im ganzen Land Israel nach einem schönen Mädchen, fand Abischag aus Schunem und brachte sie zum König. Das Mädchen war überaus schön. Sie pflegte den König und diente ihm; doch der König erkannte sie nicht."* (Bibel, 1 Kön 1,1-4)

David war ein großer Prophet und sie schrieben derartiges über ihn! Wenn ein Prophet stirbt, betet er und ist glücklich, denn er weiß, wohin er gehen wird. Nur jemand, der nicht versteht, wie ein Prophet ist, schreibt, dass die Jungfräulichkeit einer Frau erwärmt!

Aber Gott spricht zur Ehefrau des Propheten Mohammed:

> *„Vielleicht wird sein Herr ihm, wenn er sich von euch scheidet, an eurer Statt bessere Frauen geben,*

*gottergebene, gläubige, gehorsame, reuige, fromme, fastende - Witwen und **Jungfrauen**." (Koran, 66,5)*

Welche Eigenschaften einer Frau sind die wichtigsten? Die wichtigste Eigenschaft ist, dass die Frau Gott ergeben ist, am zweitwichtigsten ist, dass die Frau Gott treu ist, (...), am sechstwichtigsten ist, ob eine Frau Witwe ist und am siebtwichtigsten und gleichzeitig an letzter Stelle, ob die Frau Jungfrau ist!

Aber Ihrer Meinung nach ist Jungfräulichkeit am wichtigsten! Warum würden Sie keine gläubige, um 15 Jahre ältere Witwe zur Frau nehmen? Das ist Sunna! Der Prophet Mohammed heiratete die Witwe Khadija. Damals war er 25 Jahre alt, und Khadija war 40 Jahre alt! Khadija war die erste Ehefrau des Propheten Mohammed. So lange Khadija lebte, hatte der Prophet Mohammed keine andere Ehefrau. Sie lebten 25 Jahre lang zusammen! Befolgen Sie die Sunna!

Und eine 35-jährige Jungfrau? Das passt Ihnen auch nicht, denn Jungfrauen müssen auch jung sein.

Prophet Mohammed sagte: **„Suche die Wahrheit, auch wenn sie in China ist!"** Aber Sie würden eine Jungfrau suchen, auch wenn sie am Mars wäre!

„(...) Und das irdische Leben ist nur ein trügerischer Genuss." (Koran, 3,185)

„(...) Ihr wollt die Güter dieser Welt, Allah aber will (für euch) das Jenseits. (...)" (Koran, 8,67)

***„Wer aber blind ist in dieser Welt, der wird auch im Jenseits** blind sein und weit abirrend vom Weg." (Koran, 17,72)*

Im Koran gibt es keine Vorschriften, was die Ehemündigkeit von Mann oder Frau betrifft, aber es wird festgestellt, dass nur Volljährige heiraten können (siehe Kapitel Ehe).

Nach jüdischer Tradition kann auch ein **12-jähriges Mädchen** heiraten! Auch in den USA ist es nach Gesetz möglich, dass ein 12-jähriges Mädchen heiratet, wenn sie die Erlaubnis der Eltern bekommt (siehe Kapitel „Ehe")!

Die USA sind Verfechter der Menschenrechte und der Rechte der Frauen!

Jesus sagte: Den Splitter im Auge deines Bruders siehst du. Den Balken aber in deinem Auge siehst du nicht. Wenn du den Balken aus deinem Auge ziehst, dann wirst du gut genug sehen, um den Splitter aus dem Auge deines Bruders zu ziehen." (Evangelium nach Thomas, 26)

Wissen Sie, was Khalif **Umar** (gest. 644) getan hätte, wenn jemand versucht hätte, über ein Hadith zu sprechen? Wenn das jemand versuchte, bekam dieser sofort eine strenge Bestrafung! Er schlug zu!

Als man zu **Khalif Umar** sagte: „*Die Muslime und Buhari (...) haben die Bücher der Hadithe!*", antwortete er: „Bring sie hierher!" Buhari und Muslime (...) kamen und warteten, dass Umar sie belohnen würde, wie das auch Abbasi Khalife getan hatte! Khalif Umar fragte: „*Was habt ihr getan?*" Sie antworteten: „*Wir schrieben die Worte unseres Propheten Mohammed in ein Buch (Hadithe)!*" Umar fragte: „*Wie wisst ihr, dass unser Prophet Mohammed das so gesagt hat?*" Sie antworteten: **„Zwei Menschen sagten, dass unser Urururgroßvater gesagt hatte, ‚ich hörte Prophet Mohammed so sagen', und demnach schrieben wir darüber ein Buch. Hier ist unser Buch."** Umar rief die Wächter und gab den Befehl: „*Es werden jedem Schreiber 300 Peitschenhiebe als*

Strafe gegeben und die **Bücher verbrannt!** *Wir haben den Koran und das reicht uns."*

Umar handelte so! Und er würde gegenüber allen Schreibern der Hadith-Bücher wieder so handeln.

War **Umar** ungläubig? Bestimmt nicht! Er war ein Freund von Prophet Mohammed! Er hatte gesehen, dass nach dem Tod des Propheten über ihn gelogen wurde, und er verbot es, für den Propheten zu sprechen. Ca. 200 Jahre nach dem Tod des Propheten Mohammed wurden Bücher über ihn geschrieben.

Traditionen des Alten Testaments, arabische und aramäische Traditionen wurden in einem Buch vereint. Der Koran wollte das nicht, aber die Menschen taten es trotzdem! Auch der Prophet Mohammed hat keine Erlaubnis gegeben, über seine Reden ein Buch zu schreiben. Er wollte nur, dass der Koran schriftlich festgehalten wird! Aber die Menschen wollten ihre eigene Tradition in den Glauben bringen. **Der Koran weist solche Versuche aufs Schärfste zurecht!**

„Wehe darum **denen, die das Buch schreiben mit ihren eigenen Händen** *und dann sprechen:* **‚Dies ist von Allah'**, *dass sie dafür einen armseligen Preis nehmen möchten! Wehe ihnen also um dessentwillen, was ihre Hände geschrieben, und wehe ihnen um dessentwillen, was sie verdienen!"* (Koran, 2,79)

„Aber sie wurden uneinig untereinander und **spalteten sich in Parteien**, *und jede Partei freute sich über das, was sie selbst hatte."* (Koran, 23,53)

„Jene aber, **die in ihren Glauben Spaltung trugen und Sektierer wurden**, *mit ihnen hast du nichts zu schaffen. Ihr Fall wird sicherlich vor Allah kommen, dann wird Er ihnen verkünden, was sie getan."* (Koran, 6,159)

"Und diejenigen, die Allahs gedenken und für ihre Sünden um Verzeihung flehen, wenn sie etwas Schändliches getan oder wider sich gesündigt haben – und wer vergibt die Sünden, wenn nicht Allah? – und die nicht im (Bösen) verharren, das sie wissentlich taten." (Koran, 3,153)

Wir erinnern uns: Prophet Mohammed wollte nicht, dass die Menschen ein Buch über seine Worte schreiben! Sein Befehl war: „Lies den Koran"!

Ich habe das von Jaakko Hämeen-Anttila ins Finnische übersetzte Buch namens „Biographie des Propheten Mohammed"[1] gelesen. Dieses Buch beruht auf dem von Ibn Hisham aus dem achten Jahrhundert. Auf Seite 54 des Buches wird berichtet, dass Wahrsager über die Zukunft Bescheid wissen. Auch die Dschinn können angeblich in die Zukunft sehen. Aber der Koran ist nicht gleicher Meinung!

"Und als Wir seinen (Salomos) Tod herbeigeführt hatten, da zeigte ihnen nichts seinen Tod an als ein Wurm der Erde, der sein Zepter zerfraß; also gewahrten die Dschinn deutlich, wie er fiel, dass sie, hätten sie das Verborgene gekannt, nicht in schmählicher Pein hätten bleiben müssen." (Koran, 34,14)

Ibn Ishaq (gest. 767) und Ibn Hisham (gest. 833) waren wie Matthäus! Wenn wir das Matthäus-Evangelium betrachten, sehen wir, dass Matthäus die gleichen Fehler gemacht hat. Matthäus erzählte Geschichten eines Wahrsagers (bzw. eines

---

[1] Hämeen-Anttila, J., Profeetta Muhammedin Elämänkerta (Biographie des Propheten Mohammed), Verleger Basam Books, Finnland, 1999

Sterndeuters) über die Geburt von Jesus (siehe Bibel, Mt, 2,1-16). Laut Matthäus ist Wahrsagerei also mit dem Glauben vereinbar. Aber in der gleichen Bibel schreibt man: *„Wahrsagerei und Zauberei sollt ihr nicht treiben."* (Bibel, Lev 19,26) und *„Eine Hexe sollst du nicht am Leben lassen."* (Bibel, Ex 22,17).

Ibn Ishaq, Ibn Hisham und Matthäus haben Fehler gemacht! Sie behaupten, dass Wahrsager die Wahrheit sagen! Aber wenn wir diese Sache in den Heiligen Büchern überprüfen, sehen wir, dass Gott das Wahrsagen verboten hat!
Gut, dass wir den Koran haben! Es ist besser, wenn wir den Koran lesen.

„Wenn der Koran vorgetragen wird, so leihet ihm das Ohr und schweiget, auf dass ihr Erbarmen findet." (Koran, 7,204)

„Lies im Namen deines Herrn, Der erschuf," (Koran, 96,1)

Sehen wir also nach, was im Koran geschrieben steht. Für uns ist es nicht wichtig, wie alt Aisha war oder wie alt die Frauen sind! Für uns ist es nicht wichtig, was Hellseher sagen. Die Menschen schreiben ihre eigenen Gedanken auf, und man nimmt fälschlich an, dass Intellektuelle sofort die Wahrheit finden!
In diesem Buch versuche ich zu zeigen, was die wirkliche Botschaft Gottes an die Menschen ist.

„O ihr Menschen, gekommen ist zu euch in Wahrheit ein deutlicher Beweis von eurem Herrn, und Wir sandten hinab zu euch ein klares Licht." (Koran, 4,174)

*„(...) Gekommen ist zu euch fürwahr ein Licht von Allah und ein klares **Buch**." (Koran, 5,15)*

„Dann bringt euer Buch herbei, wenn ihr wahrhaftig seid." (Koran, 37,157)

5. FAMILIEN- UND EHERECHT

5.1 Ehe

> „Er schuf euch aus einem einzigen Wesen; dann machte Er aus diesem seine Gattin; (...)" (Koran, 39,6)

Der Koran hält Ehepaare an, sich so zu verheiraten, zu lieben und zu respektieren, dass beide Beteiligten gleichberechtigt sind.

> „Und unter Seinen Zeichen ist dies, dass **Er Gattinnen für euch schuf aus euch selber**, auf dass ihr Frieden in ihnen fändet, und **Er hat Liebe und Zärtlichkeit zwischen euch gesetzt.** Hierin sind wahrlich Zeichen für ein Volk, das nachdenkt." (Koran, 30,21)

Laut Koran sind alle sexuellen Beziehungen außerhalb der Ehe verboten.

> „(...) Ihr sollt euch nicht den Schändlichkeiten (Anm.: der Unzucht) nähern, seien sie offen oder verborgen;(...)" (Koran, 6,151)

Der Koran erlaubt nur eheliche Beziehungen!
Der Koran gibt Vorschriften bezüglich der Vereinbarkeit der Ehepartner (Mehir). **Mehir** ist eine alleine für die Ehefrau gedachte Geldsumme, die vereinbart wird, und die der Bräutigam der Braut zahlt. *Mehir* ist als Lebensunterhalt für die Frau im Falle einer Scheidung, oder im Falle, dass sie zur Witwe wird, gedacht!

„Und gebt den Frauen ihre Morgengabe gutwillig. Erlassen sie euch aber aus freien Stücken einen Teil davon, so genießt ihn als etwas Erfreuliches und Bekömmliches." (Koran, 4,4)

„Und (auch) für die geschiedenen Frauen soll eine Versorgung vorgesehen werden nach Billigkeit - eine Pflicht den Gottesfürchtigen." (Koran, 2,241)

*„Und wenn ihr euch von ihnen scheidet, bevor ihr sie berührt habt, doch nachdem ihr ihnen eine **Morgengabe** aussetzet: dann die Hälfte des von euch Ausgesetzten, es sei denn, sie erlassen es oder der, in dessen Hand das Eheband ist, erlässt es. Und euer Erlassen ist der Gottesfurcht näher. Und vergesst nicht, einander Gutes zu tun. Wahrlich, Allah sieht, was ihr tut." (Koran, 2,237, siehe auch 33,49)*

Laut Koran darf sich ein Muslim mit einer Jüdin oder einer Christin verheiraten:

„Heute sind euch alle guten Dinge erlaubt. Und die Speise derer, denen die Schrift gegeben wurde, ist euch erlaubt, wie auch eure Speise ihnen erlaubt ist. Und keusche Frauen der Gläubigen und keusche Frauen derer, denen vor euch die Schrift gegeben wurde, wenn ihr ihnen ihre Morgengabe gebt, nur in richtiger Ehe und nicht in Unzucht, noch dass ihr heimlich Buhlweiber nehmt. (...)" (Koran, 5,5)

Dem Koran nach (2,221) ist allerdings die Ehe mit Atheisten und Polytheisten verboten.

> „O die ihr glaubt, so ihr denen, die nicht glauben, gehorcht, werden sie euch auf euren Fersen umkehren heißen; also werdet ihr Verlierende sein." (Koran, 3,149)

Über die Ehe von Ehebrechern oder Menschen, die Hurerei getrieben haben, sagt der Koran:

> „Ein Ehebrecher wohnt nur einer Ehebrecherin oder einer Götzendienerin bei, und eine Ehebrecherin wohnt nur einem Ehebrecher oder Götzendiener bei; den Gläubigen ist das verwehrt." (Koran, 24,3)

> ==„Schlechte Frauen sind für schlechte Männer, und schlechte Männer sind für schlechte Frauen. Und gute Frauen sind für gute Männer, und gute Männer sind für gute Frauen;== (...)" (Koran, 24,26)

Wenn eine Person, die Hurerei getrieben hat, ihre Taten bereut, wird ihr vergeben, und sie kann sich ihren Ehepartner selbst nach normalen Bräuchen aussuchen:

> „Und wenn zwei Personen (Anm.: Mann und Frau, zwei Frauen oder zwei Männer) unter euch solches begehen, dann bestrafet sie beide. Wenn sie dann bereuen und sich bessern, so lasst sie für sich; wahrlich, Allah ist allverzeihend, barmherzig. Allahs Vergebung ist nur für jene, die unwissentlich Böses tun und bald darauf Reue zeigen. Solchen wendet Sich Allah erbarmend zu; (...)" (Koran, 4,16-17)

Dem Koran nach glaubten die Ehefrauen von Noah und Lot nicht an Gott und wurden so bestraft:

> *„Allah legt denen, die ungläubig sind, das Beispiel vor von Noahs Frau und von Lots Frau. Sie standen unter zwei Unserer rechtschaffenen Diener, doch sie handelten ungetreu an ihnen. Drum nützten sie ihnen nichts wider Allah, und es ward gesprochen: 'Gehet ihr beide ein ins Feuer zusammen mit denen, die eingehen!'"* (Koran, 66,10)

Der Koran sagt auch, dass diejenigen, die sich verheiraten wollen, miteinander Gespräche führen und sich vor der Eheschließung kennen lernen müssen. Die Bedingung ist jedoch, dass noch eine andere Person anwesend sein muss:

> *„Und es soll euch kein Vorwurf treffen, wenn ihr (diesen) Frauen gegenüber auf eine Heiratsabsicht anspielt (Anm.: Innerhalb der vier Monate und zehn Tage) oder (sie) in eurem Herzen verborgen haltet. Allah weiß ja doch, dass ihr an sie denkt. Doch machet nicht heimlich einen Vertrag mit ihnen, außer dass ihr ein geziemendes Wort sprecht. Und entscheidet euch nicht für die Ehe vor Ablauf der vorgeschriebenen Frist. Und wisset, dass Allah weiß, was in eurem Herzen ist; also hütet euch davor und wisset, dass Allah allverzeihend, langmütig ist."* (Koran, 2,235)

Die zukünftigen Ehepartner können ihre Eltern und Verwandten um Einverständnis bitten, aber die endgültige Entscheidung treffen sie selbst, denn es geht um ihr Leben.

Die Ehe ist eine Vereinbarung zwischen zwei Menschen.

Die Ehe wird im Beisein von zwei ehrlichen Zeugen geschlossen. Im Zuge der Eheschließung verspricht der Ehemann als Sicherheit für die Frau ein Brautgeld (Mehir).

Der Ehevertrag wird niedergeschrieben, und alle beteiligten Parteien unterschreiben (siehe unten).

EHEVERTRAG

Ort und Zeit:

Braut: Name des Vaters und Familienname	**Bräutigam:** Name des Vaters und Familienname
Name und Unterschrift der Braut	Name und Unterschrift des Bräutigams
Größe des vereinbarten **Mehirs**: (zum Beispiel 6 000 € - 100 000 € oder über eine Million €)	
Name und Familienname sowie Unterschrift des 1 Zeugen	Name und Familienname sowie Unterschrift des 2. Zeugen

---

Im Beisein von **zwei Zeugen** (Koran, 65,2) wird die Frau dreimal gefragt: „Möchtest du, *Fatma*, Ahmeds Tochter, *Mehmet*, Hasans Sohn, zu deinem Ehemann nehmen?" Frage und Antwort werden dreimal bestätigt. Danach wird der Mann gefragt: „Möchtest du, Mehmet, Hasans Sohn, Fatma, Ahmeds Tochter, zu deiner Ehefrau nehmen?" Frage und Antwort werden wiederum dreimal bezeugt, wonach die offiziellen Papiere unterschrieben werden.

Herzlichen Glückwunsch, ihr seid jetzt vor Gott verheiratet!

Man braucht keinen Imam oder Priester, zivile Menschen reichen als Zeugen völlig aus. Der Islam hat in dieser Angelegenheit allerdings Zugeständnisse gemacht. Der

Imam ist der Leiter der Gebete. Jedermann kann während des Gebets Imam sein.

Der Koran legt für die Eheschließung kein bestimmtes Alter fest, allerdings gibt es eine Bedingung: Man muss volljährig sein. Die Festlegung der Volljährigkeit ist Sache der Gesellschaft und des Gemeinwesens. Volljährigkeit bedeutet, dass eine Person nach eigenem Willen handeln darf.

In der finnischen Tageszeitung „Ilta-Sanomat" erschien ein Artikel über ein 13-jähriges Mädchen, die im Iran geheiratet haben. Dem Artikel nach werden, wenn sehr junge Frauen sich verheiraten, die Rechte der Frauen verletzt. Aber in den USA darf beispielsweise schon ein 12-jähriges Mädchen völlig legal heiraten, wenn es die Erlaubnis der Eltern bekommt (Im US-Bundesstaat Mississippi gibt es für die Ehe gar keine Altersgrenze!).

Warum bezieht man sich nicht auf diese amerikanischen Gesetze? Das fragte ich „Ilta-Sanomat", aber sie haben noch immer nicht geantwortet.

Tabelle: Ehegesetze von 50 US-Bundesstaaten, sowie Columbia und Puerto Rico (Marriage Laws of the Fifty States, District of Columbia and Puerto Rico)

Kansas: Mann 14 Jahre – Frau 12 Jahre
Massachusetts: Mann 14 Jahre – Frau 12 Jahre

Ehe mit Erlaubnis der Eltern

Quelle: Legal Information Institute
(*http://www.law.cornell.edu/topics/Table Marriage.htm*)

Nach jüdischer Tradition dürfen 12-jährige Mädchen heiraten, aber die Medien mischen sich nicht ein. Außerdem tragen jüdische Frauen ein Kopftuch, wie das auch muslimische Frauen tun!

Bis Ende des 19. Jahrhunderts war es in den USA möglich, dass sich ein 10-jähriges Mädchen verheiratete. Zu dieser Zeit war es in vielen Ländern Europas möglich, dass 10- bis 11-jährige Mädchen legal heirateten. Sie können das überprüfen, wenn sie über Geschichte lesen.

Der Islam hat die Eheschließung vereinfacht und außereheliches Sexualleben verboten.

Dem Alten Testament nach ist es nicht richtig, sich mit einem Muslim oder einem Andersgläubigem zu verheiraten:

„Und dich nicht mit ihnen verschwägern. Deine Tochter gib nicht seinem Sohn und nimm seine Tochter nicht für deinen Sohn!" (Bibel, Dtn 7,3)

„Hüte dich, einen Bund mit den Bewohnern des Landes zu schließen. Sonst werden sie dich einladen, wenn sie mit ihren Göttern Unzucht treiben und ihren Göttern Schlachtopfer darbringen, und du wirst von ihren Töchtern für deine Söhne Frauen nehmen; sie werden mit ihren Göttern Unzucht treiben und auch deine Söhne zur Unzucht mit ihren Göttern verführen." (Bibel, Ex 34,15-16)

Laut Koran hingegen darf ein gläubiger Mann eine Jüdin oder eine Christin heiraten (siehe Koran 5,5), denn das Judentum und das Christentum gehören zu Abrahams Glauben. Abraham war ein Muslim! Der Glaube von Abraham war der Islam.

Das Ende einer Ehe:

Wenn der Mann stirbt, muss die Frau vier Monate und zehn Tage warten, danach kann sie sich wieder verheiraten: *„(...) so sollen diese in bezug auf sich selbst vier Monate und zehn Tage warten. (...)"* (Koran, 2,234). Die Frau ist nicht sofort nach dem Tod des Ehemannes wieder bereit für eine neue Ehe, außerdem könnte die Frau auch schwanger sein. Im Koran sagt man auch Folgendes:

> *„Und die von euch sterben und Gattinnen hinterlassen, sollen ihren Gattinnen Versorgung auf ein Jahr vermachen, ohne dass sie aus dem Hause müssten. Gehen sie aber von selbst[*]t, so soll euch kein Tadel treffen für irgend etwas, was sie nach Billigkeit mit sich selber tun. (...)"* (Koran, 2,240)

> *„Und wenn sie sich trennen, so wird Allah beide aus Seiner Fülle unabhängig machen; denn Allah ist huldreich, allweise."* (Koran, 4,130)

> *„Und die geschiedenen Frauen sollen in bezug auf sich selbst* **drei Reinigungen** *zuwarten; und es ist ihnen nicht erlaubt, das zu verhehlen, was Allah in ihrem Schoß erschaffen hat, (...)."* (Koran, 2,228)

Der Koran empfiehlt der Frau nach einer Trennung eine Zeit von drei Menstruationszyklen abzuwarten, für den Fall, dass

---

[*] „Wenn zwei Brüder zusammen wohnen und der eine von ihnen **stirbt** und keinen Sohn hat, **soll die Frau des Verstorbenen nicht die Frau eines fremden Mannes außerhalb der Familie werden.** Ihr Schwager soll sich ihrer annehmen, sie heiraten und die Schwagerehe mit ihr vollziehen." (Bibel, Dtn 25,5)

sie schwanger ist. Diese Wartezeit gibt dem Ehemann und der Ehefrau auch die Möglichkeit, wieder zusammenzufinden, falls sie ihre Meinung ändern. Die Frau hat das Recht im Haus des Mannes zu warten, und wenn die Wartezeit vorbei ist, ist sie frei und kann gehen. Der Mann ernährt seine Ex-Frau während der Wartezeit.

Auch heute werden die Vorschriften des Korans befolgt. Auch nach finnischem Gesetz hält man bei der Scheidung eine Bedenkzeit von sechs Monaten ein. Der Koran gibt ebenfalls eine Bedenkzeit, damit Mann und Frau sich möglicherweise wieder versöhnen. Laut Koran sollen Mann und Frau während der Wartezeit im gleichen Haus wohnen, und der Mann darf auf keinen Fall seine Frau von zu Hause vertreiben. Wenn die Frau während der Wartezeit zu Hause lebt, müssen Mann und Frau jeden Tag erneut darüber nachdenken, ob ihre Entscheidung die richtige war.

> *„O Prophet! wenn ihr euch von Frauen trennt, so trennt euch von ihnen für ihre vorgeschriebene Frist (Anm.: D.h. nach Ablauf der dreimonatigen Warteperiode), und berechnet die Frist;* **und fürchtet Allah, euren Herrn. Vertreibt sie nicht aus ihren Häusern**, *noch sollen sie (selbst) fortgehen, es sei denn, sie begehen offenkundige Unsittlichkeit. Das sind die Schranken Allahs; und wer Allahs Schranken übertritt, der sündigt wider sich selbst. Du weißt nicht, vielleicht wird Allah späterhin etwas Neues geschehen lassen.* **Dann, wenn ihre Frist um ist, nehmt sie in Güte zurück oder trennt euch in Güte von ihnen** *und rufet zwei rechtliche Leute aus eurer Mitte zu Zeugen; und lasst es ein wahrhaftiges Zeugnis vor Allah sein. Das ist eine Mahnung für den, der an Allah und an den Jüngsten Tag glaubt. Und dem, der Allah fürchtet, wird Er einen Ausweg bereiten, Und wird ihn versorgen, von*

wannen er es nicht erwartet. Und für den, der auf Allah vertraut, ist Er Genüge. Wahrlich, Allah wird Seine Absicht durchführen. Für alles hat Allah ein Maß bestimmt. Wenn ihr im Zweifel seid (über) jene eurer Frauen, die keine monatliche Reinigung mehr erhoffen, (dann wisset, dass) ihre Frist drei Monate ist, und (das gleiche gilt für) die, die noch keine Reinigung hatten. Und für die Schwangeren soll ihre Frist so lange währen, bis sie sich ihrer Bürde entledigt haben. Und dem, der Allah fürchtet, wird Er Erleichterung verschaffen in seinen Angelegenheiten. Das ist Allahs Gebot, das Er euch herabgesandt hat. Und wer Allah fürchtet - Er wird seine Übel von ihm nehmen und ihm seinen Lohn erweitern. Lasset sie (während der Frist) in den Häusern wohnen, in denen ihr wohnt, gemäß euren Mitteln; und tut ihnen nichts zuleide in der Absicht, es ihnen schwer zu machen. Und wenn sie schwanger sind, so bestreitet ihren Unterhalt, bis sie sich ihrer Bürde entledigt haben. Und wenn sie (das Kind) für euch säugen, gebt ihnen ihren Lohn und beratet euch freundlich miteinander; wenn ihr aber (damit) Verlegenheit für einander schafft, dann soll eine andere (das Kind) für den (Vater) säugen." (Koran, 65,1-6)

Wenn die Eheleute zweimal wieder zusammengefunden haben und sie sich danach dennoch zum dritten Mal zur Scheidung entschließen, ist die Trennung endgültig. Wenn die Frau einen anderen Mann heiratet, von dem sie sich später trennt, oder dieser Mann stirbt, kann der erste Mann seine Frau zurücknehmen. Warum? Weil Gott der Meinung ist, dass die **Ehe kein Spiel** ist. Der Mann behandelt seine Frau besser, wenn er fürchtet, sie an einen anderen Mann zu verlieren. Gott will, dass die Ehepartner miteinander in Frieden leben.

„Solche Trennung darf zweimal (ausgesprochen) werden; (...) (Koran, 2,229)

„Und wenn er sich von ihr abermals (endgültig) scheiden lässt, dann ist sie ihm nicht mehr erlaubt, ehe sie nicht einen anderen Gatten geheiratet hat; scheidet sich dieser dann (auch) von ihr, so soll es für sie keine Sünde sein, zueinander zurückzukehren, wenn sie sicher sind, sie würden die Schranken Allahs einhalten können. Das sind die Schranken Allahs, die Er den Verständigen klarmacht." (Koran, 2,230)

In der Bibel wird über die Ehescheidung folgendermaßen geschrieben:

„Wenn ein Mann eine Frau geheiratet hat und ihr Ehemann geworden ist, sie ihm dann aber nicht gefällt, weil er an ihr etwas Anstößiges entdeckt, wenn er ihr dann eine Scheidungsurkunde ausstellt, sie ihr übergibt und sie aus seinem Haus fortschickt," (Bibel, Dtn 24,1)

„Ferner ist gesagt worden: Wer seine Frau aus der Ehe entlässt, muss ihr eine Scheidungsurkunde geben. Ich aber sage euch: Wer seine Frau entlässt, obwohl kein Fall von Unzucht vorliegt, liefert sie dem Ehebruch aus; und wer eine Frau heiratet, die aus der Ehe entlassen worden ist, begeht Ehebruch." (Bibel, Mt 5,31-32)

Laut Bibel ist eine geschiedene Frau auch keine akzeptable Ehefrau!

„Sie (Anm.: Priester) dürfen weder eine Dirne, noch eine Entehrte, noch eine Frau heiraten, die ihr Mann verstoßen hat; denn der Priester ist seinem Gott geweiht." (Bibel, Lev 21,7)

„Er soll nur eine Jungfrau heiraten. Eine Witwe, eine Verstoßene oder eine Entehrte, eine Dirne, darf er nicht heiraten; nur eine Jungfrau aus seinem Stamm darf er zur Frau nehmen;" (Bibel, Lev 21,13-14)

Prophet **Mohammed heiratete eine Witwe** und **brach so die Traditionen,** gemäß welchen die gläubigen Führer nur Jungfrauen zur Frau nahmen (siehe oben). So **bekamen die Witwen eine ehrenhafte Stellung** innerhalb der Gesellschaft.

Der Koran möchte nicht, dass die Menschen wie Mönche und Nonnen leben, denn nur Gott ist dafür bestimmt allein zu leben! Der Islam möchte, dass sich die Menschen verheiraten und sich gegenseitig lieben.

„Und unter Seinen Zeichen ist dies, dass Er Gattinnen für euch schuf aus euch selber, auf dass ihr Frieden in ihnen fändet, und Er hat Liebe und Zärtlichkeit zwischen euch gesetzt. Hierin sind wahrlich Zeichen für ein Volk, das nachdenkt." (Koran, 30,21)

5.2 Polygamie

Der Koran empfiehlt Monogamie, aber er erlaubt in bestimmten Fällen trotzdem bis zu vier Ehefrauen für einen Mann (Koran, 4,3).

„(...) Und wenn ihr fürchtet, ihr könnt nicht billig handeln, dann (heiratet nur) eine (...)." (Koran, 4,3)

„Und ihr könnt kein Gleichgewicht zwischen (euren) Frauen halten, so sehr ihr es auch wünschen möget." (Koran, 4,129)

An dieser Stelle empfiehlt der Koran schlussendlich, dennoch nur eine Ehefrau zu nehmen!
    Auch Adam und Eva waren monogam.
    Da der Koran ein ewiges Buch ist, gibt er uns auch Anweisungen für die Zukunft.
    Nach dem zweiten Weltkrieg gab es in Deutschland statistisch gesehen pro Mann drei Frauen, was auf die vielen Kriegsgefallenen zurückzuführen war. Als man sich in jener Situation an die Monogamie hielt, hatten zwei von drei Frauen keine Möglichkeit zur Ehe. Sie hätten allerdings das Recht auf ein Familienleben und Kinder gehabt. Aus diesem Grund gibt es im Koran die Erlaubnis zur Polygamie.
    Warum erlaubte Prophet Mohammed die Polygamie? Nur deshalb, weil während der Kriegszeit viele Frauen ohne Männer waren. Und manchmal kam es auch vor, dass eine Ehefrau eines nicht-islamischen Ehepaares sich dem Islam zuwandte, und ihr Mann trennte sich von ihr! Die Frau braucht aber ein sicheres Leben! Der Prophet ermöglichte die Polygamie auch deshalb, damit mehr Menschen miteinander in eine Verwandtschaftsverhältnis treten können, was politisch

gesehen in der Anfangszeit des Islam half, den Islam zu verbreiten.

Denken Sie über folgende Beispiele nach:

Stellen wir uns eine alte Witwe vor, die vier Kinder hat. Sie hat keine Verwandten! Niemand will sie zur Frau haben, und sie besitzt nichts! Sie muss betteln gehen, denn ihre Kinder brauchen zu essen! Was tat Prophet Mohammed in so einem Fall? Er fragte die Frau: „Möchtest du meine Frau werden?" Die Witwe antwortete: „Ich bin eine alte Frau und ich habe vier Kinder, wie könntest du mich zur Frau nehmen?" Prophet Mohammed antwortete: „Diese Angelegenheiten sind mir nicht wichtig. Möchtest du mich heiraten?" Die Frau wollte! Danach gab der Prophet der Frau das Brautgeld, und sie schlossen den Bund der Ehe! Die Bettlerin wurde zur Ehefrau des Propheten, und alle Menschen respektierten sie! Sie war in Sicherheit, und auch ihre Kinder waren in Sicherheit! Die Frau war über 50 Jahre alt, aber war das wichtig für den Propheten Mohammed? Nein! Er wollte seinen Anhängern zeigen, wie und warum man Polygamie ausüben sollte. So haben die Männer die Möglichkeit, den Frauen ein besseres Leben zu sichern. Das ist die Sunna (Sunna ist der Name islamischer Normen) und der Weg des Propheten Mohammed. Schließen Präsidenten, Minister und Könige mehrere Ehen? Nein! Sie suchen Jungfrauen und reiche Frauen! Das diesseitige Leben ist ihnen wichtig!

Aber auf der Welt gibt es solche Witwen, die nichts besitzen! Würde irgendein Präsident eines Landes eine Witwe folgenderweise fragen: „Möchtest du, dass ich dich zu meiner Frau nehme und dich und deine Kinder respektiere?" Nein! Sie sehen zu, wie die Frau und ihre Kinder sterben! Wenn die Frau Geld verdienen will, muss sie Hurerei treiben! Deshalb geben

die Präsidenten und Regierungen den Frauen die Erlaubnis, legal Hurerei zu treiben!
Der Islam möchte ein sicheres und ehrenvolles Leben für die Frau!
Auch die erste Frau eines Mannes kann eine Witwe sein. Warum sollte das auch nicht möglich sein? Prophet Mohammed war 25 Jahre alt, und seine erste Frau, eine Witwe, war 40 Jahre alt, als sie heirateten! Und sie waren ungefähr 25 Jahre lang verheiratet. Prophet Mohammed hat sich in dieser Zeit keine andere Frau genommen!

Wenn wir das Leben des Propheten Mohammed betrachten, sehen wir, dass er während der Zeit des Friedens mit einer Frau verheiratet war (25 Jahre lang), aber zu Kriegszeiten nahm er mehrere Frauen, wie oben schon gesagt wurde.
Die Menschen wollen einfach nur nicht verstehen!
Laut Bibel gibt es für die Anzahl der Ehefrauen keine Grenze nach oben:

> *„Nimmt er sich noch eine andere Frau, darf er sie in Nahrung, Kleidung und Beischlaf nicht benachteiligen." (Bibel, Ex 21,10)*

Laut Bibel hatte Salomo ungefähr 1.000 Frauen:

> *„Er hatte siebenhundert fürstliche Frauen und dreihundert Nebenfrauen. (...)" (Bibel, 1 Kön 11,3)*

Jakob hatte vier Frauen (siehe Bibel, Gen 35,22-26). Auch Esau hatte vier Frauen (siehe Bibel, Gen 36,2-3). David hatte mehr als zehn Frauen.

Gemäß dem Koran sind die Genüsse des diesseitigen Lebens vergänglich.

"Wisset, dass das Leben in dieser Welt nur ein Spiel und ein Tand ist und ein Gepränge und Geprahle unter euch, (...)." (Koran, 57,20)

"Das Leben in dieser Welt ist nur ein Spiel und ein Zeitvertreib. Und besser ist wahrlich die Wohnstätte des Jenseits für jene, die rechtschaffen sind. Wollt ihr denn nicht begreifen?" (Koran, 6,32)

"Jesus sagte: Wer sich selbst findet, dessen ist die Welt nicht würdig." (Evangelium nach Thomas, 111)

Die Ehe ist kein Bund, der nur dafür gedacht ist, um mit seinem Partner Sex zu haben. Die Ehepartner sind Lebensgefährten.
Bei Bedarf (Krieg, Krankheit, Kinderlosigkeit, usw.) darf ein Mann mit Erlaubnis seiner ersten Frau auch eine zweite Frau heiraten.
Der Koran gibt jedoch der Monogamie den Vorzug. Es ist ein Missverständnis, wenn man denkt, dass der Islam vier Ehefrauen für einen Mann als die bessere Möglichkeit erachten würde.

5.3 Abtreibung

„Tötet eure Kinder nicht aus Furcht vor Armut; Wir sorgen für sie und für euch. Fürwahr, sie zu töten ist eine große Sünde." (Koran, 17,31)

„(...) Und ihr sollt eure Kinder nicht töten aus Armut, Wir sorgen ja für euch und für sie. Ihr sollt euch nicht den Schändlichkeiten nähern, seien sie offen oder verborgen; und ihr sollt nicht das Leben töten, das Allah unverletzlich gemacht hat, es sei denn nach Recht. (...)" (Koran, 6,151)

Abtreibung ist das Töten von lebenden Seelen.

„Und tötet nicht das Leben, das Allah unverletzlich gemacht hat, es sei denn mit Recht. (...)" (Koran, 17,33)

Laut Koran geschieht Gottes Wille, wenn er sagt „Sei!".

„(...) Wenn Er ein Ding beschließt, so spricht Er zu ihm: 'Sei!', und es ist.'" (Koran, 3,47; 19,35)

„Und Er ist es, Der Leben gibt und Tod verursacht, und in Seinen Händen ist der Wechsel von Nacht und Tag. Wollt ihr denn nicht begreifen?" (Koran, 23,80)

Wenn Gott darüber entschieden hat, dass ein neues Menschenleben beginnen soll , hat der Mensch kein Recht dieses Geschehen aufzuhalten. Wenn die Menschen so etwas tun, dann ist das nach fast allen Glaubenslehren als Mord zu betrachten.

> *"(...) Und kein Weib wird schwanger oder gebiert ohne Sein Wissen. Und keiner, dem das Leben verlängert wird, (sieht) sein Leben verlängert, noch wird sein Leben irgend verringert, ohne dass es in einem Buch stünde. Das ist ein leichtes für Allah." (Koran, 35,11)*

Das Töten eines Kindes, das sich nicht wehren kann, mit der Begründung, dass Vater und Mutter nicht bereit sind, Kinder zu bekommen, ist falsch. Ein ungeborenes Kind könnte dann denken, wenn nur eure Eltern auch nicht bereit gewesen wären, Kinder zu bekommen und euch nicht geboren hätten. Wenn Sie kein Kind haben wollen, dürfen Sie keinen Sex haben.

Auf der Welt werden jährlich viele Kinder getötet. In Finnland sind es jährlich ungefähr 10.000! In den letzten 30 Jahren wurden in Finnland über 400.000 Kinder getötet! Also ungefähr 10% der jetzigen Bevölkerungszahl.

Die Frauen sagen: „Die Männer lassen uns allein, was sollen wir tun?" Wenn Sie das Kapitel „Die Rechte der Frauen" lesen, verstehen Sie, wo der Fehler liegt.

Der Mann lässt die Frau allein! Trotzdem sagen wir, dass das Männchen das Beste ist!

> *"(...) Jedoch ihre Herzen waren verhärtet, und Satan ließ ihnen alles, was sie taten, als wohlgetan erscheinen." (Koran, 6,43)*

Ein Muslim, der nach den Koran lebt, mit anderen Worten: ein richtiger Muslim gibt keine Erlaubnis zu einer Abtreibung und heißt sie auch nicht gut.

„Verloren fürwahr sind jene, die ihre Kinder töricht töten, aus Unwissenheit, (...)" (Koran, 6,140)

„Satan warnt euch vor Armut und befiehlt euch Schändliches, (...)." (Koran, 2,268)

„Jene, die den Rücken kehren, nachdem ihnen der Weg sichtbar ward, Satan hat sie getäuscht und ihnen falsche Hoffnungen eingegeben." (Koran, 47,25)

„(...) Und wer Satan zum Gefährten hat - welch ein übler Gefährte ist er!" (Koran, 4,38)

„Satan hat völlige Macht über sie gewonnen und hat sie die Ermahnung Allahs vergessen lassen. Sie sind Satans Partei. Horchet! es ist Satans Partei, die die Verlierende ist." (Koran, 58,19)

*„Und wenn die Menschen einander nahe gebracht werden. Und wenn nach dem lebendig begrabenen **Mädchen** gefragt wird[*]: '**Für welches Verbrechen ward es getötet?**' Und wenn Schriften weithin verbreitet werden, Und wenn der Himmel aufgedeckt wird, Und wenn das Feuer angefacht wird, Und wenn der Garten nahe gebracht wird, Dann wird jede Seele wissen, was sie gebracht."* (Koran, 81,7-14)

Wenn die Gesundheit der Mutter in Gefahr ist, kann eine Abtreibung vielleicht akzeptiert werden. Wenn die Mutter aber für das Kind sterben möchte, erwartet sie das Paradies! Denn

---

[*] Auch heute werden in China und in Indien jährlich über eine Million Mädchen gleich nach der Geburt getötet, da die Eltern keine Mädchen wollen!

der islamische Prophet Mohammed hat gesagt, dass das Paradies unter den Füßen der Mütter ist.

„(...) Und wenn jemand einem Menschen das Leben erhält, so soll es sein, als hätte er der ganzen Menschheit das Leben erhalten. (...)" (Koran, 5,32)

Ein Gläubiger muss den Menschen erklären, dass Abtreibungen falsch sind und abgeschafft werden müssen. Lassen Sie uns den ungeborenen Kindern das Recht auf Leben geben.

„Jesus sagte: Wer sich selbst findet, dessen ist die Welt nicht würdig." (Evangelium nach Thomas, 111)

Wenn Sie verstehen, wie Gottes System ist, wer sind Sie dann, woher kommen Sie und wohin gehen Sie? Dann ist die Welt Ihrer nicht würdig.

„O ihr Menschen, traun, die Verheißung Allahs ist wahr, darum lasst das Leben hienieden euch nicht betrügen, und lasst den Betrüger euch nicht betrügen über Allah. Wahrlich, Satan ist euch ein Feind; so haltet ihn für einen Feind. Er ruft seine Anhänger nur herbei, damit sie Bewohner des flammenden Feuers werden." (Koran, 35,5-6)

„(...) Und ihr sollt nicht das Leben töten, das Allah unverletzlich gemacht hat, es sei denn nach Recht. (...)" (Koran, 6,151)

5.4 Die Rechte der Frauen

„(...) Sie (Anm.: Frauen) sind euch ein Gewand, und ihr seid ihnen ein Gewand. (...)" (Koran, 2,187)

„Wer aber gute Werke tut, sei es Mann oder Weib, und gläubig ist: sie sollen in den Himmel gelangen, und sie sollen auch nicht so viel Unrecht erleiden wie die kleine Rille auf der Rückseite eines Dattelkernes." (Koran, 4,124)

Dem Koran nach **sind Mann und Frau vor Gott gleichwertig.** Im Koran spricht Gott sowohl zum Mann als auch zur Frau:

*„Wahrlich, die muslimischen Männer und die muslimischen Frauen, die **gläubigen Männer** und die **gläubigen Frauen**, die gehorsamen Männer und die gehorsamen Frauen, die wahrhaftigen Männer und die wahrhaftigen Frauen, die standhaften Männer und die standhaften Frauen, die demütigen Männer und die demütigen Frauen, die Männer, die Almosen geben, und die Frauen, die Almosen geben, die Männer, die fasten, und die Frauen, die fasten, die Männer, die ihre Keuschheit wahren, und die Frauen, die ihre Keuschheit wahren, die Männer, die Allahs häufig gedenken, und die Frauen, die gedenken - Allah hat ihnen Vergebung und herrlichen Lohn bereitet." (Koran, 33,35)*

*„Wer recht handelt, ob **Mann** oder **Weib**, und gläubig ist, dem werden Wir gewisslich ein reines Leben gewähren; und Wir werden gewisslich solchen ihren Lohn bemessen nach dem besten ihrer Werke." (Koran, 16,97)*

*„Wer aber gute Werke tut, sei es **Mann** oder **Weib**, und gläubig ist: sie sollen in den Himmel gelangen, und sie sollen auch nicht so viel Unrecht erleiden wie die kleine Rille auf der Rückseite eines Dattelkernes." (K, 4,124)*

*„(...) Wer aber Gutes tut - sei es **Mann** oder **Weib** - und gläubig ist, diese werden in den Garten eintreten; darin werden sie versorgt werden mit Unterhalt ohne zu rechnen." (Koran, 40,40)*

*„Die gläubigen **Männer** und die gläubigen **Frauen** sind einer des andern Freund. Sie gebieten das Gute und verbieten das Böse und verrichten das Gebet und zahlen die Zakat und gehorchen Allah und Seinem Gesandten. (...)" (Koran, 9,71)*

*„Dass Er die **gläubigen Männer** und die **gläubigen Frauen** einführe in Gärten, durch die Ströme fließen, ewig darin zu weilen, und dass Er ihre Missetaten von ihnen nehme - und das ist vor Allah die höchste Glückseligkeit -" (Koran, 48,5)*

*„Und (gedenke) des Tags, da du die **gläubigen Männer** und die **gläubigen Frauen** sehen wirst, indes (die Strahlen) ihres Lichts vor ihnen und zu ihrer Rechten hervorbrechen: ‚Frohe Botschaft euch heute! - Gärten, durch die Ströme fließen, darin ihr weilen werdet. Das ist die höchste Glückseligkeit.'" (Koran, 57,12)*

Der Koran hat den Frauen schon im siebenten Jahrhundert n.Chr. gleichwertige Rechte mit den Männern gegeben.
Der Mann hat die Verantwortung für die Familie und das Heim, deshalb wurde der Mann auch zum Familienoberhaupt (Koran, 4,34 und 2,228).
Gemäß dem Koran sorgt der Mann für das Heim und ist verantwortlich für die Erziehung der Kinder. Eine geschiedene Frau wartet eine dreimonatige Frist im Hause des Mannes. Nach dieser darf sie sich wieder verheiraten (Koran, 65,1-5). Die Aufgabe des Mannes ist es, für die Kinder zu sorgen, und falls der Mann seine Pflicht nicht erfüllt, zwingt ihn der islamische Staat dazu. Aber die Frau sollte frei sein!
Falls die Frau Kinder hat und geschieden ist, ist es aber schwierig für sie, wieder zu heiraten.
Laut westlichen Forschungen vermählt sich eine Frau ca. acht Jahre nach einer Scheidung erneut.
Virhe. Hyperlinkin viittaus ei kelpaa. Als nächstes betrachten wir, was die Untersuchungen heutzutage besagen:

> *„Die überwiegende Mehrheit der Alleinerzieher sind Mütter (ca. 90 %). Eine geschiedene Frau heiratet im Durchschnitt acht Jahre nach der Scheidung wieder, ein Mann nach ungefähr zwei Jahren."*[1]

Wenn es für einen Mann leichter ist, seine Frau und seine Kindern zu verlassen und sich erneut zu verheiraten, trennt er sich natürlich leichter als eine Frau!
Wenn die Kinder beim Vater bleiben würden, wäre er vorsichtiger mit Scheidungsplänen.
Laut Koran ist der Mann das Haupt der Familie und er trägt die Verantwortung in Fragen der Kinderpflege und Kindererziehung.
Gott weiß es besser.

Heutzutage geben die Männer die Vorrangstellung in der Familie an die Frauen ab und bekommen so mehr Freiheit. Das ist falsch gegenüber den Frauen.

Jetzt fragen wir: Gibt der Koran oder gibt die heutzutage angewandte Praxis den Frauen eine bessere Stellung?

Der Mann ist das Oberhaupt der Familie und trägt die Verantwortung für die Kinder!

Meiner Meinung nach ist es ein Scherz der Männer, der auf Kosten der Frauen ausgetragen wird, wenn sie sagen: „Ihr übernehmt die Vorrangstellung und kümmert euch um die Kinder. Wir heiraten wieder und leben unser eigenes Leben, wenn ihr euch einstweilen um die Kinder kümmert und viermal so lange wie wir wartet, dass euch jemand zur Frau nimmt! Der Islam ist ein schlechter Glaube, denn er hat dem Mann die Oberhauptstellung gegeben. Wir geben sie lieber an die Frauen weiter. Nehmt sie nur. Danke!"

Frauen! Im Koran ist Gott auf eurer Seite! Er denkt an euch. Der Koran ist ein Buch für die Rechte der Frauen!

Gott weiß, wie Frauen und Männer sind.

In der nächsten Geschichte kommen zwei Frauen und zwei Männer vor, von denen der eine ein Muslim ist, der den Koran befolgt, und der andere nicht:

Diese Mädchen und Jungen mögen sich. Der muslimische Mann weiß, was Gott im Koran befiehlt, und so muss er dies befolgen. Gemäß dem Koran ist Sex und Zusammenleben außerhalb einer Ehe verboten!

Der andere Mann begann die Rechte der Frauen zu unterstützen (!) und sprach schlecht zu dem gläubigen Mann.

Der Muslim wollte, dass man zuerst einen Ehevertrag aufsetzt und danach gemäß den Vorschriften des Korans zusammenlebt (siehe Kapitel „Ehe").

Der andere Mann lebte nicht nach dem Koran und wollte keine Verträge. Das Mädchen hatte kein eigenes Heim und sie zog mit dem Mann zusammen in ein Haus.

Der Muslim und das andere Mädchen verheirateten sich gemäß den Richtlinien des Korans. Vor der Ehe hatten sich der Mann und die Frau die Sicherheiten der Ehe ausgehandelt, also das Brautgeld (**Mehir**) *(Koran, 4,4: „Und gebt den Frauen ihre Morgengabe gutwillig.(...)")*.

Das Brautgeld ist eine Garantie beziehungsweise eine Sicherheit, die der Mann der Frau geben muss, für den Fall, dass es später zu einer Scheidung kommen sollte. Heutzutage kann das Brautgeld über 6000 € betragen. Das Ehepaar unterschrieb vor zwei Zeugen einen Ehevertrag und heiratete.

Zwei Monate später bekamen beide Ehepaare Probleme.

Der Muslim und seine Frau entschieden sich, sich zu trennen.

Als die Entscheidung getroffen war, **musste der Muslim erneut die Anweisungen des Korans befolgen.**

> *„(...) Wenn ihr euch von Frauen trennt, so trennt euch von ihnen für ihre vorgeschriebene Frist (Anm.: D. h. nach Ablauf der dreimonatigen Warteperiode; vorausgesetzt wird hier, dass der Ehemann bereits die Scheidungsformel dreimal (zu unterschiedlichen Zeiten) ausgesprochen hat.) und berechnet die Frist; und* **fürchtet Allah, euren Herrn. Vertreibt sie nicht aus ihren Häusern***, noch sollen sie (selbst) fortgehen, es sei denn, sie begehen offenkundige Unsittlichkeit. Das sind die Schranken Allahs; und wer Allahs Schranken übertritt, der sündigt wider sich selbst. Du weißt nicht,*

vielleicht wird Allah späterhin etwas Neues geschehen lassen. Dann, wenn ihre Frist um ist, **nehmt sie in Güte zurück oder trennt euch in Güte von ihnen** *und rufet zwei rechtliche Leute aus eurer Mitte zu Zeugen; und lasst es ein wahrhaftiges Zeugnis vor Allah sein. Das ist eine Mahnung für den, der an Allah und an den Jüngsten Tag glaubt. Und dem, der Allah fürchtet, wird Er einen Ausweg bereiten, Und wird ihn versorgen, von wannen er es nicht erwartet. Und für den, der auf Allah vertraut, ist Er Genüge. Wahrlich, Allah wird Seine Absicht durchführen. Für alles hat Allah ein Maß bestimmt. Wenn ihr im Zweifel seid (über) jene eurer Frauen, die keine monatliche Reinigung mehr erhoffen, (dann wisset, dass) ihre Frist drei Monate ist, und (das gleiche gilt für) die, die noch keine Reinigung hatten. Und* **für die Schwangeren soll ihre Frist so lange währen, bis sie sich ihrer Bürde entledigt haben.** *Und dem, der Allah fürchtet, wird Er Erleichterung verschaffen in seinen Angelegenheiten. Das ist Allahs Gebot, das Er euch herabgesandt hat. Und wer Allah fürchtet - Er wird seine Übel von ihm nehmen und ihm seinen Lohn erweitern. Lasset sie (während der Frist) in den Häusern wohnen, in denen ihr wohnt, gemäß euren Mitteln; und tut ihnen nichts zuleide in der Absicht, es ihnen schwer zu machen. Und wenn sie schwanger sind, so bestreitet ihren Unterhalt, bis sie sich ihrer Bürde entledigt haben. Und wenn sie (das Kind) für euch säugen, gebt ihnen ihren Lohn und beratet euch freundlich miteinander; wenn ihr aber (damit) Verlegenheit für einander schafft, dann soll eine andere (das Kind) für den (Vater) säugen."*
(Koran, 65,1-6)

„Und (die geschiedenen) **Mütter sollen ihre Kinder zwei volle Jahre säugen**, *so jemand will, die Säugung vollständig zu machen. Und der Vater soll für ihre (der Mütter) Nahrung und Kleidung aufkommen nach Billigkeit. Niemand werde belastet über sein Vermögen. Die Mutter soll nicht bedrängt werden wegen ihres Kindes, noch soll der Vater bedrängt werden wegen seines Kindes; und dasselbe obliegt dem Erben. Entscheiden sie sich, nach gegenseitigem Einvernehmen und Beratung, für Entwöhnung, dann trifft sie kein Vorwurf Und wenn ihr wünschet, eure Kinder säugen zu lassen, dann soll euch kein Vorwurf treffen, gesetzt, ihr zahlt den ausbedungenen Lohn nach Billigkeit. Und fürchtet Allah und wisset, dass Allah euer Tun sieht."* (Koran, 2,233)

„Und dies ist Mein Weg, der gerade. So folget ihm; und folget nicht den (anderen) Pfaden, damit sie euch nicht weitab führen von Seinem Weg. Das ist es, was Er euch gebietet, auf dass ihr euch vor Bösem hütet." (Koran, 6,153)

Der Muslim, der den Koran befolgte, und seine Ex-Frau wohnten im gleichen Haus und warteten gemäß den Befehlen des Korans die vorgeschriebene Frist ab. Der Mann sorgte für den Unterhalt seiner Ex-Frau. (In Finnland beträgt diese Frist heutzutage sechs Monate, aber der Mann und die Frau leben während dieser Wartezeit nicht mehr zusammen).

Der Nicht-Muslim befahl seiner Freundin wegzuziehen! Die Frau sagte, dass sie kein Zuhause hätte, sodass sie nicht wisse, wohin sie so plötzlich gehen sollte. Sie begannen zu streiten, und der Mann misshandelte die Frau. Die Frau flüchtete mit einem blauen Auge ins Frauenhaus!

Die Ex-Frau des Muslims bemerkte während der Wartezeit, dass sie schwanger war. Laut Koran hat sie das Recht, im Hause des Mannes auf die Geburt des Kindes zu warten, und der Mann hat die Pflicht, sich bis dahin um ihren Unterhalt zu kümmern.

Auch die Frau des Nicht-Muslims bemerkte im Frauenhaus, dass sie schwanger war. Sie wurde depressiv. Sie verstand nicht, wie sie ihr Kind ernähren sollte. Der Mann kümmert sich nicht um das Kind. Die Frau will das Kind eigentlich bekommen, aber schließlich muss sie eine Abtreibung vornehmen lassen, da diejenigen, die heutzutage „den Frauen ihre Rechte geben", entscheiden, dass die Frau abtreiben darf. Der Mann war frei von seinen Pflichten, aber die Frau und ihr Kind litten darunter.

Die Ex-Frau des Muslims (der den Koran befolgte) gebar das Kind und gab es dem Mann, denn er ist das Oberhaupt der Familie und hat die Verantwortung für das Kind. Die Frau bekam die Sicherheit, welche die beiden vor der Ehe ausgehandelt hatten (zum Beispiel 6000 €), und sagte „Auf Wiedersehen"! Wenn die Mutter sich selbst um das Kind kümmern möchte, sorgt der Mann nach dem Koran zwei Jahre lang für ihren Unterhalt (Koran, 2,233). Das wird in der Praxis **Mutterschaftsurlaub** genannt! **Der Mann ernährt seine Frau wegen des Kindes für zwei Jahre und neun Monate,** von denen neun Monate die Schwangerschaft selbst betreffen und zwei Jahre für die Pflege und das Stillen des Kindes bestimmt sind. Nach diesen zwei Jahren bekommt dann der Vater das Kind. Die Frau ist frei und kann gehen, wann auch immer sie das will. Da sich der Mann um die Frau und das Kind kümmert, muss sich die Frau nicht für eine Abtreibung entscheiden. So sind gleichzeitig sowohl die Rechte der Frauen als auch die der Kinder gewahrt. Die Frau kann wieder heiraten, denn sie ist jetzt frei.

Wenn wir jetzt ein Beispiel betrachten, in dem eine Frau das Kind schon verlassen hätte, als es ganz klein war! Ein neugeborenes Baby weint, denn es verlangt nach der Mutterbrust. Das Kind hat Hunger. Der Mann ist in Panik. Er ist wie in der Hölle. Er ist wie am Kreuz und sagt:

„Mein Gott, mein Gott, warum hast du mich verlassen?" (Bibel, Matt. 27, 46; Mark. 15, 34)

Im Koran antwortet ihm Gott:

„Was euch an Unglück treffen mag, es erfolgt ob dessen, was eure Hände gewirkt haben. (...)" (Koran, 42,30)

Der Mann versteht, dass er etwas falsch gemacht hat. Er versteht auch, warum der Prophet Mohammed sagte, dass **das Paradies unter den Füßen der Mütter ist.**
    Niemals kann ein Mann ein sehr kleines Kind auf die gleiche Weise versorgen, wie das eine Mutter kann. Wenn der Mann ein Kind hat, ist es für ihn schwierig, sich erneut zu verheiraten.
    Was tut der Mann als nächstes? Er möchte, dass seine Ex-Frau zurückkommt und schickt ihr eine Nachricht: „Ich habe einen Fehler gemacht. Ich bitte um Entschuldigung. Ist es möglich, dass wir wieder einen Ehevertrag aufsetzen?"
    Da wenige Frauen ihr Kind aufgeben wollen, ist es möglich, dass sie zurückkommt Danach behandelt er seine Frau immer gut. Der Mann erinnert sich immer, wie sehr er mit dem Baby in der Klemme saß! Alle Männer kennen diese Angelegenheiten, und wenn Sie heiraten, erinnern Sie sich an diese Geschichte! Heiraten Sie also nur einmal und bleiben Sie in der Ehe bis zum Ende Ihres Lebens!

Es kann schon sein, dass es ab und zu kleine Probleme in der Ehe geben wird. Der Mann hat eventuell folgenden Satz in der Bibel gelesen:

„Besser in einer Ecke des Daches wohnen, als eine zänkische Frau im gemeinsamen Haus." (Bibel, Sprichwörter, 25,24)

„Ein ständig tropfendes Dach in der Regenzeit und eine zänkische Frau gleichen einander." (Bibel, Sprichwörter, 27,15)

Im Koran finden sich keine derartigen Sprichwörter, welche die Frauen herabwürdigen!
Das Leben der beiden geht auf jeden Fall weiter.
Gott lehrt den Mann, die Frau gut zu behandeln und ihr mehr Rechte zu geben. Wenn der Mann seine Frau gut und liebevoll behandelt, ist das Familienleben glücklich.
Der Befehl des Korans ist besser für die Frau. Er sichert das Leben der Frau und das gemeinsame Wohl für die gesamte Familie.
Heutzutage geben die Männer die gesamte Verantwortung den Frauen und bekommen so Freiheit. Das ist falsch gegenüber den Frauen.
Wenn wir sagen , dass die Rechte der Frauen im Koran der Frau gegeben wurden, und dass die Männer die Verantwortung für die Kinder und deren Pflege tragen, und dass die Männer ins Gefängnis kämen, wenn sie ihre Pflichten nicht erfüllen würden, würden am nächsten Tag auf den Straßen Helsinkis die Chauvinisten marschieren und ihre Meinung kundtun: „Gebt uns die Rechte der Männer zurück. Wir wollen Gleichberechtigung mit den Frauen – im Haushalt und bei der Kinderpflege!"

Wenn der Mann eine Frau ernährt und ein Kind in seine Obhut nimmt, wie das im oben erwähnten Beispiel erzählt wurde, lassen die Frauen keine Abtreibungen vornehmen!

Für eine Frau ist es besser, einen richtigen Muslim zu heiraten!

Jetzt frage ich: **Wer von beiden ist besser für die Frau? Ein Muslim, der nach dem Koran handelt, oder jemand, der nach der derzeit vorherrschenden Meinung handelt?**

„Dann bringt euer Buch herbei, wenn ihr wahrhaftig seid." (Koran, 37,157)

Gibt es im Paradies einen Gatten für die Frau?
Der Koran sagt, es gibt einen!

„Tretet ein in den Garten, ihr und eure Gefährten, geehrt, glückselig!'" (Koran, 43,70, siehe auch 36,56)

Im Paradies:

„Und es werden ihnen dort Jünglinge aufwarten, die kein Alter berührt. Wenn du sie siehst, du hältst sie für Perlen, verstreute;" (Koran, 76,19)

„Und Jungfrauen, Altersgenossinnen," (Koran, 78,33)

Für wen sind die **jungen Knaben** und für wen sind die **jungen Mädchen**?

Täuschen Sie sich nicht, denken Sie nicht, dass es im Paradies ein gleichartiges Sexualleben gibt wie im Diesseits. Adam und Eva lebten im Paradies, aber als Sex ihre Gedanken zu stören begann, wurden sie fortgejagt.

Laut Koran (2,282) ist bei einem Zahlungsabkommen (Schuldschein) die Bestätigung von zwei Frauen gleichwertig wie die eines Mannes. Wenn wir die Verse des Korans durchlesen, wird uns klar, dass gemäß ihnen eine Frau nicht lesen und schreiben kann, und aus diesem Grund braucht man die Bestätigung von zwei Frauen. Denn, falls sich **eine nicht erinnern würde, würde sich die andere dennoch richtig erinnern.** Wenn wir die Geschichte betrachten, sehen wir, dass Frauen nicht allzu oft lese- und rechenkundig waren, und deshalb waren sie auch nicht wirklich im Geschäftsleben tätig. Der Koran ist ein immerwährendes und zeitloses Buch und es gibt Anweisungen auch für die heutige Zeit.

> *„O ihr, die ihr glaubt, wenn ihr voneinander ein Darlehen nehmt auf eine bestimmte Frist, dann schreibt es nieder.(...) Und ruft zwei unter euren Männern zu Zeugen auf; und wenn zwei Männer nicht (verfügbar) sind, dann einen Mann und zwei Frauen, die euch als Zeugen passend erscheinen, so dass, wenn eine der beiden irren sollte, die andere ihrem Gedächtnis zu Hilfe kommen kann. (...)" (Koran, 2,282)*

In anderen Bereichen sind Mann und Frau ebenbürtige Zeugen, zum Beispiel, wenn es um Ehebruch, Eheschließung usw. geht.

Der Koran gibt der Frau das Recht, selbst über ihr Eigentum zu bestimmen, und er garantiert ihr im Falle einer Scheidung wirtschaftliche Sicherheit (Koran, 4,4, 4,19, 4,32, 2,241, 65,6).

Gemäß dem Koran leisten auch Frauen Abgaben, denn sie haben ihr eigenes Geld (oder anderen Besitz).

> *„Die **gläubigen Männer** und die **gläubigen Frauen** sind einer des andern Freund. Sie gebieten das Gute und verbieten das Böse und verrichten das Gebet und*

zahlen die Zakat und gehorchen Allah und Seinem Gesandten. Sie sind es, deren Allah Sich erbarmen wird. Wahrlich, Allah ist allmächtig, allweise." (Koran, 9,71)

Laut Koran haben sowohl die Mutter von Jesus, Maria, die Mutter von Moses und die Ehefrau von Abraham eine Botschaft von Gott bekommen (s. Koran, 3,42, 28,7, 11,71).

*„Da **offenbarten** Wir der Mutter von Moses: ‚Säuge ihn; und wenn du für ihn fürchtest, so wirf ihn in den Fluss und fürchte dich nicht und betrübe dich nicht; denn Wir werden ihn dir wiedergeben und ihn zu einem der Gesandten machen.'" (Koran, 28,7)*

Alle Mütter von Propheten, mit Ausnahme von Adam, waren Frauen.

Es folgen Vergleiche zwischen der Bibel und dem Koran:

1. Laut Bibel war **Eva** schuld an der Vertreibung aus dem Paradies. Laut Koran war es **Adams** Schuld. Die Beschreibung der Erschaffung des Menschen im Koran weicht von der in der Bibel ab, denn im Koran wird nicht angegeben, dass die Frau aus einem Rippenknochen des Mannes geschaffen wurde. Es gibt laut Koran schon bei der Erschaffung des Menschen Gleichberechtigung zwischen Mann und Frau!

„Die Schlange war schlauer als alle Tiere des Feldes, die Gott, der Herr, gemacht hatte. Sie sagte zu der Frau: Hat Gott wirklich gesagt: Ihr dürft von keinem Baum des Gartens essen? Die Frau entgegnete der Schlange: Von den Früchten der Bäume im Garten dürfen wir essen; nur von den Früchten des Baumes,

der in der Mitte des Gartens steht, hat Gott gesagt: Davon dürft ihr nicht essen und daran dürft ihr nicht rühren, sonst werdet ihr sterben.
Darauf **sagte die Schlange zur Frau**: Nein, ihr werdet nicht sterben. Gott weiß vielmehr: Sobald ihr davon esst, gehen euch die Augen auf; ihr werdet wie Gott und erkennt Gut und Böse. Da sah die Frau, dass es köstlich wäre, von dem Baum zu essen, dass der Baum eine Augenweide war und dazu verlockte, klug zu werden. **Sie nahm von seinen Früchten und aß; sie gab auch ihrem Mann, der bei ihr war, und auch er aß.**" (Bibel, Gen. 3,1-6)

„Denn zuerst wurde Adam erschaffen, danach Eva. Und nicht Adam wurde verführt, sondern die Frau ließ sich verführen und übertrat das Gebot." (Bibel, 1 Tim. 2,13-14)

Der Koran ist nicht derselben Meinung:

„Wahrlich, Wir schlossen einen Bund mit Adam zuvor, aber er vergaß; Wir fanden jedoch in ihm keine Absicht (zum Bösen). Und als Wir zu den Engeln sprachen: ‚Bezeuget Adam Ehrerbietung', da bezeugten sie (ihm) Ehrerbietung. Nur Iblis nicht. Er weigerte sich. Darum sprachen Wir: ‚O Adam, dieser ist dir ein Feind und deinem Weibe; dass er euch nicht beide aus dem Garten treibe! Sonst würdest du elend. Es ist für dich (gesorgt), dass du darin weder Hunger fühlen noch nackend sein sollst. Und dass du darin nicht dürsten noch der Sonnenhitze ausgesetzt sein sollst.' Jedoch **Satan** flüsterte ihm Böses ein; er sprach: ‚O **Adam**, soll ich dich zum Baume der Ewigkeit führen und zu einem Königreich, das nimmer vergeht?' **Da aßen sie beide** *davon, so dass ihre Blöße ihnen offenbar wurde, und sie begannen, die Blätter des Gartens über sich zusammenzustecken. Und Adam befolgte nicht das Gebot seines Herrn und ging irre."* (Koran, 20,115-121)

Laut Koran **hörte** also **unser Vorfahre, Adam, Satan** zu und machte einen Fehler (Koran, 20,120-121), und auch seine Frau, unsere Vorfahrin Eva, hörte ihrem Mann zu und wurde dann wegen ihres Mannes vertrieben.

Aber in der Bibel ist Eva die Schuldige, und es ist von einer Schlange die Rede.

Im Koran hingegen gibt es keine Schlange, aber der **Teufel (Satan)** ist zugegen. Und Satan setzt seine Arbeit auch heute noch fort.

„Gott, der Herr, baute aus der Rippe, die er vom Menschen genommen hatte, eine Frau und führte sie dem Menschen zu. Und der Mensch sprach: Das endlich ist Bein von meinem Bein und Fleisch von meinem Fleisch. Frau soll sie heißen; denn vom Mann ist sie genommen." (Bibel, Gen. 2,22-23)

Im Koran gibt es keine Beschreibung wie die oben genannte, dass die Frau aus einem Rippenknochen des Mannes geschaffen worden wäre. Dieser Glaube kam später durch das Alte Testament in die muslimische Kultur!

„Er schuf euch aus einem einzigen Wesen; dann machte Er aus diesem seine Gattin; (...)" (Koran, 39,6)

Laut Koran herrschte also auch schon während der Erschaffung der Welt Gleichberechtigung zwischen Mann und Frau!

Ein Muslim, der nach dem Koran lebt, muss immer alles im Koran überprüfen!

2. In der Bibel wird gesagt, „Frauen mögt ihr schweigen in der Gemeinde". Laut Koran können die Frauen an Gesprächen und Diskussionen teilnehmen, auch wenn sie mit dem Propheten geführt würden.

> *„Ihr Frauen, ordnet euch euren Männern unter wie dem Herrn (Christus); denn der Mann ist das Haupt der Frau, wie auch Christus das Haupt der Kirche ist; er hat sie gerettet, denn sie ist sein Leib. Wie aber die Kirche sich Christus unterordnet, sollen sie die Frauen in allem den Männern unterordnen." (Bibel, Eph 5,22-24)*

> *„Eine Frau soll sich still und in aller Unterordnung belehren lassen. Dass eine Frau lehrt, erlaube ich nicht, auch nicht, dass sie über ihren Mann herrscht; sie soll sich still verhalten." (Bibel, 1 Tim 2,11-12)*

Koran:

> *„Allah hat das Wort **jener** gehört, die **bei dir** wegen ihres Mannes **vorstellig wurde** und sich vor Allah beklagte.(...)" (Koran, 58,1)*

Auch mit dem eigenen Mann wird laut Koran diskutiert:

> *„Und wenn ihr einen **Bruch** zwischen beiden befürchtet, dann ernennt einen Schiedsrichter (...)* und *„(...) Und **beratet euch untereinander** auf angemessene Weise. (...)" (Koran, 65,6)*

Im Koran gibt es auch derartige Worte nicht:

„Ein goldener Ring im Rüssel eines Schweins ist ein Weib, schön, aber sittenlos." (Bibel, Spr 11,22)

3. In der Bibel betet der Mann auch im Namen seiner Frau. Laut Koran sind Frauen und Männer vor Gott vollkommen gleichwertig. Die Frauen beten ihre eigenen Gebete und leisten auch ihre Abgaben! Im Gegensatz dazu die Bibel:

„Wenn sie im Haus ihres Mannes etwas gelobt oder sich mit einem Eid zu einer Enthaltung verpflichtet hat, dann bleiben alle Gelübde und jede Enthaltung, zu der sie sich verpflichtet hat, in Kraft, wenn ihr Mann zwar davon gehört, aber geschwiegen und seine Zustimmung nicht versagt hat. Wenn aber ihr Mann an dem Tag, an dem er davon hörte, ihr Gelübde oder die Verpflichtung zur Enthaltung, die sie ausgesprochen hat, außer Kraft gesetzt hat, dann ist alles aufgehoben; ihr Mann hat es außer Kraft gesetzt und der Herr wird es ihr erlassen." (Bibel, Num 30,11-13)

Der Koran ist nicht derselben Meinung:

*„Die **gläubigen Männer und** die **gläubigen Frauen** sind einer des andern Freund. Sie gebieten das Gute und verbieten das Böse und verrichten das Gebet und zahlen die Zakat und gehorchen Allah und Seinem Gesandten. Sie sind es, deren Allah Sich erbarmen wird. Wahrlich, Allah ist allmächtig, allweise." (Koran, 9,71)*

„Allah hat den gläubigen Männern und den gläubigen Frauen Gärten verheißen, die von Strömen

durchflossen werden, immerdar darin zu weilen, und herrliche Wohnstätten in den Gärten der Ewigkeit. (...)" (Koran, 9,72)

4. Laut Bibel ist eine geschiedene Frau minderwertig. Im Koran gibt es keine entsprechende Stelle. Der Prophet Mohammed zum Beispiel heiratete eine geschiedene Frau.

„Ferner ist gesagt worden: Wer seine Frau aus der Ehe entlässt, muss ihr eine Scheidungsurkunde geben. Ich aber sage euch: Wer seine Frau entlässt, obwohl kein Fall von Unzucht vorliegt, liefert sie dem Ehebruch aus; und wer eine Frau heiratet, die aus der Ehe entlassen worden ist, begeht Ehebruch." (Bibel, Mt 5,31-32, siehe auch: Mt 19,9)

„Er antwortete ihnen: Wer seine Frau aus der Ehe entlässt und eine andere heiratet, begeht ihr gegenüber Ehebruch. Auch eine Frau begeht Ehebruch, wenn sie ihren Mann aus der Ehe entlässt und einen anderen heiratet." (Bibel, Mk 10,11-12)

„Sie dürfen weder eine Dirne, noch eine Entehrte, noch eine Frau heiraten, die ihr Mann verstoßen hat; *denn der Priester ist seinem Gott geweiht. (Bibel, Lev 21,7)*

„Er soll nur eine Jungfrau heiraten. Eine Witwe, eine Verstoßene oder eine Entehrte, eine Dirne, darf er nicht heiraten; nur eine Jungfrau aus seinem Stamm darf er zur Frau nehmen;" (Bibel, Lev 21,13-14)

Der Prophet Mohammed **heiratete eine geschiedene Frau und hat so gegen diese Regel der Bibel verstoßen.** Er respektierte auch Frauen, die zu Witwen geworden waren. Seine erste Frau Khadija war eine geschiedene Frau. Als sie sich vermählten, war **Mohammed 25 Jahre und Khadija 40 Jahre alt.**

„Vielleicht wird sein Herr ihm, wenn er sich von euch scheidet, an eurer Statt bessere Frauen geben, gottergebene, gläubige, gehorsame, reuige, fromme, fastende - Witwen und Jungfrauen." (Koran, 66,5)

Welche Charaktereigenschaften der Frauen sind am wichtigsten? **Die wichtigste Eigenschaft ist , dass die Frau sich Gott unterwirft, am zweitwichtigsten ist, dass die Frau Gott treu ergeben ist,** ... am sechstwichtigsten, ob die Frau Witwe ist und am **siebtwichtigsten, ob die Frau eine Jungfrau ist!**

5. In der Bibel ist der Anzahl von Ehefrauen keine Obergrenze gesetzt. Der Koran erlaubt höchstens vier Ehefrauen, aber er empfiehlt dennoch Monogamie.

„Nimmt er sich noch eine andere Frau, darf er sie in Nahrung, Kleidung und Beischlaf nicht benachteiligen." (Bibel, Ex 21,10)

„(...) und wenn ihr fürchtet, ihr könnt nicht billig handeln, dann (heiratet nur) eine oder was eure Rechte besitzt. Also könnt ihr das Unrecht eher vermeiden." (Koran, 4,3)

„Und ihr könnt kein Gleichgewicht zwischen (euren) Frauen halten, so sehr ihr es auch wünschen möget. Aber neigt euch nicht gänzlich (einer) zu, also dass ihr die andere gleichsam in der Schwebe lasset. Und wenn

ihr es wiedergutmacht und recht handelt, dann ist Allah allverzeihend, barmherzig." (Koran, 4,129)

6. Laut Bibel kommt ein Vergewaltiger damit davon, wenn er für seine Tat dem Vater des Mädchens 50 Silberschekel bezahlt!

„Wenn ein Mann einem unberührten Mädchen, das noch nicht verlobt ist, begegnet, sie packt und sich mit ihr hinlegt und sie ertappt werden, soll der Mann, der bei ihr gelegen hat, dem Vater des Mädchens fünfzig Silberschekel zahlen und sie soll seine Frau werden, weil er sie sich gefügig gemacht hat. Er darf sie niemals entlassen." (Bibel, Dtn 22,28-29)

Und diese Sitte gibt es heute noch! Ein Vergewaltiger kann das gleiche Mädchen heiraten, und entgeht so einer Strafe für seine Tat!

Im Koran gibt es für einen Vergewaltiger keine Rechte!

7. Laut Bibel darf ein Vater seine Tochter als Sklavin verkaufen.

„Wenn er seine Tochter als Sklavin verkauft hat, soll sie nicht wie andere Sklaven entlassen werden." (Bibel, Ex 21,7)

Dem Koran nach ist das nicht möglich! Das Mädchen selbst wählt ihren Mann und sie hat das Recht auf einen Anteil des Erbes ihres Vaters (Koran, 4,7).

8. Der Bibel nach soll eine Frau ihren Kopf bedecken, um **ihre Unterwerfung auszudrücken.** Dem Koran nach bedeckt eine Frau ihren Kopf, um sich selbst und ihre Ehre zu schützen.

„Der Mann darf sein Haupt nicht verhüllen, weil er Abbild und Abglanz Gottes ist; die Frau aber ist der Abglanz des Mannes. Denn der Mann stammt nicht von der Frau, sondern die Frau vom Mann. Der Mann wurde auch nicht für die Frau geschaffen, sondern die Frau für den Mann. Deswegen soll die Frau mit Rücksicht auf die Engel das Zeichen ihrer Vollmacht auf dem Kopf tragen." (Bibel, 1 Kor 11,7-10)

„Ihr Frauen, ordnet euch euren Männern unter, wie es sich im Herrn geziemt." (Bibel, Kol 3,18)

„O Prophet! sprich zu deinen Frauen und deinen Töchtern und zu den Frauen der Gläubigen, sie sollen ihre Tücher tief über sich ziehen. Das ist besser, damit sie erkannt (Anm.: als anständige Frauen) und nicht belästigt werden. (...)" (Koran, 33,59)

9. Der Geschichte nach war die erste Ehefrau des Propheten Mohammed, **Khadija,** bis zu ihrem Tod eine Geschäftsfrau.

10. In der Bibel kann eine Ehefrau versuchen, ihrem Ehemann zu helfen, aber für die Folgen, die daraus entstehen, sollen ihr die Hände abgeschnitten werden.

„Wenn zwei Männer, ein Mann und sein Bruder, miteinander raufen und die Frau des einen hinzukommt, um ihren Mann aus der Gewalt des anderen, der auf ihn einschlägt, zu befreien, und wenn sie die Hand ausstreckt und dessen Schamteile ergreift, dann sollst

du ihr die Hand abhacken. Du sollst in dir kein Mitleid aufsteigen lassen." (Bibel, Dtn 25,11-12)

Unglaublich aber wahr! Wenn Sie die Bibel lesen, finden Sie noch mehr davon!
Wenn wir den Koran lesen und versuchen, ihn zu verstehen, können wir nicht behaupten, dass die Rechte der Frauen dort nicht erwähnt seien.

In westlichen Ländern hat die Frau das Recht auf Gleichberechtigung, und es gibt Gesetze für die Rechte der Frauen. Aber auch in einem so kleinen Land wie Finnland gibt es im Jahr mehr als 90.000 Gewalttaten gegen Frauen und cirka 10.000 Vergewaltigungsversuche. In der Ehe haben die Frauen die Verantwortung für die Kinder (in 90 % der Fälle). Über Finnland werden jährlich 6.000 Fälle von Frauenhandel in die westlichen Länder abgewickelt. Das beinhaltet den Handel mit Frauen russischer, estnischer und anderer Herkunft. Für ihre Arbeit werden Frauen in Finnland auch schlechter bezahlt als Männer!
Das alles wird für positiv gehalten.
Laut den Abendnachrichten geschehen in Afghanistan ständig Vergewaltigungen. So will man zeigen, dass in muslimischen Ländern Vergewaltigungen geschehen. Laut diesen Nachrichten kamen die Vereinigten Staaten, um vergewaltigten Frauen zu helfen. In der folgenden Nachricht schreibt dieselbe Zeitung, dass ein Soldat der amerikanischen Armee eine weibliche Soldatenkollegin vergewaltigte! Heutzutage weiß die ganze Welt, was in irakischen Gefängnissen passiert. Die Menschen haben zu denken begonnen.

„Jesus sagte, ‚wenn ein Blinder einen Blinden führt, fallen sie beide in eine Grube hinunter'." (Evangelium nach Thomas, 34)[2]

Im Fall von Afghanistan bestraft die Gesellschaft den Vergewaltiger.

Laut Statistiken werden jeden Tag Vergewaltigungen begangen: in England 169, in Finnland über 30, in Pakistan vier und in den USA so viele, dass es unmöglich ist, sie zu zählen.

Die Frauen der westlichen Länder haben viele Schwierigkeiten, denn sie werden als Sexobjekte betrachtet. Über eine Frau wird gesagt, dass sie „am besten unter 30 Jahren ist".

Der Sextourismus, der sich nach Südostasien richtet, hält an. Auf der Welt gibt es ungefähr eine Million Kinderprostituierte. Wegen der Kinderprostitution reisen westliche Männer auf die Philippinen, nach Thailand, nach Kambodscha und Sri Lanka!

Prostitution ist in vielen Ländern legal, unter anderem in Finnland!

Den Islam, der Frauen schützt, hält man trotzdem für schlecht.

Frau und Mann ergänzen sich. Einzeln für sich sind sie kraftlos.

Der Prophet des Islam hat gesagt, dass das Paradies unter den Füßen der Mütter ist. Könnte man Frauen noch mehr schätzen?

Im Diesseits kann man kein Paradies finden.

„Also macht Allah euch Seine Gebote klar, dass ihr begreifen möget." (Koran, 2,242)

[1] Übersetzt nach: Yksinhuoltajan Elämänhallinnan Opas (Lebenshandbuch für alleinerziehende Eltern), Eeva Gottberg-Heljä Sairisalo, Helsinki, 1994, S. 9.

[2] Das **Evangelium nach Thomas** ist eine Sammlung von Aussagen Jesu, die unabhängig von den kanonischen Evangelien ist. Die ältesten bekannten handschriftlichen Kopien sind aus dem zweiten Jahrhundert. Man fand sie in Nag Hammad, Ägypten im Jahr 1945. In den Anfangszeiten des Christentums versuchte man, ebenso wie das Evangelium nach Thomas auch alle Kopien des Evangeliums nach Philippus und des Evangeliums der Wahrheit zu vernichten.

6. VERBOTE, BESTRAFUNG UND VERGEBUNG

6.1 Terrorismus

„(...) Und tötet euch nicht selber. (...)" (Koran, 4,29)

„Und tötet nicht das Leben, das Allah unverletzlich gemacht hat, (...)." (Koran, 17,33)

Der Koran verbietet das Töten von Menschen ohne Verurteilung.

„(...) 'Hast du einen unschuldigen Menschen erschlagen, ohne dass (er) einen andern (erschlagen)?' Fürwahr, du hast etwas Entsetzliches getan!'" (Koran, 18,74)

„Aus diesem Grunde haben Wir den Kindern Israels verordnet, dass wenn jemand einen Menschen tötet - es sei denn für (Mord) an einem andern oder für Gewalttat im Land -, so soll es sein, als hatte er die ganze Menschheit getötet; (...)" (Koran, 5,32)

„Jene Wohnstatt im Jenseits! Wir geben sie denen, die weder Selbsterhöhung auf Erden begehren noch irgendeine Verderbnis. Und der Ausgang ist für die Rechtschaffenen." (Koran, 28,83)

Nach dem Koran könnte jemand, der sich der Blutrache schuldig gemacht hat, freigelassen werden:

„*Und tötet nicht das Leben, das Allah unverletzlich gemacht hat, es sei denn mit Recht. Und wer da freventlich getötet wird,* **dessen Erben haben Wir gewiss Ermächtigung gegeben** *(Sühne zu fordern); doch soll er bei der Tötung die (vorgeschriebenen) Grenzen nicht überschreiten, denn er findet Hilfe (im Gesetz).*" *(Koran, 17,33)*

„*Und wenn ihr (die Unterdrücker) zu strafen (wünscht), dann bestraft (sie) in dem Maße, wie euch Unrecht zugefügt wurde; wollt ihr aber Geduld zeigen, dann ist das wahrlich das Beste für die Geduldigen.*" *(Koran, 16,126)*

Wenn die Familie eines Ermordeten vergibt, wird auch ein Mörder freigesprochen! Wenn jemand zum Beispiel Ihr Kind ermorden würde, hätten Sie das Recht, dem islamischen Staat zu sagen: „*Töten wir den Mörder.*" Es würde also die Todesstrafe verhängt! Und der islamische Staat würde tun, was Sie wünschen. Wenn Sie hingegen sagen würden: „*Wir wollen nicht, dass der Mörder getötet wird, wir vergeben ihm.*" Dann würde der islamische Staat den Mörder befreien. Denn der Staat hätte in dieser Angelegenheit nichts mehr zu sagen. Niemand mischt sich in diese Angelegenheiten ein. Wenn man Ihr Kind oder einen Ihrer Verwandten töten würde, würden Sie entscheiden, ob der Mörder zur Todesstrafe verurteilt oder ob er freigelassen werden würde. Dann würde man es Gott im Jenseits überlassen, den Mörder zu bestrafen. Der Mörder kann den Verwandten als Wiedergutmachung Geld bezahlen. Aber er ist frei und muss auch nicht ins Gefängnis.

Es kann sein, dass auch Gott den Mörder begnadigt:

> *„Allahs Vergebung ist nur für jene, die unwissentlich Böses tun und bald darauf Reue zeigen. Solchen wendet Sich Allah erbarmend zu; (...)" (Koran, 4,17)*

Der Koran spricht den Mörder frei, wenn die Verwandten der ermordeten Person ihm vergeben: *„**dessen Erben haben Wir gewiss Ermächtigung gegeben (Sühne zu fordern);**" (Koran, 17,33).*

Ein Mörder kann schon am nächsten Tag frei sein. Vielleicht dient er der Menschheit, und Gott begnadigt ihn, und so lebt er auch nicht im Gefängnis auf Steuerkosten der Menschen! Er dient weiterhin dem Volk.

Ist das heutige System oder das des Korans besser?

In den Gefängnissen der USA sind 2,1 Millionen Menschen eingesperrt! Wenn man die Menschen lehrt, wie Gott ist und wie sein System funktioniert, würden sie sich vorsichtig verhalten und friedliche Menschen sein. Man bräuchte nicht überall Polizei und Wächter, denn ein gläubiger Mensch weiß, dass Gott sieht, was wir tun:

> *„Für ihn (den Gesandten) ist eine Schar (von Engeln) vor ihm und hinter ihm; sie behüten ihn auf Allahs Geheiß. (...)" (Koran, 13,11)*

> *„Keine Seele gibt es, die nicht einen Wächter über sich hätte." (Koran, 86,4)*

> *„(...) Wahrlich, Allah sieht alles, was ihr tut." (Koran, 2,110)*

Und im jenseitigen Leben zieht Gott Bilanz:

„Und alles, was sie getan haben, steht in den Büchern. Und alles Kleine und Große ist niedergeschrieben." (Koran, 54,52-53)

Und wieder frage ich: Ist das heutige System oder das des Korans besser?

„Dann bringt euer Buch herbei, wenn ihr wahrhaftig seid." (Koran, 37,157)

„Wer das Rechte tut, der tut es für seine eigene Seele, und wer Unrecht tut, der tut es wider sie. Zuletzt werdet ihr zu eurem Herrn zurückgebracht werden." (Koran, 45,15)

Im Koran wird nirgends erwähnt (wie das sonst so oft geglaubt wird), dass einem Mann als Belohnung im Paradies 72 Jungfrauen versprochen werden.
    Adam und Eva wurden aus dem Paradies verjagt, nachdem sie eine Sünde begangen hatten.
    Im Paradies ist ein Leben in der Ehe erlaubt, aber wir wissen nicht genau, wie es sein wird.
    Woher kommt dann der Glaube von einem Versprechen über 72 Jungfrauen? Meiner Meinung nach stammt es vom falschen Paradies des Hassan Sabbah. In diesem Paradies gab es Spirituosen, Drogen und nackte Frauen.
    Hassan Sabbah (gest. 1124) siedelte sich mit seinen Anhängern auf der Gebirgsfestung von Alamut an und sandte von dort Strafexpeditionen gegen die Machthaber. Bevor die Leute loszogen, berauschte er seine Männer immer mit indischem Hanf, und die Männer tranken Wein und wurden ins falsche Paradies gebracht, wo sie mit vielen jungen nackten Frauen zusammen waren. Als sie erwachten, glaubten sie, im Paradies zu sein. Und wenn dann Hassan Sabbah den Befehl

gab, töteten sie jeden. Sie wollten sofort sterben und wieder in das Paradies von Hassan Sabbah gelangen. Hassan sagte ihnen, dass sie ein gleichartiges Paradies erwarten würde, wenn sie seine Befehle befolgten. Die Könige und Fürsten fürchteten ihn. Seine Waffen waren Furcht, Hass und Mord. Sie ermordeten Feldherren, Staatsführer, usw.

Ihr Name, Hashashin oder Assissini, bedeutet auch Attentäter.

Hassan Sabbah war ein ismailitischer Mann (schiitische Sekte)! Aber der Geschichte nach war er selbst nicht gläubig! Er gebrauchte den Glauben, um seine eigene Ideologie durchzusetzen! Im Jahre 1256 zerschlugen die Mongolen seine Organisation. Aber die Ideen über das falsche Paradies blieben bis heute am Leben!

Die Zahl 72 kommt von den 72 Völkern (Millet). Laut einer Geschichte aus früheren Zeiten gab es 72 Völker auf der Welt. Der Geschichte nach nahm man von jedem Volk eine Jungfrau! Das ist eine von Menschen erfundene Geschichte, denn im Paradies kennt man keine unterschiedlichen Stämme oder Völker.

Die finnischen Medien (und die der gesamten Welt) bringen immer wieder die Geschichte von den 72 Jungfrauen des Islam vor. Sie kommt im Koran jedoch nicht vor.

Laut Geschichte wurde vor dem Islam in den arabischen Ländern aus einer ‚HALVA' (Anm.orientalisches Dessert) ein Abgott gemacht, zuerst wurde gebetet und nachdem der Hunger gekommen war, wurden die Abgötter also HALVA gegessen.

Heutzutage setzen die USA (und andere Länder) Herrscher ein, die ihnen dienen, und wenn sich die Zeit ändert, werden sie „gefressen", so wie man das auch mit den Taliban, mit Ladin, mit Saddam und Norega geschehen ist. Wir wissen, dass Saddam, Ladin und Norega der CIA dienten. Auch die Taliban kamen mit Hilfe der CIA an die Macht!

Massenmord an unschuldigen Menschen (das Töten von Kindern und Frauen) kommt im Alten Testament vor:

> *"Sie zogen gegen Midian zu Feld, wie der Herr es Mose befohlen hatte, und brachten alle männlichen Personen um. (...) Die Frauen von Midian und deren kleine Kinder nahmen die Israeliten als Gefangene mit. Das ganze Vieh und der reiche Besitz der Midianiter wurde ihre Beute. (...) Mose aber geriet in Zorn über die Befehlshaber, die Hauptleute der Tausendschaften und die Hauptleute der Hundertschaften, die von dem Kriegszug zurückkamen. Er sagte zu ihnen: **Warum habt ihr alle Frauen am Leben gelassen? (...) Nun bringt alle männlichen Kinder um und ebenso alle Frauen, die noch nicht mit einem Mann geschlafen haben, lasst für euch am Leben!**" (Bibel, Num 31,7-18)*

Meiner Meinung nach konnte der große Prophet Moses keinen derartigen Befehl, Kinder und Frauen zu töten, geben! Aber so steht es in der Bibel.

> *"Damals eroberten wir alle seine Städte. Wir weihten die ganze männliche Bevölkerung, die Frauen, die Kinder und die Greise der Vernichtung; keinen ließen wir überleben."* (Bibel, Dtn 2,34)

> *"Wir weihten sie der Vernichtung, wie wir es mit Sihon, dem König von Heschbon, getan hatten. Wir weihten die ganze männliche Bevölkerung und die Frauen, Kinder und Greise der Vernichtung."* (Bibel, Dtn 3,6)

Der Koran befiehlt, Kriegsgefangene freizulassen! Der Koran kennt keinen Massenmord und auch nicht das Töten von Unschuldigen.

Die Kriegsgefangenen eines Krieges müssen nach dem Krieg freigelassen werden:

"Wenn ihr (in der Schlacht) auf die stoßet, die ungläubig sind, trefft (ihre) Nacken; und wenn ihr sie so überwältigt habt, dann schnüret die Bande fest. Hernach dann entweder Gnade oder Lösegeld, bis der Krieg seine Waffen niederlegt." (Koran, 47,4)

Heutzutage erfahren wir durch die Medien, was die USA mit den irakischen Kriegsgefangenen tun! Wir sind im 21. Jahrhundert. Im 7. Jahrhundert sagte der Koran bereits:

"(...) Trefft (ihre) Nacken; und wenn ihr sie so überwältigt habt, dann schnüret die Bande fest. Hernach dann entweder Gnade oder Lösegeld, bis der Krieg seine Waffen niederlegt." (Koran, 47,4)

"Und schmähet nicht die, welche sie statt Allah anrufen, sonst würden sie aus Groll Allah schmähen ohne Wissen. (...)" (Koran, 6,108)

In Afghanistan wurden Buddha-Statuen von den Taliban zerstört. Laut Koran (6,108) ist es falsch, denn auf der Welt wurde nach diesem Vorfall schlecht über den Islam gesprochen.

Der Islam ist ein Glaube des Friedens!

Ein Terrorist ist ein Terrorist.

Terrorismus und Islam dürfen nicht miteinander verbunden werden.

Der Terrorismus dient nicht dem Islam, sondern er ist schädlich für den Islam.
Der Islam hat nichts mit Terrorismus zu tun.

„Sollen Wir etwa diejenigen, die glauben und gute Werke üben, gleich behandeln wie die, die Verderben auf Erden stiften? Sollen Wir die Gerechten behandeln wie die Ungerechten?" (Koran, 38,28)

6.2 Ehrenmord

> *„Und ebenso sandten Wir keinen Warner vor dir in irgendeine Stadt, ohne dass die Reichen darin gesprochen hätten: 'Wir fanden unsere Väter auf einem Weg, und wir treten in ihre Fußstapfen.' (Ihr Warner) sprach: 'Wie! auch wenn ich euch eine bessere Führung bringe als die, bei deren Befolgung ihr eure Väter fandet?' Sie sprachen: 'Wir leugnen das, womit ihr gesandt seid.'" (Koran, 43,23-24)*

Im Koran wird Ehrenmord nicht erwähnt. Ehrenmord ist eine alte Tradition, die es schon vor der Offenbarung des Korans gab.

Der Koran möchte, dass die Menschen heidnische Bräuche aufgeben und stattdessen den Koran und seine Anweisungen befolgen.

Zu Anfang brachten die Menschen die Anweisungen des Korans und die alten Bräuche durcheinander, aber mit der Zeit gewannen die reinen Anweisungen des Korans, und es entstand eine islamische Gesellschaft.

Im Islam ist ein volljähriger Mensch vor Gott alleine für seine Taten und für sich verantwortlich. Am Tag des Jüngsten Gerichts ist jeder Erwachsene für seine guten und für seine schlechten Taten verantwortlich. Nicht einmal die Eltern können dann ihren Kindern helfen, und auch die Kinder sind nicht verantwortlich für die Taten der Erwachsenen.

Lesen Sie die Verse des Korans und überlegen Sie:

> *„**Weder eure Bande der Blutsverwandtschaft noch eure Kinder** werden euch am Tage der Auferstehung im geringsten nützen. (...)" (Koran, 60,3)*

„*Und keine Lasttragende kann die Last einer andern tragen; und wenn eine Schwerbeladene um (Erleichterung) ihrer Last ruft, **nichts** davon soll getragen werden, **und wäre es auch ein Verwandter**. (Anm.: Ablehnung der Doktrin einer Erbsünde; gleichzeitig Ablehnung der Vorstellung von einer Erlösung durch den Opfertod eines anderen.). (...)*" (Koran, 35,18)

„*Der Tag der Entscheidung ist die festgesetzte Zeit für sie alle, Der Tag, an dem der Freund dem Freunde nichts nützen kann, noch sollen sie Hilfe finden, Die ausgenommen, deren Allah Sich erbarmt; denn Er ist der Allmächtige, der Barmherzige. (...)*" (Koran, 44,40-42)

„*(...) **Und keine Seele wirkt, es sei denn gegen sich selbst, und keine Lasttragende trägt die Last einer anderen**. Zu eurem Herrn dann ist eure Heimkehr, und Er wird euch über das belehren, worüber ihr uneins wart.*" (Koran, 6,164)

„*Und fürchtet den Tag, da keine Seele als Stellvertreterin dienen soll für eine andere Seele, noch soll Lösegeld von ihr genommen werden, noch Fürbitte ihr frommen; und sie sollen nicht Hilfe finden.*" (Koran, 2,123)

„*Und die Ungläubigen sprechen zu denen, die glauben: 'Folget unserem Weg, so wollen wir eure Sünden tragen.' **Sie können doch nichts tragen von ihren Sünden**. Sie sind gewisslich Lügner.*" (Koran, 29,12)

Im Islam gibt es keinen Zwang, was den Glauben betrifft (Koran, 2,256), sondern jeder Mensch mit Verstand darf wählen, ob er sich für den Islam als seinen eigenen Glauben entscheidet.

> *„O die ihr glaubt! Wacht über euch selbst. (...)"*
> *(Koran, 5,105)*

Abraham überzeugte seinen Vater nicht vom Glauben Gottes. Auch Noah schaffte es nicht, andere zu bekehren. Als Noah versuchte, seinen Sohn vor der Überschwemmung zu retten, verbat ihm Gott, ihm zu helfen:

> *„Dass Abraham für seinen Vater um Verzeihung bat, war nur wegen eines Versprechens, das er ihm gegeben hatte, doch als ihm klar wurde, dass jener ein Feind Allahs sei, sagte er sich von ihm los. Abraham war doch gewiss zärtlichen Herzens, sanftmütig." (Koran, 9,114)*

> *„Sie fuhr einher mit ihnen über Wogen gleich Bergen und Noah rief zu seinem Sohn, der sich abseits hielt: 'O mein Sohn, steig mit uns ein und bleibe nicht mit den Ungläubigen!' Er antwortete: 'Ich will mich sogleich auf einen Berg begeben, der mich vor dem Wasser schützen wird.' Er sprach: 'Keinen Schutz heute vor Allahs Befehl, es sei denn (für) jene, deren Er Sich erbarmt.' Und die Woge brach herein zwischen die beiden, so war er unter denen, die ertranken." (Koran, 11,42-43)*

> *„Und Noah rief zu seinem Herrn und sprach: 'Mein Herr, mein Sohn gehört zu meiner Familie, und Dein Versprechen ist doch wahr, und Du bist der gerechteste*

Richter.' Er sprach: 'O Noah, er gehört nicht zu deiner Familie; er ist sündhaften Betragens. So frage Mich nicht nach dem, wovon du keine Kenntnis hast. Ich ermahne dich, damit du nicht der Toren einer werdest.' Er sprach: 'Mein Herr, ich suche Deinen Schutz davor, dass ich Dich nach dem frage, wovon ich keine Kenntnis habe. Und wenn Du mir nicht verzeihst und Dich meiner erbarmst, so werde ich unter den Verlorenen sein.'" (Koran, 11,45-47)

„Es kommt dem Propheten und den Gläubigen nicht zu, dass sie (von Gott) für die Götzendiener Verzeihung erflehen sollten, und wären es selbst ihre nächsten Angehörigen, nachdem ihnen deutlich kund geworden, dass jene der Hölle Bewohner sind." (Koran, 9,113)

„Wir haben den Menschen in diesem Koran allerlei Gleichnisse aufgestellt, damit sie ermahnt sein möchten." (Koran, 39,27)

„Keineswegs! wahrlich, dies (Anm.: der Koran) ist eine Ermahnung. So möge, wer da will, ihrer gedenken." (Koran, 74,54-55)

Ein volljähriger Mensch kann sich seine Gattin/seinen Gatten selbst aussuchen, ohne bei der Auswahl auf die Eltern hören zu müssen.

Volljährigkeit bedeutet, dass eine Person ganz nach ihrem Willen handeln darf.

Die Ehe ist eine Vereinbarung zwischen zwei Menschen.

Die Ehe wird im Beisein von zwei Zeugen geschlossen. Während der Eheschließung gibt der Mann das Versprechen für das Brautgeld (Mehir). Der Vertrag wird schriftlich festgelegt und von allen Parteien unterschrieben (siehe Kapitel Ehe).

Gemäß dem Islam kann eine volljährige Frau ihren Gatten selbst wählen.

Im Koran gibt es bestimmte Vorschriften, was annehmbare Ehepartner betrifft (siehe Kapitel „Ehe"). Ehen sind unter diesen Einschränkungen möglich.

Die Eltern (oder Verwandten) dürfen sich nicht in die Wahl des Ehepartners, die ihre Kinder treffen, einmischen. Sie dürfen von ihnen nichts verlangen oder gar mit „Ehrenmord" drohen.

Falls jemand einen „Ehrenmord" begeht, ist das laut Koran ein gewöhnlicher Mord. Der Täter ist ein Mörder und auf dem Weg in die Hölle.

Die Erziehungspflicht der Eltern endet, wenn die Kinder volljährig sind. Wenn das Kind nach wie vor den Willen seiner Eltern respektieren will, darf es das tun.

Wir sind unseren Eltern dankbar (Koran, 31,14) und helfen ihnen! Ein Mann ernährt sie außerdem!

Laut Koran darf eine einzelne Person keinen anderen Menschen verurteilen. Das Recht, ein Urteil zu fällen, hat die Gesellschaft (zum Beispiel der Staat). Die Gesellschaft verhängt Strafen für Verbrechen.

Im Koran finden sich Anweisungen für die Bestrafung verschiedener Taten.

Im Koran steht geschrieben, dass Angehörige eines Mordopfers dem Täter vergeben und ihn freilassen dürfen. Gott verhängt seine Strafe am Tag des Jüngsten Gerichts – so gesehen ist der Begriff des „Ehrenmords" völlig falsch: **Wenn man sogar einem Mörder vergeben kann, warum sollte man dann ein Kind aufgrund seiner Wahl des Ehepartners töten?**

Wenn ein Muslim die Vorschriften seines Glaubens bricht, ist das nicht die Schuld des Korans.

Des Vergleichs willen soll festgestellt werden, dass in Finnland jährlich rund 90.000 Gewalttaten gegen Frauen begangen werden, obwohl dies gesetzlich verboten ist. Das ist nicht die Schuld des Staats und auch nicht des Gesetzes, sondern die Schuld der Menschen.

Ehrenmord kann man aber dennoch in der Bibel finden. Es ist eine alte aramäische Tradition:

*„Wer seinen Vater oder seine Mutter verflucht, wird **mit dem Tod** bestraft."* *(Bibel, Ex 21,17)*

*„Wenn ein Mann einen störrischen und widerspenstigen Sohn hat, der nicht auf die Stimme seines Vaters und seiner Mutter hört, und wenn sie ihn züchtigen und er trotzdem nicht auf sie hört, dann sollen Vater und Mutter ihn packen, vor die Ältesten der Stadt und die Torversammlung des Ortes führen und zu den Ältesten der Stadt sagen: Unser Sohn hier ist störrisch und widerspenstig, er hört nicht auf unsere Stimme, er ist ein Verschwender und Trinker. **Dann sollen alle Männer der Stadt ihn steinigen, und er soll sterben.** Du sollst das Böse aus deiner Mitte wegschaffen. Ganz Israel soll davon hören, damit sie sich fürchten."* *(Bibel, Dtn 21,18-21)*

„Er (Anm.: Jesus) entgegnete ihnen: Warum missachtet denn ihr Gottes Gebot um eurer Überlieferung willen? Gott hat gesagt: Ehre Vater und Mutter!, und: Wer Vater oder Mutter verflucht, soll mit dem Tod bestraft werden." *(Bibel, Mt 15,3-4)*

*„Wenn sich die Tochter eines Priesters als Dirne entweiht, so entweiht sie ihren Vater; **sie soll im Feuer verbrannt werden.**"* *(Bibel, Lev 21,9)*

*„Nach etwa drei Monaten meldete man Juda: Deine Schwiegertochter Tamar hat Unzucht getrieben und ist davon schwanger. Da sagte Juda: Führt sie hinaus! Sie soll **verbrannt** werden."* (Bibel, Gen 38,24)

*„Wenn ein unberührtes Mädchen mit einem Mann verlobt ist und ein anderer Mann ihr in der Stadt begegnet und sich mit ihr hinlegt, dann sollt ihr beide zum Tor dieser Stadt führen. Ihr sollt sie **steinigen** und sie sollen sterben, das Mädchen, weil es in der Stadt nicht um Hilfe geschrieen hat, und der Mann, weil er sich die Frau eines andern gefügig gemacht hat. Du sollst das Böse aus deiner Mitte wegschaffen."* (Bibel, Dtn 22,23-24)

„Wenn ein Mann einem unberührten Mädchen, das noch nicht verlobt ist, begegnet, sie packt und sich mit ihr hinlegt und sie ertappt werden, soll der Mann, der bei ihr gelegen hat, dem Vater des Mädchens fünfzig Silberschekel zahlen und sie soll seine Frau werden, weil er sie sich gefügig gemacht hat. Er darf sie niemals entlassen." (Bibel, Dtn 22,28-29)

„Wenn jemand ein noch nicht verlobtes Mädchen verführt und bei ihm schläft, dann soll er das Brautgeld zahlen und sie zur Frau nehmen. Weigert sich aber ihr Vater, sie ihm zu geben, dann hat er ihm so viel zu zahlen, wie der Brautpreis für eine Jungfrau beträgt." (Bibel, Ex 22,15-16)

Die Bibel verbietet die Ehe mit Andersgläubigen:

„(...) Du sollst keinen Vertrag mit ihnen schließen, sie nicht verschonen und dich nicht mit ihnen

verschwägern. Deine Tochter gib nicht seinem Sohn und nimm seine Tochter nicht für deinen Sohn!" (Bibel, Dtn 7,2-3)

„Hüte dich, einen Bund mit den Bewohnern des Landes zu schließen. Sonst werden sie dich einladen, wenn sie mit ihren Göttern Unzucht treiben und ihren Gütern Schlachtopfer darbringen, und du wirst von ihren Schlachtopfern essen. Du wirst von ihren Töchtern für deine Söhne Frauen nehmen; sie werden mit ihren Göttern Unzucht treiben und auch deine Söhne zur Unzucht mit ihren Göttern verführen." (Bibel, Ex 34,15-16)

Aber der Koran sagt:

„Heute sind euch alle guten Dinge erlaubt. Und die Speise derer, denen die Schrift gegeben wurde, ist euch erlaubt, wie auch eure Speise ihnen erlaubt ist (Anm.: D.h. im Prinzip ist alles, was nicht ausdrücklich verboten wurde, erlaubt.). Und keusche Frauen der Gläubigen und keusche Frauen derer, denen vor euch die Schrift gegeben wurde, wenn ihr ihnen ihre Morgengabe gebt, nur in richtiger Ehe und nicht in Unzucht, noch dass ihr heimlich Buhlweiber nehmt. Und wer den Glauben verleugnet, dessen Werk ist sonder Zweifel zunichte geworden, und im Jenseits wird er unter den Verlierenden sein." (Koran, 5,5)

Wenn man sehr geradlinig denkt, dann nimmt man an, dass auch im Koran von Ehrenmord die Rede sein sollte, denn darüber wird ja auch in der Bibel geschrieben! Aber über Ehrenmord wird im Koran, dem Grundgesetz des Islam, nichts geschrieben. Ehrenmord ist vielmehr eine Tradition aus der

Zeit alter Kulturen! Auch heute noch werden sie in vielen Gebieten begangen. Im Koran hingegen gibt es eine neue Verbindung zu Gott. Ehrenmord entspricht nicht den Lehren des Korans!

Im Judentum stellt ein volljähriges Mädchen ihrem Vater seine Wahl (also den Ehegatten) vor, und der Vater organisiert ganz nach Tradition die Hochzeit.

Muslime, Christen und Juden, die in den gleichen Gesellschaften leben, haben sich untereinander kulturell beeinflusst. Dies geschieht noch immer in den Gebieten des Nahen Ostens, wo verschiedene Traditionen berücksichtigt werden.

> *„Nein, sie sprechen: ‚Wir fanden unsere Väter auf einem Weg und wir lassen uns durch ihre Fußstapfen leiten.' Und ebenso sandten Wir keinen Warner vor dir in irgendeine Stadt, ohne dass die Reichen darin gesprochen hätten: 'Wir fanden unsere Väter auf einem Weg, und wir treten in ihre Fußstapfen.' (Ihr Warner) sprach: 'Wie! auch wenn ich euch eine bessere Führung bringe als die, bei deren Befolgung ihr eure Väter fandet?' Sie sprachen: 'Wir leugnen das, womit ihr gesandt seid.'"* (Koran, 43,22-24)

Auf diese Weise haben sich solche Gebräuche in einigen islamischen Sekten eingenistet. Zum Beispiel muss ein Mädchen in der Shafi-Sekte von seinen Eltern die Erlaubnis zur Ehe bekommen, aber die größte Sekte des Islam, Hanefi, kennt keine derartigen Anweisungen.

Dem Islam nach ist es ein guter Brauch, wenn Kinder Respekt gegenüber ihren Eltern zeigen; ebenso ist es ein guter Brauch, wenn Eltern ihren Kindern helfen. Gegenseitige Toleranz und Freigebigkeit sind für beide Parteien von Vorteil, aber nicht verpflichtend.

Nun will ich das Buch „Du fehlst mir, meine Schwester" von der bekannten jordanischen Schriftstellerin **Norma Khouri**[2] betrachten und kommentieren:

Norma Khouri ist ein katholisches Mädchen aus Jordanien. Ihre muslimische Freundin wurde Opfer eines Ehrenmordes, denn sie hatte einen heimlichen Geliebten, Michael, einen katholischen jungen Mann.
Norma Khouri hat ein Buch darüber geschrieben.[*]

NK: „[...] weil sie einen harmlosen Verstoß gegen die Tradition der Beduinen beging." (S. 5)

„Deren brutale, primitive Regeln bestimmen auch heute noch das Handeln der Männer. Hinter der westlichen Fassade sind sie alle noch Araber." (S. 6)

„Unsere Eltern woben die Vorstellung in unseren Alltag, dass alle Männer allen Frauen überlegen sind. Wir wurden nicht mit Peitschen und Ketten in die Sklaverei geknechtet, uns fesselten die Lehren jahrhundertealter Traditionen." (S. 29)

YY: Es ist nicht nur die Tradition der Beduinen, sondern auch ein Befehl des Alten Testaments, wie ich vorher schon erzählte. Es ist auch eine aramäische Tradition!
Die katholische Norma denkt:

---

[2] (**NK** = Norma Khouri und **YY** = Yakup Yilmaz, also ich, der Verfasser dieses Buches)
[*] Norma Khouri: Du fehlst mir, meine Schwester. Hamburg: Rowohlt 2003

„Ich könnte mir durchaus vorstellen, dass sich meine Brüder darum reißen würden, den ersten Stein auf mich zu werfen." (S.41)

„Wenn ich je eine Romanze mit einem Moslem gehabt hätte, hätte er (Anm.: Khouris Vater) vielleicht nicht selbst Faust oder Messer erhoben, aber er wäre sicher die treibende Kraft hinter der Gewalttätigkeit meiner Brüder gewesen." (S.43)

„ [...] Michael bei Dahlias Vater um ihre Hand angehalten hätte, wenn, ja wenn die beiden derselben Religion angehört hätten. Dann hätten sie Gelegenheit gehabt, einander bei gegenseitigen Besuchen, natürlich immer unter Aufsicht, kennen zu lernen." (S.60)

„ 'Sie ist Moslemin und du (Anm.: Michael) bist katholisch.'" (S.61)

YY: Norma Khouri sagt nicht die Wahrheit über den Koran und den Propheten Mohammed. Sie sagt zum Beispiel: *Dem Koran nach muss man dem Mann vergeben, die Frau gehört aber bestraft! (siehe S. 75)*
Der Koran sieht für beide eine Strafe vor, falls jemand Hurerei treibt und sich dafür vier Zeugen finden (siehe Kapitel „Keine Steinigung")!

NK: *„[...] sind Ehrenmorde in die arabische Kultur eingegangen und werden sowohl von arabischen Christen als auch von Moslems vollzogen, sodass sowohl Dahlia als auch ich in großer Gefahr schwebten. In der arabischen Kultur ist der Ruf der*

> *gesamten Familie quasi identisch mit dem Ruf der weiblichen Familienmitglieder." (S.77)*

YY: Jetzt sagt sie, dass auch Christen Ehrenmorde begehen!

> **NK:** *„Dahlia beispielsweise durfte niemals mit ihrem Vater und ihren Brüdern zusammen essen." (S. 85)*

YY: In der Türkei essen wir gemeinsam! Auch wir sind Muslime. Das hat nichts mit dem Glauben zu tun, sondern es ist eine Frage der Tradition.

> **NK:** *„ 'Mein Vater und meine Brüder sind genau wie deine. Wenn man sie fragt, haben Frauen kein Gehirn, und auf keinen Fall dürfen wir eine eigene Meinung haben. [...]'" (S.115)*

YY: Norma Khouri, geben Sie zu, dass das auch die Meinung eines christlichen Mannes sein kann!

> **NK:** *„Im Koran ebenso wie in der Bibel findet man unzählige Geschichten von Frauen, die gesteinigt und getötet wurden, weil sie die Ehre ihrer männlichen Herrscher infrage stellten." (S. 169)*

YY: In der Bibel gibt es die Steinigung, aber im Koran nicht. Norma Khouri schreibt Falsches über den Koran! Unwissend!

> **NK:** *„Die Bewohner des Mittleren Ostens, die Shi'iten und Sunniten, aber auch die verschiedenen christlichen Sekten, die es heutzutage dort gibt, glauben immer noch an die alles überragende Wichtigkeit der Ehre eines Mannes. Und so kann praktisch alles, was eine Frau tut, als respektlos den Männern und dem traditionellen*

Lebensweg gegenüber gedeutet werden und einen Ehrenmord verlangen." (S. 169)

Als Dahlia ermordet wurde, sagte der **katholische Vater von Norma zu ihr:**

> **NK:** *„Er (Anm.: Khouris Vater) kam auf mich zu und schrie wütend: ‚Dahlia hat alles falsch gemacht! Sie hat ihre Familie entehrt, indem sie sich mit einem Mann herumtrieb. Sie war eine Hure! Und dafür hat sie das Schicksal einer Hure erlitten! Glaubst du, es besser zu wissen als ihr eigener Vater? Und jetzt will ich von dir erfahren, ob du etwas wusstest von diesem Betrug an ihrer Familie und ihrem Heim!'" (S. 176)*

YY: Wenn Norma mit der Sache zu tun gehabt hätte, hätte sich ihr katholischer Vater genauso verhalten wie Dahlias Vater, und Norma wäre ebenfalls der Ehre wegen ermordet worden!

> **NK:** *„Man sagt, dass die Vorstellung, ein Mord könne die Ehre der Familie retten, in Jordanien und bei den Palästinensern am weitesten verbreitet sei." (S. 231)*

> *„Die bloße Vermutung, dass eine Frau ihre Jungfräulichkeit verloren hat, kann sie das Leben kosten." (S. 231)*

YY: Das stammt aus der Bibel:

> *„Wenn ein Mann eine Frau geheiratet und mit ihr Verkehr gehabt hat, sie aber später nicht mehr liebt und ihr Anrüchiges vorwirft, sie in Verruf bringt und behauptet: Diese Frau habe ich geheiratet, aber als ich mich ihr näherte, entdeckte ich, dass sie nicht mehr*

*unberührt war!, wenn Vater und Mutter des Mädchens dann das Beweisstück ihrer Unberührtheit holen und zu den Ältesten der Stadt ans Tor bringen und der Vater des Mädchens den Ältesten erklärt: Ich habe diesem Mann meine Tochter zur Frau gegeben, aber er liebt sie nicht mehr, ja er wirft ihr jetzt Anrüchiges vor, indem er sagt: Ich habe entdeckt, dass deine Tochter nicht mehr unberührt war!; aber hier ist das Beweisstück für die Unberührtheit meiner Tochter!, und wenn sie das Gewand (aus der Hochzeitsnacht) vor den Ältesten der Stadt ausbreiten, dann sollen die Ältesten dieser Stadt den Mann packen und züchtigen lassen. Sie sollen ihm eine Geldbuße von hundert Silberschekel auferlegen und sie dem Vater des Mädchens übergeben, weil der Mann eine unberührte Israelitin in Verruf gebracht hat. Sie soll seine Frau bleiben. Er darf sie niemals entlassen. Wenn der Vorwurf aber zutrifft, wenn sich keine Beweisstücke für die Unberührtheit des Mädchens beibringen lassen, **soll man das Mädchen hinausführen und vor die Tür ihres Vaterhauses bringen. Dann sollen die Männer ihrer Stadt sie steinigen, und sie soll sterben, denn sie hat eine Schandtat in Israel begangen, indem sie in ihrem Vaterhaus Unzucht trieb. (...)"* (Bibel, Dtn 22,13-21)

YY: Auch heutzutage ist im katholischen Glauben laut dem Vatikan die Unberührtheit einer Frau wichtig. Wenn die Frau keine Jungfrau mehr ist, kann sie vor der Ehe eine Operation durchführen lassen, sodass sie wieder ihre Unschuld erhält. In den katholischen Ländern gibt es mehrere Kliniken, in denen diese Operationen durchgeführt werden. Natürlich ist die mit dieser Operation bekommene Unschuld nicht echt. Aber nach katholischem Glauben muss die Frau bei der Eheschließung Jungfrau sein.

NK: *„Natürlich bewies die Obduktion, dass sie (Anm.: Dahlia) noch Jungfrau gewesen war, [...]"* (S. 231)

YY: Das Gebot des Korans ist folgendes:

*„Und diejenigen, die züchtige Frauen verleumden, jedoch nicht vier Zeugen beibringen - geißelt sie mit **achtzig** Streichen und lasset ihre Aussage niemals gelten, **denn sie sind es, die ruchlose Frevler sind,"** (Koran, 24,4)*

NK: *„Heute noch können christliche Frauen ebenso schnell wie Mosleminnen getötet werden, wenn sie ihre Familie ‚entehren'."* (S.232)

„1998 schätze die UN konservativ, dass über 5000 Frauen jährlich aus Ehrengründen getötet werden, davon 1000 in Pakistan und Afghanistan, etwa 400 im Jemen, 50 im Libanon, 1000 in Ägypten und der Rest, etwa 2550, in der West Bank, dem Gaza-Streifen und Jordanien." (S. 234)

YY: Die Ehrenmorde setzen sich also auf **aramäischem** Gebiet fort!
Wir finden also in Norma Khouris Buch etwas, das wahr ist. Norma Khouri kennt den Koran nicht, aber sie bestätigt, dass das Begehen von Ehrenmorden eine lange Tradition hat!
Wie Norma Khouri beschuldigen viele Menschen die Vorschriften des Korans, ohne ihn kennen zu lernen und zu lesen. Ehrenmord ist nicht nach den Lehren des Korans!

Jetzt betrachten wir weitere Mitteilungen der Bibel:

Die Mutter möchte, dass ihr Sohn das von ihr ausgesuchte Mädchen heiratet. Die gleiche Tradition setzt sich auch heute noch fort:

> *„Zu Isaak sagte Rebekka: Mein Leben ekelt mich wegen der Hethiterinnen. Wenn Jakob so eine Hethiterin, eine Einheimische, zur Frau nimmt, was liegt mir dann noch am Leben?" (Bibel, Gen 27,46)*

Auch der Vater sagte:

> *„Isaak rief Jakob, segnete ihn und befahl ihm: Nimm keine Kanaaniterin zur Frau!" (Bibel, Gen 28,1)*

Der Koran verbietet es, die eigene Tochter als Sklavin oder Ehefrau zu verkaufen, denn bei der Eheschließung bekommt das Mädchen selbst das Geld (siehe Kapitel „Ehe"). Der Brautpreis geht nicht an den Vater. Die gleiche Tradition gibt es auch heute noch auf gleichem Gebiet:

> *„Wenn einer seine Tochter als Sklavin verkauft hat, soll sie nicht wie andere Sklaven entlassen werden." (Bibel, Ex 21,7)*

> *„Jakob hatte Rahel lieb und so sagte er: Ich will dir um die jüngere Tochter Rahel sieben Jahre dienen." (Bibel, Gen 29,18)*

Zuerst muss die große Schwester verheiratet werden:

> *„Laban erwiderte: Es ist hierzulande nicht üblich, die Jüngere vor der Älteren zur Ehe zu geben." (Bibel, Gen 29,26)*

„Da sagte Juda zu Onan: Geh mit der Frau deines Bruders die Schwagerehe ein und verschaff deinem Bruder Nachkommen!" (Bibel, Gen 38,8)

Nachfolgend eine Geschichte aus der Bibel, die über Liebe und Ehrenmord erzählt:

„Dina, die Tochter, die Lea Jakob geboren hatte, ging aus, um sich die Töchter des Landes anzusehen. Sichem, der Sohn des Hiwiters Hamor, des Landesfürsten, erblickte sie; er ergriff sie, legte sich zu ihr und vergewaltigte sie. Er fasste Zuneigung zu Dina, der Tochter Jakobs, er liebte das Mädchen und redete ihm gut zu. Zu seinem Vater Hamor sagte Sichem: Nimm mir dieses Mädchen zur Frau! Jakob hörte, dass man seine Tochter Dina entehrt hatte. Seine Söhne waren gerade auf dem Feld bei seiner Herde, und so behielt Jakob die Sache für sich bis zu ihrer Rückkehr. Inzwischen kam Hamor, der Vater Sichems, zu Jakob heraus, um mit ihm darüber zu reden. Als Jakobs Söhne vom Feld kamen und davon erfuhren, empfanden sie das als Beleidigung und wurden sehr zornig; eine Schandtat hatte Sichem an Israel begangen, weil er der Tochter Jakobs beiwohnte; so etwas darf man nicht tun. Hamor redete mit ihnen und sagte: Mein Sohn Sichem hat zu eurer Tochter Zuneigung gefasst. Gebt sie ihm doch zur Frau! Verschwägern wir uns; gebt uns eure Töchter und nehmt die unseren! Ihr könnt euch bei uns ansiedeln, und das Land steht auch offen. Bleibt da, geht hier euren Geschäften nach und macht euch im Land ansässig! Sichem sagte zu Dinas Vater und zu ihren Brüdern: Finde ich euer Wohlwollen, dann will

ich geben, was ihr auch von mir verlangt. Legt mir ruhig ein sehr hohes Heiratsgeld und eine hohe Brautgabe auf! Ich will geben, was ihr von mir verlangt. Nur gebt mir das Mädchen zur Frau! Die Söhne Jakobs gaben Sichem und seinem Vater Hamor, als sie die Verhandlungen aufnahmen, eine hinterhältige Antwort, weil er ihre Schwester entehrt hatte. Sie sagten zu ihnen: Wir können uns nicht darauf einlassen, unsere Schwester einem Unbeschnittenen zu geben; denn das gilt bei uns als Schande. Nur unter der Bedingung gehen wir auf euren Vorschlag ein, dass ihr euch uns anpasst und alle männlichen Personen beschneiden lasst. Dann würden wir euch unsere Töchter geben und wir könnten eure Töchter nehmen; wir könnten mit euch zusammen wohnen und ein einziges Volk werden. Wollt ihr aber von der Beschneidung nichts wissen, so nehmen wir unsere Tochter zurück und ziehen fort. Hamor und sein Sohn Sichem waren mit ihrem Vorschlag einverstanden. Der junge Mann verlor keine Zeit, die Angelegenheit zu regeln; den er hatte die Tochter Jakobs lieb und er war der einflussreichste von allen im Hause seines Vaters. Hamor und sein Sohn Sichem gingen an das Tor ihrer Stadt und sprachen zu ihren Mitbürgern: Jene Leute sind uns friedlich gesinnt. Sie könnten sich im Land ansiedeln und ihren Geschäften nachgehen. Das Land hat ja nach allen Seiten Platz genug für sie. Wir könnten ihre Töchter zu Frauen nehmen und unsere Töchter ihnen geben. Allerdings wollen die Männer bloß unter der Bedingung auf unseren Vorschlag eingehen, mit uns zusammen zu wohnen und ein einziges Volk zu werden, dass sich bei uns alle Männer beschneiden lassen, so wie sie beschnitten sind. Ihre Herden, ihr Besitz, ihr Vieh, könnte das nicht alles uns gehören? Gehen wir also auf ihren Vorschlag ein, dann werden sie bei uns bleiben. Alle, die durch das Tor der Stadt ausziehen, hörten auf Hamor und seinen Sohn Sichem; und alle Männer, alle, die durch das Tor seiner Stadt ausziehen, ließen sich beschneiden. Am dritten Tag aber, als sie an Wundfieber litten, griffen zwei Söhne Jakobs, Simeon und Levi, die Brüder Dinas, zum Schwert, überfielen ungefährdet die Stadt und brachten alles Männliche um. Hamor und seinen Sohn Sichem machten sie mit dem Schwert nieder, holten Dina aus dem Hause Sichems und gingen davon. Dann machten sich die Söhne Jakobs über die Erschlagenen her und plünderten die Stadt, weil man ihre Schwester entehrt hatte. Ihre Schafe und Rinder, ihre Esel und was es sonst in der Stadt oder auf dem Feld gab, nahmen sie mit. Ihre ganze Habe, all ihre Kinder und Frauen führten sie fort und raubten alles, was sich in den Häusern fand. Jakob sagte darauf zu Simeon und Levi: Ihr stürzt mich ins Unglück. Ihr habt mich in Verruf gebracht bei den Bewohnern des Landes, den Kanaanitern und Perisitern. Meine Männer kann man an den Fingern abzählen. Jene werden sich gegen mich zusammentun und mich niedermachen. Dann ist es vorbei mit mir und meinem Haus. Die Söhne aber sagten: Durfte er unsere Schwester wie eine Dirne behandeln?" (Bibel, Gen 34,1-31)

YY: Meiner Meinung nach handelte es sich um keine Vergewaltigung, denn das Mädchen kam nicht mehr zurück, und der Mann tat, was Jakobs Kinder von ihm wollten. Aber Jakobs Kinder töteten ihn, obwohl Jakob das nicht so gewollt hätte. Aber die jungen Männer taten es trotzdem! Ehrenmord!
Schlussfolgerung: Ehrenmord hat nichts mit dem Koran zu tun, sondern es handelt sich um eine alte Tradition,

über die man im Alten Testament lesen kann. Die gleichen Traditionen gibt es auch heute noch in diesem Gebiet, denn dort wohnen aramäische Völker!

„Mein Vater war ein heimatloser Aramäer." (Bibel, Dtn 26,5)

„Allahs Vergebung ist nur für jene, die unwissentlich Böses tun und bald darauf Reue zeigen. Solchen wendet Sich Allah erbarmend zu; (...)" (Koran, 4,17)

6.3 Steinigung

„(...) Ihr sollt euch nicht den Schändlichkeiten nähern, seien sie offen oder verborgen; (...)" (Koran, 6,151)

Laut dem Koran sind alle außerehelichen sexuellen Beziehungen verboten.
Als Bestrafung für Ehebruch werden beiden Ehepartnern hundert Peitschenschläge gegeben.

„Weib und Mann, die des Ehebruchs schuldig sind, geißelt beide mit einhundert Streichen. Und lasst nicht Mitleid mit den beiden euch überwältigen vor dem Gesetze Allahs, so ihr an Allah und an den Jüngsten Tag glaubt. Und eine Anzahl der Gläubigen soll ihrer Strafe beiwohnen. Ein Ehebrecher wohnt nur einer Ehebrecherin oder einer Götzendienerin bei, und eine Ehebrecherin wohnt nur einem Ehebrecher oder Götzendiener bei; den Gläubigen ist das verwehrt." (Koran, 24,2-3)

Hundert Schläge mit einer Lederpeitsche, und nach der Bestrafung geht das Leben weiter.

„Und nahet nicht dem Ehebruch; siehe, das ist eine Schändlichkeit und ein übler Weg." (Koran, 17,32)

„Sprich: 'Mein Herr hat nur Schändlichkeiten verboten, seien sie offen oder verborgen, dazu Sünde und ungerechte Gewalttat, (...)" (Koran, 7,33)

„Und die, welche keinen andern Gott anrufen neben Allah, noch das Leben töten, das Allah unverletzlich

gemacht hat, es sei denn nach Recht, noch Ehebruch begehen - und wer das tut, der soll Strafe erleiden." (Koran, 25,68)

Wenn es um den Vorwurf der Prostitution und Unzucht geht, **müssen vier Zeugen** für die Tat vorhanden sein. Für eine falsche Anschuldigung werden 80 Peitschenschläge verhängt.

„Und diejenigen, die züchtige Frauen verleumden, jedoch nicht vier Zeugen beibringen - geißelt sie mit achtzig Streichen und lasset ihre Aussage niemals gelten, denn sie sind es, die ruchlose Frevler sind, Außer jenen, die hernach bereuen und sich bessern; denn wahrlich, Allah ist allvergebend, barmherzig." (Koran, 24,4-5)

Der Koran kennt keine Steinigung.
Warum? Da laut Koran (33,30) die Ehefrauen der Propheten die zweifache Bestrafung für Ehebruch, nämlich 200 Peitschenschläge erhalten. Gemäß dem Koran (4,25) wird über Sklaven die halbe Menge, also 50 Peitschenschläge, verhängt.

„O Frauen des Propheten! wer von euch offenkundig unziemlicher Aufführung schuldig ist, so würde ihr die Strafe **verdoppelt** *werden. Und das ist Allah ein leichtes."* (Koran, 33,30)

„(...) Dann sollen sie die **Hälfte der Strafe erleiden, die für freie Frauen** *vorgeschrieben ist. (...)"* (Koran, 4,25)

„Sprich: 'Mein Herr hat nur Schändlichkeiten verboten, seien sie offen oder verborgen, dazu Sünde und ungerechte Gewalttat, (...)" (Koran, 7,33)

Wie könnte man eine Hinrichtung durch Steinigung verzweifachen oder halbieren?

In welchen Angelegenheiten kann eine Frau ein Verbrechen begehen? Sie kann sich der Unsittlichkeit schuldig machen! Von dem Kommentar in Vers 33,30 sagt man, dass der Inhalt des Verses nicht Unzucht oder Prostitution betrifft. Worauf bezieht er sich dann?

> *„Wir haben den Menschen in diesem Koran allerlei Gleichnisse aufgestellt, damit sie ermahnt sein möchten." (Koran, 39,27)*

> *„Dies sind Gleichnisse, die Wir für die Menschheit aufstellen, doch es verstehen sie nur jene, die Wissen haben." (Koran, 29,43)*

Falls jemand einen anderen zur Steinigung verurteilt, verstößt er gegen die Vorschriften des Korans.

> *„(...) Und Allah richtet; da ist keiner, der Seinen Richtspruch umstoßen könnte. (...)" (Koran, 13,41)*

> *„Das ist Führung. (...)" (Koran, 45,11)*

> *„Diese (Lehren) sind die Mittel zur Erleuchtung für die Menschheit und eine Führung und Barmherzigkeit für Leute, die festen Glauben haben." (Koran, 45,20)*

> *„Wir haben fürwahr den Menschen in diesem Koran Gleichnisse aller Art auf mannigfache Weise vorgelegt, allein die meisten Menschen weisen alles zurück, nur nicht den Unglauben." (Koran, 17,89)*

„Die Unsere Zeichen verwerfen und sich mit Verachtung von ihnen abwenden, denen werden die Pforten des Himmels nicht aufgemacht, noch werden sie in den Garten eingehen, ehe denn ein Kamel durch ein Nadelöhr geht. Also belohnen Wir die Missetäter." (Koran, 7,40)

Jene, die nicht gemäß den Vorschriften Gottes urteilen:

„(...) Das sind die Ungläubigen." (Koran, 5,44).

„(...) Das sind die Ungerechten." (Koran, 5,45)

„(...) Das sind die Empörer." (Koran, 5,47)

„Sprich: 'Wollt ihr Allah über eure Religion belehren, während Allah doch alles kennt, was in den Himmeln und was auf Erden ist, und Allah alle Dinge weiß?'" (Koran, 49,16)

„Dann bringt euer Buch herbei, wenn ihr wahrhaftig seid." (Koran, 37,157)

Jene, die das Buch bekommen haben:

„(...) und die ihr dann nicht nachlebten, ist wie das Gleichnis eines Esels, der Bücher trägt. Übel steht es um Leute, die Allahs Zeichen leugnen. Und Allah weist dem Volk der Frevler nicht den Weg." (Koran, 62,5)

„Und wer ist ungerechter als jener, der eine Lüge wider Allah erdichtet oder die Wahrheit verwirft, wenn sie zu ihm kommt? Ist denn nicht eine Wohnstatt in der Hölle für die Ungläubigen?" (Koran, 29,68)

Wenn die Schuldigen bereuen, ist es möglich, ihnen zu vergeben.

„Und wenn zwei Personen unter euch solches begehen, dann bestrafet sie beide. Wenn sie dann bereuen und sich bessern, so lasst sie für sich; wahrlich, Allah ist allverzeihend, barmherzig. Allahs Vergebung ist nur für jene, **die unwissentlich Böses tun und bald darauf Reue zeigen***. Solchen wendet Sich Allah erbarmend zu; und Allah ist allwissend, allweise." (Koran, 4,16-17)*

„Wahrlich, Allah wird es nicht vergeben, dass Ihm Götter zur Seite gestellt werden; **doch vergibt Er das, was geringer ist als dies, wem Er will***. Und wer Allah Götter zur Seite stellt, der hat wahrhaftig eine gewaltige Sünde ersonnen." (Koran, 4,48)*

„Wer Böses tut oder sich wider seine Seele versündigt und dann bei Allah Vergebung sucht, der wird Allah allvergebend, barmherzig finden." (Koran, 4,110)

In der Bibel hingegen kennt man den Tod durch Steinigung:

„Ein Mann, der mit der Frau seines Nächsten die Ehe bricht, wird mit dem **Tod** *bestraft, der Ehebrecher samt der Ehebrecherin." (Bibel, Lev 20,10)*

„Wenn sich die Tochter eines Priesters als Dirne entweiht, so entweiht sie ihren Vater; sie soll im Feuer **verbrannt** *werden." (Bibel, Lev 21,9)*

„Wenn ein Mann dabei ertappt wird, wie er bei einer verheirateten Frau liegt, dann sollen beide **sterben***, der Mann, der bei der Frau gelegen hat, und die Frau. Du*

sollst das Böse aus Israel wegschaffen." (Bibel, Dtn 22,22)

*"Wenn ein unberührtes Mädchen mit einem Mann verlobt ist und ein anderer Mann ihr in der Stadt begegnet und sich mit ihr hinlegt, dann sollt ihr beide zum Tor dieser Stadt führen. Ihr sollt sie **steinigen** und sie sollen **sterben**, das Mädchen, weil es in der Stadt nicht um Hilfe geschrien hat, und der Mann, weil er sich die Frau eines anderen gefügig gemacht hat. Du sollst das Böse aus deiner Mitte wegschaffen."* (Bibel, Dtn 22,23-24)

*"Nach etwa drei Monaten meldete man Juda: Deine Schwiegertochter Tamar hat Unzucht getrieben und ist davon schwanger. Da sagte Juda: Führt sie hinaus! Sie soll **verbrannt** werden."* (Bibel, Gen 38,24)

*"Wer den Namen des Herrn schmäht, wird mit dem Tod bestraft; die ganze Gemeinde soll ihn steinigen. Der Fremde muss ebenso wie der Einheimische **getötet** werden, wenn er den Gottesnamen schmäht."* (Bibel, Lev 24,16)

In der Bibel befiehlt man auch für ein Rind die Steinigung!

*"Wenn ein Rind einen Mann oder eine Frau so stößt, dass der Betreffende stirbt, dann muss man das Rind **steinigen** und sein Fleisch darf man nicht essen; der Eigentümer des Rinds aber bleibt straffrei."* (Bibel, Ex 21,28)

Ehebruch ist eine bestimmte Art von Diebstahl, denn man stiehlt einem anderen den Ehepartner.

Im Zuge der Eheschließung verspricht man sich gegenseitige Treue, das heißt, die Ehepartner versprechen, dass sie einander gehören. So ist Ehebruch gewissermaßen Diebstahl des Eigentums eines Anderen.

Wenn die Partei, die jemanden des Ehebruchs beschuldigt, nicht vier Zeugen für Prostitution oder Unzucht (oder Ehebruch) vorbringen kann, wird über den Ehebruch gemäß dem Koran ohne Bestrafung entschieden:

„Und jene, die ihre Gattinnen verleumden und keine Zeugen haben außer sich selber - die Aussage eines Mannes allein von solchen Leuten soll (genügen), wenn er viermal im Namen Allahs Zeugenschaft leistet, dass er zweifelsohne die Wahrheit redet; Und (sein) fünfter (Eid) soll sein, dass der Fluch Allahs auf ihm sein möge, falls er ein Lügner ist. Von ihr aber soll es die Strafe abwenden, wenn sie viermal im Namen Allahs Zeugenschaft leistet, dass er ein Lügner ist. Und (ihr) fünfter (Eid) soll sein, dass Allahs Zorn auf ihr sein möge, falls er die Wahrheit redet. Wäre nicht Allahs Huld und Seine Barmherzigkeit über euch und (wäre es nicht) dass Allah vielvergebend, allweise ist (ihr wäret verloren gewesen)." (Koran, 24,6-10)

„Diejenigen, welche züchtige, ahnungslose, gläubige Frauen verleumden, sind verflucht hienieden und im Jenseits. Ihrer harrt schwere Strafe." (Koran, 24,23)

Aber in der Bibel wird folgenderweise geschrieben:

„Wenn ein Mann eine Frau geheiratet und mit ihr Verkehr gehabt hat, sie aber später nicht mehr liebt und ihr Anrüchiges vorwirft, sie in Verruf bringt und behauptet: **Diese Frau habe ich geheiratet, aber als**

*ich mich ihr näherte, entdeckte ich, dass sie nicht mehr unberührt war!, wenn Vater und Mutter des Mädchens dann das Beweisstück ihrer Unberührtheit holen und zu den Ältesten der Stadt ans Tor bringen und der Vater des Mädchens den Ältesten erklärt: Ich habe diesem Mann meine Tochter zur Frau gegeben, aber er liebt sie nicht mehr, ja er wirft ihr jetzt Anrüchiges vor, indem er sagt: Ich habe entdeckt, dass deine Tochter nicht mehr unberührt war!; aber hier ist das Beweisstück für die Unberührtheit meiner Tochter!, und wenn sie das Gewand (aus der Hochzeitsnacht) vor den Ältesten dieser Stadt ausbreiten, dann sollen die Ältesten dieser Stadt den Mann packen und züchtigen lassen. Sie sollen ihm eine Geldbuße von hundert Silberschekel auferlegen und sie dem Vater des Mädchens übergeben, weil der Mann eine unberührte Israelitin in Verruf gebracht hat. Sie soll seine Frau bleiben. Er darf sie niemals entlassen. Wenn der Verruf aber zutrifft, wenn sich keine Beweisstücke für die Unberührtheit des Mädchens beibringen lassen, **soll man das Mädchen hinausführen und vor die Tür ihres Vaterhauses bringen. Dann sollen die Männer ihrer Stadt sie steinigen und sie soll sterben;** (...)"* (Bibel, Dtn 22,13-21)

Die Juden fragten den Propheten Mohammed: *„Was machen wir, wenn zwei Juden Ehebruch begangen haben?"* Mohammed fragte: *„Wollt ihr die Bestrafungen gemäß Koran oder der Tora?"* Die Juden antworteten: *„Gemäß der Tora!"* Mohammed antwortete: *„Ihr müsst das tun, was laut eurem Buch als Bestrafung für Ehebruch vorgesehen ist!"* (In einem islamischen Land hat ein Jude laut Koran [5,44] das Recht zu wählen, ob er ein Urteil gemäß der Tora haben möchte. Laut

Koran [5,47] erhalten Christen ihre Strafe gemäß dem Evangelium. Lesen Sie auch das Kapitel „Friede und Islam".)

Laut Koran wollte **Josef** ins Gefängnis gehen, denn das war für ihn die bessere Alternative, als mit der Ehefrau seines Hausherren Ehebruch zu begehen.

*„Sie sprach: 'Und dieser ist's, um dessentwillen ihr mich getadelt habt. Ich habe allerdings versucht, ihn zu verführen gegen seinen Willen, doch er bewährte sich. Wenn er nun nicht tut, was ich ihn heiße, so soll er fürwahr ins Gefängnis geworfen werden und der Gedemütigten einer sein.' Er sprach: 'O mein Herr, mir ist Gefängnis lieber als das, wozu sie mich einladen; und wenn Du nicht ihre List von mir abwendest, so könnte ich mich ihnen zuneigen und der Törichten einer sein.' Er sprach: 'O mein Herr, **mir ist Gefängnis lieber als das, wozu sie mich einladen;** und wenn Du nicht ihre List von mir abwendest, so könnte ich mich ihnen zuneigen und der Törichten einer sein.'"* (Koran, 12,32-33)

Und er wurde verhaftet. Er hat mit dieser Frau keinen Ehebruch begangen, denn Ehebruch ist eine große Sünde. Wenn ein Mensch weiß, wie das System Gottes funktioniert, kann er keinen Ehebruch begehen! Gott belohnte Josef, den jungen Sklaven, denn er wurde durch seinen Aufenthalt im Gefängnis zum Minister in Ägypten. Er gehorchte dem Befehl Gottes, wofür ihn Gott belohnte!

„Wer in gerechter Sache Fürsprache einlegt, dem soll ein Anteil daran werden, und wer in ungerechter Sache Fürsprache einlegt, dem soll ein gleicher Anteil daran werden; (...)" (Koran, 4,85)

> *„(Nun) wenn ihr Gutes tut, so tut ihr Gutes für eure eignen Seelen; und wenn ihr Böses tut, so ist es gegen sie. (...)"* (Koran, 17,7)

Die Worte von Jesus in der Bibel sind streng:

> *„Ihr habt gehört, dass gesagt worden ist: Du sollst **nicht die Ehe brechen**. Ich aber sage euch: Wer eine Frau auch nur lüstern ansieht, **hat in seinem Herzen schon Ehebruch mit ihr begangen**. Wenn dich dein rechtes Auge zum Bösen verführt, dann reiß es aus und wirf es weg! Denn es ist besser für dich, dass eines deiner Glieder verloren geht, als dass dein ganzer Leib in die Hölle geworfen wird. Und wenn dich deine rechte Hand zum Bösen verführt, dann hau sie ab und wirf sie weg! Denn es ist besser für dich, dass eines deiner Glieder verloren geht, als dass dein ganzer Leib in die Hölle kommt."* (Bibel, Mt 5,27-30)

Der Bibel nach also ist sowohl Ehebruch als auch Hurerei mit den Augen falsch.

> *„Sprich zu den gläubigen Männern, dass sie ihre Blicke zu Boden schlagen und ihre Keuschheit wahren sollen. Das ist reiner für sie. (...)"* (Koran, 24,30-31)

> *„Wenn dich deine Hand oder dein Fuß zum Bösen verführt, dann hau sie ab und wirf sie weg! Es ist besser für dich, verstümmelt oder lahm in das Leben zu gelangen, als mit zwei Händen und zwei Füßen in das ewige Feuer geworfen zu werden. Und wenn dich dein Auge zum Bösen verführt, dann reiß es aus und wirf es weg! Es ist besser für dich, einäugig in das Leben zu*

gelangen, als mit zwei Augen in das Feuer der Hölle geworfen zu werden." (Bibel, Mt 18,8-9)

*„Darauf frage er ihn: Welche? Jesus antwortete: Du sollst nicht töten, **du sollst nicht die Ehe brechen,** du sollst nicht stehlen, du sollst nicht falsch aussagen; (...)" (Bibel, Mt 19,18)*

„Und nahet nicht dem Ehebruch; siehe, das ist eine Schändlichkeit und ein übler Weg." *(Koran, 17,32)*

„Und jene, die glauben und gute Werke tun - wahrlich, Wir werden ihre Übel von ihnen nehmen und ihnen den besten Lohn für ihre Taten geben." (Koran, 29,7)

„Allahs Vergebung ist nur für jene, die unwissentlich Böses tun und bald darauf Reue zeigen. Solchen wendet Sich Allah erbarmend zu; (...)" (Koran, 4,17)

Wenn Sie Gottes Befehle missachten, obwohl Sie wissen, dass es Gott gibt und sein Befehl lautet: **„Und kommt der Unzucht nicht nahe."** *(Koran, 17,32)*, dann sind Sie wie Satan. Auch Satan weiß, dass es Gott gibt, aber sein Stolz hindert ihn daran, den Befehlen Gottes zu gehorchen. Gott sandte ihn zu der Schar der Ungläubigen (siehe Koran, 2,34).

„Was nun die Ungläubigen anlangt, so will Ich ihnen strenge Strafe auferlegen in dieser und in jener Welt, und sie sollen keine Helfer finden." (Koran, 3,56)

„Was euch an Unglück treffen mag, es erfolgt ob dessen, was eure Hände gewirkt haben. Und Er vergibt vieles," (Koran, 42,30)

Wenn wir also Sünden begehen, werden wir sowohl in diesem als auch im jenseitigen Leben bestraft! Wenn Viren (Sünden) nach uns greifen, gerät unser Leben in ein Durcheinander.

> *„Und seid nicht gleich jenen, die Allah vergaßen und die Er darum ihre eignen Seelen vergessen ließ. Das sind die Übertreter." (Koran, 59,19)*

Denn dies ist eine große Sünde.

> *„(...) Ihr sollt euch nicht den Schändlichkeiten nähern, seien sie offen oder verborgen; (...)" (Koran, 6/151)*

Leben Sie, ohne Ihr Leben zu vergiften. Tun Sie Buße und kehren Sie auf Gottes Weg zurück. Begehen Sie die Sünden nicht wieder.

> *„Allahs Vergebung ist nur für jene, die unwissentlich Böses tun und bald darauf Reue zeigen. Solchen wendet Sich Allah erbarmend zu; (...)" (Koran, 4,17)*

> *„Der Blinde und der Sehende sind nicht gleich; noch sind jene, die glauben und gute Werke tun, denen (gleich), die Böses tun. (...)" (Koran, 40,58)*

Damit die Menschen nicht die Rechte anderer verletzen, hat Gott Vorschriften geschaffen, die man nicht übertreten darf.
    Wenn man zum Beispiel die Verkehrsvorschriften nicht beachtet, führt das zu Chaos, sowohl für einen selbst als auch für die Mitmenschen. Das gleiche geschieht auch bei Ehebruch, der zu einer Abtreibung oder AIDS führen kann!
    Wenn man eine Kuh an einem Pfahl anbindet, hat sie um sich herum auf ihrem eigenen Gebiet genug zu essen.

Wenn man die Kuh nicht anbindet, frisst sie unbegrenzt viel vom Gebiet der anderen. Sie kann zum Beispiel den Garten des Nachbarn beschädigen.

Ein Mensch, der Ehebruch begangen hat, ist wie diese Kuh. Er geht in der Welt herum und frisst die Rechte anderer Menschen auf.

> *„Er schuf euch aus einem einzigen Wesen; dann machte Er aus diesem seine Gattin; (...)" (Koran, 39,6)*

Ohne Verkehrsvorschriften wird der Verkehr chaotisch und gefährlich. So macht auch ein Ehebruch ohne Regeln und Bestrafungen unser Leben im Diesseits und im Jenseits kaputt.

> *„(...) wenn sie keusch sind, nicht Unzucht treiben noch insgeheim Liebhaber nehmen. (...)" (Koran, 4,25)*

Gott hat uns Regeln gegeben, weil er an unser Wohlergehen denkt.

> *„Wahrlich, Wir erschufen den Menschen, und Wir wissen alles, was sein Fleisch ihm zuflüstert; denn Wir sind ihm näher als die Halsader. Wenn die zwei aufnehmenden (Engel) niederschreiben, zur Rechten sitzend und zur Linken, Kein Wort bringt er hervor, ohne dass neben ihm ein Wächter wäre, stets bereit (es aufzuzeichnen)." (Koran, 50,16-18)*

> *„Dies sind Gleichnisse, die Wir für die Menschheit aufstellen, doch es verstehen sie nur jene, die Wissen haben." (Koran, 29,43)*

6.4 Diebstahl

Der Koran will, dass ein Dieb gekennzeichnet wird (Koran, 5,38). So wissen die Menschen, wer ein Dieb ist und können sich vor ihm hüten.
    Der Koran denkt an das Wohl der gesamten Gesellschaft. Wenn jemand den Frieden einer Gemeinschaft verletzt, dann wird er bestraft. Wegen einer Person dürfen nicht viele andere Menschen in Schwierigkeiten geraten.

Das Gebot des Korans: Die Hand des Diebes muss abgehackt werden! Wenn ein Mensch weiß, dass seine Hand oder seine Hände abgehackt werden, falls er stiehlt, wird er sich nicht leicht des Diebstahles schuldig machen!
    Auch das Stehlen von Staatsgeld ist eine große Sünde! Es ist das Geld des Volkes! Auf der Welt sterben zum Beispiel jährlich 1,5 Millionen Kinder an Hunger! Zur gleichen Zeit stiehlt jemand das Geld des Volkes! In den armen Ländern gibt es Korruption! Die Menschen leiden, und zur gleichen Zeit stiehlt jemand! Die Staaten bekommen vom IWF (Internationaler Währungsfond; engl. IMF International Monetary Fund) Darlehen, und die Führer der Staaten und die Beamten stehlen! Das Volk bezahlt auch diese Gelder an den IWF zurück! Es ist das Geld des Volkes!
    Mütter haben kein Geld, um ihren Kindern Milch und Essen zu kaufen! Die Kinder sterben! Aber manche machen trotzdem weiter und stehlen das Geld des Volkes! Wenn Sie ihn schnappen und es bezeugen können, dann:

> *„Der Dieb und die Diebin - schneidet ihnen die Hände ab, als Vergeltung für das, was sie begangen, und als abschreckende Strafe von Allah. (...) Wer aber nach*

seiner Sünde bereut und sich bessert, gewiss, ihm wird Sich Allah gnädig zukehren, denn Allah ist allvergebend, barmherzig." (Koran, 5,38-39)

Es ist allerdings möglich, einem Dieb zu vergeben!
Der Islam denkt an das Wohl der gesamten Gemeinschaft.
Wenn ein Mensch Hunger hat und arm ist und er sich des Diebstahls schuldig macht, wird er nicht bestraft, denn ihm müssen Almosen gegeben werden! Er hat Hunger und das ist unsere Schuld (siehe Kapitel „Das Geben von Almosen")! Zur Zeit des Osmanischen Reiches (ca. 600 Jahre: 1299 – 1922) wurde zweimal das Abhacken der Hände als Strafe festgelegt! Wenn die Menschen einander helfen und wissen, wie das System Gottes funktioniert, werden sie von selbst zu stehlen aufhören!
Wenn wir den Menschen Glauben und Religion beibringen, werden sie aufhören zu stehlen.

„(...) Wahrlich, Allah sieht alles, was ihr tut." (Koran, 2,110)

„Für ihn (den Gesandten) ist eine Schar (von Engeln) vor ihm und hinter ihm; sie behüten ihn auf Allahs Geheiß. (...)" (Koran, 13,11).

Im heutigen System werden Diebstahl und Bestrafung im Strafregister der Menschen aufgezeichnet. Auch der Islam will Diebe kennzeichnen! Wenn eine Person in eine andere Stadt oder in einen anderen Staat geht, ist das Kennzeichen eine Warnung für die anderen.
Heutzutage gibt es beinahe überall Überwachungskameras, Sicherheitsschlösser und Alarmanlagen! Sie helfen nicht.

Aber wenn die Menschen wissen, wie das System Gottes funktioniert, dann kann Ihre Tür auch offen stehen. Niemand darf Ihren Besitz stehlen!

„Wahrlich, Wir erschufen den Menschen, und Wir wissen alles, was sein Fleisch ihm zuflüstert; denn Wir sind ihm näher als die Halsader. Wenn die zwei aufnehmenden (Engel) niederschreiben, zur Rechten sitzend und zur Linken, Kein Wort bringt er hervor, ohne dass neben ihm ein Wächter wäre, stets bereit (es aufzuzeichnen)." (Koran, 50,16-18)

„Und alles, was sie getan haben, steht in den Büchern. Und alles Kleine und Große ist niedergeschrieben." (Koran, 54,52-53)

Wenn Sie Schwierigkeiten mit dem Zurückzahlen von Schulden haben, wird dem Schuldner laut Koran geholfen beziehungsweise soll die Schuld erlassen werden.

„Und wenn er (der Schuldner) in Schwierigkeit ist, dann Aufschub bis zur Besserung der Verhältnisse. Erlasst ihr es aber als Guttat: das ist euch noch besser, wenn ihr es nur wüsstet." (Koran, 2,280)

Laut Koran (9,60) muss man auch Schuldnern Almosen geben. Der Koran möchte also, dass man Schuldner rettet. Denn sie haben Schwierigkeiten. Manchmal kommt es im Leben zu Schwierigkeiten, aber die Gläubigen helfen einander und retten jeden.

„Die Almosen sind nur für die Armen und Bedürftigen, (...) für die (Befreiung von) Sklaven und für die **Schuldner***,(...)"* (Koran, 9,60)

Wir geben den Schuldnern Almosen, denn sie sind wie Sklaven; Sklaven der Banken, der Zwangsvollstreckungsbehörden oder anderer Institutionen. Es ist ein gutes Werk, Sklaven aus der Sklaverei zu befreien. Wir helfen den Schuldnern!
Wenn Menschen Probleme haben und ihre Rechnungen nicht zahlen können, sind sie wie Tote im heutigen System! Wegen der Zinsen ist es noch schwieriger, Schulden zurückzuzahlen! Die Schulden wachsen jeden Tag noch um die Zinsen an!
Der Koran möchte, dass die Menschen den Schuldnern helfen, wenn sie in Schwierigkeiten geraten. Und ein Gläubiger kann Schulden erlassen, indem er dem Schuldner Almosen gibt, wenn er genug Geld hat.

Und wieder frage ich: **Welches System ist besser? Der Koran oder das heutige System?**

6.5 Geldwucher und Imame

„Dann bringt euer Buch herbei, wenn ihr wahrhaftig seid." (Koran, 37,157)

Es ist verboten Zins zu verlangen:

„Die Zins verschlingen, stehen nicht anders auf, als einer aufsteht, den Satan mit Wahnsinn geschlagen hat. Dies, weil sie sagen: 'Handel ist gleich Zinsnehmen', während Allah doch Handel erlaubt und Zinsnehmen untersagt hat. Wer also eine Ermahnung von seinem Herrn bekommt und dann verzichtet, dem soll das Vergangene verbleiben; und seine Sache ist bei Allah. Die aber rückfällig werden, die sind des Feuers Bewohner; darin müssen sie bleiben. Allah wird den Zins abschaffen und die Mildtätigkeit mehren. Und Allah liebt keinen, der ein hartnäckiger Ungläubiger, ein Erzsünder ist." (Koran, 2,275-276)

„O die ihr glaubt, fürchtet Allah, und lasset den Rest des Zinses fahren, wenn ihr Gläubige seid." (Koran, 2,278)

„Und weil sie Zins nahmen, obgleich es ihnen untersagt war, und weil sie das Gut der Leute widerrechtlich aufzehrten. Wir haben den Ungläubigen unter ihnen eine schmerzliche Strafe bereitet." (Koran, 4,161)

„Was immer ihr auf Zinsen verleiht, damit es sich vermehre mit dem Gut der Menschen, es vermehrt sich nicht vor Allah; doch was ihr an Zakat gebt, indem ihr

> nach Allahs Antlitz verlangt - sie sind es, die vielfache Mehrung empfangen werden." (Koran, 30,39)

Das Einheben von Zinsen ist bei den Juden und auch unter Christen verboten!

> „Nimm von ihm keinen Zins und Wucher! Fürchte deinen Gott, und dein Bruder soll neben dir leben können." (Bibel, Lev 25,36)

> „Jesus sagte: Wenn ihr Geld habt, leiht nicht auf Zins, sondern gebt dem, von dem ihr es nicht zurückerhalten werdet." (Evangelium nach Thomas, 95)

> „Jesus sagte: Wer sich selbst findet, dessen ist die Welt nicht würdig." (Evangelium nach Thomas, 111)

Zins zu verlangen ist ein jüdisches Erbe. Deshalb waren die Juden historisch gesehen auch in vielen Ländern unerwünscht.

Zins zu verlangen ist ein jüdisches Erbe.
Warum wollen Juden Zinsen verlangen?

> „Wenn der Herr, dein Gott, dich segnet, wie er es dir zugesagt hat, dann kannst du vielen Völkern gegen Pfand leihen, du selbst aber brauchst nichts zu verpfänden; **du wirst über viele Völker Gewalt haben, über dich aber werden sie keine Gewalt haben.**" (Bibel, Dtn 15,6)

Der IWF (Internationaler Währungsfond; engl. IMF – International Monetary Fund) beherrscht viele Völker, und die Banken beherrschen die Menschen. Diejenigen, die Zinsen verlangen, bekommen jeden als Gefangenen, sie geben ihnen ein paar Alternativen dafür: *"Trinken Sie Alkohol, nehmen Sie Heroin – Cannabis – Kokain – und haben Sie Sex oder begehen Sie Selbstmord, dann vergessen Sie alles! Vergessen Sie Gott! Wir beherrschen Sie!"*

Die Reichen essen und beherrschen die Kleinen! Geben Sie den Menschen billigen Alkohol, wodurch die Menschen nur noch mehr Gesundheitsprobleme bekommen!

Heutzutage sagen manche Imame zu den Muslimen, die in westlichen Ländern leben: „Nehmen Sie Zinsen!" Das ist falsch.

Ihrer Meinung nach leben wir in westlichen Ländern im **Dar-ul-Harb** (Kriegsgebiet). Das ist nicht wahr. Die Muslime leben in westlichen Ländern in **Dar-ul-Sulh**-Gebieten, also in Ländern des Friedens. In ihren eigenen Ländern ist es ihnen oft nicht gestattet, derartige Glaubensfreiheit zu haben wie in westlichen Ländern. In Finnland dürfen muslimische Mädchen zum Beispiel mit einem Kopftuch in die Schule gehen, und was den Glauben betrifft, wurden ihnen beinahe alle Rechte gegeben. In der Türkei ist beispielsweise ein Kopftuchverbot in Universitäten in Kraft. In Finnland gibt es Redefreiheit! Wie kann man Finnland als Dar-ul-Harb bezeichnen, also als Land des Krieges, und Zins einkassieren?

Abgesehen davon wird im Koran nicht erwähnt, dass ein Muslim, der nach dem Koran lebt, von Andersgläubigen Zinsen einkassieren darf.

Laut dem Alten Testament ist es den Juden gestattet von Andersgläubigen Zinsen zu verlangen (Bibel, Dtn 15,6). Gemäß dem Koran ist es auch ihnen nicht gestattet: *„Und wegen der **Sünde der Juden** haben Wir ihnen gute Dinge verwehrt, die ihnen erlaubt gewesen waren, wie auch wegen ihres Abwendens vieler von Allahs Weg. Und weil **sie Zins nahmen,** (...)"* (Koran, 4,160-161)

Wie können Sie das nicht verstehen?

„Die Zins verschlingen, stehen nicht anders auf, als einer aufsteht, den Satan mit Wahnsinn geschlagen hat." (Koran, 2,275)

Laut **Koran (2,279)** ist das Eintreiben von Zinsen Krieg gegen Gott und seinen Propheten!

„(...) Und Allah richtet; da ist keiner, der Seinen Richtspruch umstoßen könnte. (...)" (Koran, 13,41)

„Das Wort deines Herrn wird vollendet sein in Wahrheit und Gerechtigkeit. Keiner vermag Seine Worte zu ändern, und Er ist der Allhörende, der Allwissende." (Koran, 6,115)

„Sprich: 'Wollt ihr Allah über eure Religion belehren, während Allah doch alles kennt, was in den Himmeln und was auf Erden ist, und Allah alle Dinge weiß?'" (Koran, 49,16)

Scheinheiligkeit bedeutet, dass man anderen vormacht, auf dem richtigen Weg zu sein.

Ein Muslim, der nach dem Koran lebt, darf so etwas nicht tun.

„Ihr dürft keinerlei Aas essen. Du sollst es dem Fremden, der in euren Stadtbereichen Wohnrecht hat, zum Essen überlassen oder es einem Ausländer verkaufen." (Bibel, Dtn 14,21a)

Wenn sie etwas nicht selbst essen oder trinken wollen, dürfen Sie dieses auch nicht verkaufen!

„Und sprich: 'Ich bin gewiss der aufklärende Warner.'" (Koran, 15,89)

„Der Blinde und der Sehende sind nicht gleich; noch sind jene, die glauben und gute Werke tun, denen (gleich), die Böses tun. (...)" (Koran, 40,58)

„Und mit der Wahrheit haben Wir es (Anm.: den Koran) hinabgesandt, und mit der Wahrheit kam es hernieder. Und dich entsandten Wir nur als Bringer froher Botschaft und Warner." (Koran, 17,105)

„Allah wird den Zins abschaffen und die Mildtätigkeit mehren. ***Und Allah liebt keinen, der ein hartnäckiger Ungläubiger, ein Erzsünder ist.****" (Koran, 2,276)*

„Sprich: ***'Wollt ihr Allah über eure Religion belehren, während Allah doch alles kennt****, was in den Himmeln und was auf Erden ist, und Allah alle Dinge weiß?'" (Koran, 49,16)*

Wenn ein Muslim des Korans in Schwierigkeiten ist, darf er Schweinefleisch essen (Koran, 5,5). Im Koran ist das gestattet. Aber gleichzeitig ist es im Koran nicht gestattet, in Notzeiten Zins zu verrechnen!

Beging **Josef** Ehebruch? Nein! Er war in Ägypten in **Dar-ul-Harb** und war ein Sklave. Es erging ihm schlecht. Er war viele Jahre im Gefängnis, aber er beging keinen Ehebruch und missachtete auch nicht Gottes Befehl. Er musste ins Gefängnis (siehe Kapitel „Keine Steinigung"; auch Koran, Sure 12).

Im Islam gibt es kein Priestersystem. Der Imam ist der Gebetsleiter. Heutzutage nehmen viele Imame Lohn und sprechen für die Lohnzahler, aber nicht für den Koran und auch nicht für Gott!

Wenn jemand den Menschen etwas predigen möchte, denkt er nicht an Geld oder Verdienst, denn sein Lohn kommt von Gott, und er muss ein frommer Mensch sein.

Wenn Imame oder Prediger auf dem Wege des Propheten sind, dann verbietet der Koran, dass sie Lohn dafür erhalten:

„Folget denen, die keinen Lohn von euch fordern und die rechtgeleitet sind." *(Koran, 36,21)*

„O mein Volk, ich verlange von euch kein Entgelt dafür. Mein Lohn ist allein bei Allah. (...)" *(Koran, 11,29)*

„(...) Sprich: 'Ich verlange von euch keinen Lohn dafür. Es ist ja nichts anderes als eine Ermahnung für die ganze Menschheit.'" *(Koran, 6,90)*

„O mein Volk, ich verlange von euch keinen Lohn dafür; siehe, mein Lohn ist einzig bei Dem, Der mich erschuf. Wollt ihr denn nicht begreifen?" *(Koran, 11,51)*

„Sprich: 'Ich verlange von euch keinen Lohn dafür, nur daß jeder, der will, den Weg zu seinem Herrn einschlagen mag.'" *(Koran, 25,57)*

„Und ich verlange von euch keinen Lohn dafür; mein Lohn ist allein beim Herrn der Welten." *(Koran, 26,109, 127, 145, 164, 180)*

„Denn wer sich selbst erhöht, wird erniedrigt, und wer sich selbst erniedrigt, wird erhöht werden." (Bibel, Lk 14,11)

Jesus sprach zu den Schriftgelehrten und Pharisäern (also zu den heutigen Rabbis, Priestern und Imamen), und sagte ihnen, was sie falsch machten:

„Weh euch, ihr Schriftgelehrten und Pharisäer, ihr Heuchler! Ihr verschließt den Menschen das Himmelreich. Ihr selbst geht nicht hinein; aber ihr lasst auch die nicht hinein, die hineingehen wollen." (Bibel, Mt 23,13)

„Weh euch, ihr Schriftgelehrten und Pharisäer, ihr Heuchler! Ihr seid wie die Gräber, die außen weiß angestrichen sind und schön aussehen; innen aber sind sie voll Knochen, Schmutz und Verwesung. So erscheint auch ihr von außen den Menschen gerecht, innen aber seid ihr voll Heuchelei und Ungehorsam gegen Gottes Gesetz." (Bibel, Mt 23,27-28)

„Jesus sagte: Wehe ihnen, den Pharisäern, denn sie gleichen einem Hunde, der auf der Futterkrippe von Rindern liegt; denn weder frisst er, noch lässt er die Rinder fressen." (Evangelium nach Thomas, 102)

„Darauf wandte sich Jesus an das Volk und an seine Jünger und sagte: Die Schriftgelehrten und die Pharisäer haben sich auf den Stuhl des Mose gesetzt. Tut und befolgt also alles, was sie euch sagen, aber richtet euch nicht nach dem, was sie tun; denn sie reden nur, tun selbst aber nicht, was sie sagen. Sie schnüren schwere Lasten zusammen und legen sie den Menschen *auf die Schultern, wollen selber aber keinen Finger rühren, um die Lasten zu tragen. Alles, was sie tun, tun sie nur, damit die Menschen es sehen: Sie machen ihre Gebetsriemen breit und die Quasten an ihren Gewändern lang, bei jedem Festmahl möchten sie den Ehrenplatz und in der Synagoge die vordersten Sitze haben, und auf den Straßen und Plätzen lassen sie sich gern grüßen und von den Leuten Rabbi (Meister) nennen." (Bibel, Mt 23,1-7)*

*„O die ihr glaubt, wahrlich, **viele der Schriftgelehrten und Mönche** verzehren das Gut der Menschen durch Falsches und machen abwendig von Allahs Weg. Und jene, die Gold und Silber anhäufen und es nicht aufwenden auf Allahs Weg - ihnen verheiße schmerzliche Strafe." (Koran, 9,34)*

Heute sage ich den Muslimen, lesen Sie immer den Koran und denken Sie darüber nach! Sie haben den Koran.

*„**Das ist Führung.** (...)" (Koran, 45,11)*

„(...) Wahrlich, Sein ist die Schöpfung und das Gesetz! (...)" (Koran, 7,54)

„(...) Wollt ihr euch da nicht ermahnen lassen?" (Koran, 45,23)

*„Die **Heuchler** suchen Allah zu täuschen, doch Er wird sie strafen für ihren Betrug. Und wenn sie sich zum Gebet hinstellen, dann stehen sie nachlässig da, zeigen sich den Leuten, und sie gedenken Allahs nur wenig;" (Koran, 4,142)*

„Die Heuchler werden sonder Zweifel im tiefsten Feuersgrund sein; und keinen Helfer wirst du für sie finden," (Koran, 4,145)

„Aber sie wurden uneinig untereinander und spalteten sich in Parteien, und jede Partei freute sich über das, was sie selbst hatte." (Koran, 23,53)

„Jene aber, die in ihren Glauben Spaltung trugen und Sektierer wurden, mit ihnen hast du nichts zu schaffen. Ihr Fall wird sicherlich vor Allah kommen, dann wird Er ihnen verkünden, was sie getan." (Koran, 6,159)

In diesem Buch hebe ich die Warnungen des Korans hervor. **Das Grundgesetz des Islam ist der Koran.**
Erinnern Sie sich an Jesu Worte:

„Wenn ein Blinder einen Blinden führt, fallen beide in eine Grube hinunter." (Evangelium nach Thomas, 34)

„Jesus hörte es und sagte zu ihnen: Nicht die Gesunden brauchen den Arzt, sondern die Kranken. Ich bin gekommen, um die Sünder zu rufen, nicht die Gerechten." (Bibel, Mk 2,17)

„Ihr gebt Gottes Gebot preis und haltet euch an die Überlieferung der Menschen. Und weiter sagte Jesus: **Sehr geschickt setzt ihr Gottes Gebot außer Kraft und haltet euch an eure eigene Überlieferung.**" (Bibel, Mk 7,8-9)

Ein türkisches Sprichwort:

„Ein fauler Christ wird Mönch, ein fauler Muslim wird Derwisch."

„Folget denen, die keinen Lohn von euch fordern und die rechtgeleitet sind." (Koran, 36,21)

„Sprich: 'Was ich auch an Lohn von euch verlangt haben mag, das ist euer. **Mein Lohn ist allein bei Allah**; und Er ist Zeuge über alle Dinge.'" (Koran, 34,47)

„Allahs Vergebung ist nur für jene, die unwissentlich Böses tun und bald darauf Reue zeigen. Solchen wendet Sich Allah erbarmend zu; (...)" (Koran, 4,17)

„(...) Sprechen werden: 'Unser Herr, diese da haben uns irregeführt, so gib ihnen die Pein des Feuers mehrfach.' Er wird sprechen: 'Jeder hat mehrfach, allein ihr wisst es nicht.' (...)" (Koran, 7,38)

„(...) Und keine Seele wirkt, es sei denn gegen sich selbst, und keine Lasttragende trägt die Last einer anderen. Zu eurem Herrn dann ist eure Heimkehr, und Er wird euch über das belehren, worüber ihr uneins wart." (Koran, 6,164)

„Keineswegs! wahrlich, dies (Anm.: der Koran) ist eine Ermahnung. So möge, wer da will, ihrer gedenken." (Koran, 74,54-55)

„Wer ist ungerechter, als wer eine Lüge wider Allah erdichtet oder spricht: 'Mir ward offenbart', während ihm doch nichts offenbart worden, (...)." (Koran, 6,93)

„Dann bringt euer Buch herbei, wenn ihr wahrhaftig seid." (Koran, 37,157)

„O die ihr glaubt, fürchtet Allah, und lasset den Rest des Zinses fahren, wenn ihr Gläubige seid." (Koran, 2,278)

„Sprich: 'Wollt ihr Allah über eure Religion belehren, während Allah doch alles kennt, (...)." (Koran, 49,16)

„Wir haben den Menschen in diesem Koran allerlei Gleichnisse aufgestellt, damit sie ermahnt sein möchten." (Koran, 39,27)

6.6 Homosexualität

Im Koran erzählt man von der Bestrafung des Volkes von Lot für Homosexualität:

"Und er (Anm.: Lot) hatte sie in der Tat vor Unserer Strafe gewarnt, sie aber stritten doch mit den Warnern. Und sie versuchten listig, ihn von seinen Gästen abzuhalten. Daher blendeten Wir ihre Augen (und sprachen): 'Kostet nun Meine Strafe und Meine Warnung.' Und in der Morgenfrühe ereilte sie eine dauernde Strafe." (Koran, 54,36-39, siehe auch 7,80-83; 11,77-83; 15,57-77; 26,160-174; 27,54-58; 29,28-35; 27,133-138)

Homosexualität ist verboten. Aber der Koran erwähnt, welche Bestrafung für Homosexuelle vorgesehen ist, wenn sie ihre Sexualität ausüben! Gott selbst bestrafte das Volk des Propheten Lot hart!
Laut der Bibel sieht man für sie die Todesstrafe vor!

"Schläft einer mit einem Mann, wie man mit einer Frau schläft, dann haben sie eine Gräueltat begangen; beide werden mit dem Tod bestraft; ihr Blut soll auf sie kommen." (Bibel, Lev 20,13)

Heutzutage gibt es auch homosexuelle Priester. Stellen wir uns vor, dass ein homosexueller Priester aus der Bibel predigt:

"Schläft einer mit einem Mann, wie man mit einer Frau schläft, dann haben sie eine Gräueltat begangen; beide werden mit dem Tod bestraft; ihr Blut soll auf sie kommen." (Bibel, Lev 20,13)

Das ist kindisch. Gott verbietet, aber dennoch begehen sie vor Gott Sünde und sprechen auch noch über Gott! Wenn Sie Gott lieben, warum befolgen Sie dann nicht seine Gebote?
Was sagt Jesus zu derartigen Priestern?

> *„Weh euch, ihr Schriftgelehrten und Pharisäer, ihr Heuchler! Ihr verschließt den Menschen das Himmelreich. Ihr selbst geht nicht hinein; aber ihr lasst euch die nicht hinein, die hineingehen wollen." (Bibel, Mt 23,13)*

> *„Ihr seid wie die Gräber, die außen weiß angestrichen sind und schön aussehen; innen aber sind sie voll Knochen, Schmutz und Verwesung. So erscheint auch ihr von außen den Menschen gerecht, innen aber seid ihr voll Heuchelei und Ungehorsam gegen Gottes Gesetz." (Bibel, Mt 23,27-28)*

Laut Bibel verhängt man auch über jene die Todesstrafe, die mit Tieren Sex haben:

> *„Ein Mann, der einem Tier beiwohnt, wird mit dem Tod bestraft; auch das Tier sollt ihr töten. Nähert sich eine Frau einem Tier, um sich mit ihm zu begatten, dann sollst du die Frau und das Tier töten. Sie werden mit dem Tod bestraft; ihr Blut soll auf sie kommen." (Bibel, Lev 20,15-16)*

Im Koran wird darüber nichts gesagt. Der Mensch erleidet selbst Schaden, und die Gesellschaft darf entscheiden, wie sie damit umgeht. Auch bei Pädophilie entscheidet die Gesellschaft über die Bestrafung!

Gott schuf zwei Geschlechter und verbot andere sexuelle Beziehungen.

„Ein Buch, das Wir zu dir hinabgesandt haben, auf dass du die Menschheit aus den Finsternissen zum Licht führen mögest nach ihres Herrn Gebot auf den Weg des Allmächtigen, des Preiswürdigen -" (Koran, 14,1)

314

6.7 Berauschende Stoffe

„Alkohol tötet 3000 Finnen pro Jahr. Es wird geschätzt, dass die billigen Preise für Spirituosen die Anzahl der Toten um 500 ansteigen lassen werden." (Quelle: Suomen Kuvalehti (Finnisches Wochenmagazin), 22/2004)

Der Koran verbietet alle Mittel, die den menschlichen Geist berauschen könnten (Koran, 2,29; 5,90-91): Alkohol, Heroin, Cannabis, Kokain, usw.

Nach heutigem Stand der Forschung zerstört schon eine kleine Menge Alkohol Gehirnzellen.

Der Koran sagt nicht, welche Bestrafung es für den Konsum von Alkohol geben sollte, sondern lässt die Gesellschaft darüber entscheiden.

Wenn sich ein Mensch selbst Schaden zufügt, sieht der Koran keine Bestrafung vor, aber wenn ein Mensch der Gesellschaft Schaden zufügt, dann sollte ihn die Gesellschaft bestrafen. Das gleiche gilt auch für den Verzehr von Schweinefleisch. Der Mensch fügt sich dadurch selbst Schaden zu.

Meiner Meinung nach wäre es besser, wenn das Rauchen von Tabak verboten würde. Da das Essen von Schweinefleisch gesundheitliche Probleme verursacht, ist es verboten! Auch Tabak verursacht gesundheitliche Probleme.

Gott gab uns Regeln und hält uns an, unseren Verstand zu benutzen.

Heutzutage wissen wir, dass berauschende Mittel ein großes Problem für die Menschheit darstellen. Sie verursachen psychische Probleme! Wenn man seine Gesundheit verliert, gerät das Familienleben aus der Bahn, die Kinder leiden unter Belastungen, Geldsorgen entstehen, es kommt zu Abtreibung,

Frauen werden misshandelt, die Anzahl der Vergewaltigungen steigt, Morde und Selbstmorde werden begangen, und viele andere Probleme nehmen zu.

„Laut einer Untersuchung der Trinkgewohnheiten sind 24 Prozent der finnischen Männer und 6 Prozent der Frauen Risikotrinker (Alkohol)."
und:

„Im Jahre 2000 entstanden durch Alkoholkonsum für die Gesellschaft Kosten von mehreren Milliarden Euro." (Quelle: A-klinikkasäätiö - www.paihdelinkki.fi)

„Alkohol tötet 3000 Finnen pro Jahr. Es wird geschätzt, dass die billigen Preise für Spirituosen die Anzahl der Toten um 500 ansteigen lassen wird." (Quelle: Suomen Kuvalehti (Finnisches Wochenmagazin), 22/2004)

Warum werden Rauschmittel verwendet?
Gott möchte für uns ein gesundes und friedliches Leben.

„Was euch an Unglück treffen mag, es erfolgt ob dessen, was eure Hände gewirkt haben. (...)" (Koran, 42,30)

Manche Derwische[1] konsumieren indischen Hanf! Auch das ist falsch! Wenn Sie indischen Hanf konsumieren oder Spirituosen trinken, dann sind Sie wie der persische Dichter Hafez (gest. 1390), Sie schreiben also Gedichte und träumen[2]:

„Gott sei Dank, zwischen uns gibt es wieder Frieden!

> *Die Huren³ beginnen vor Freude zu tanzen,*
> *ein Glas in meiner Hand!"*

Dann sind sie im selben falschen Paradies, in das Hassan Sabbah (gest. 1124) seine Soldaten brachte (siehe Kapitel „Terrorismus")! Denn wenn Sie Alkohol trinken und Drogen konsumieren, dann nimmt Sie der Teufel mit sich und zeigt Ihnen, was immer sie wollen! Dort können dann sogar 72 Jungfrauen sein. Als der Teufel sie verließ, wachten sie auf. Sie erzählten den Menschen von ihren Erfahrungen und sie schrieben das in ihre Schriften!

> *„Ein hungriges Huhn träumt immer vom Weizenspeicher." (türkisches Sprichwort)*

Bibel:

> *„Der Herr sagte zu Aaron: Wenn ihr zum Offenbarungszelt kommt, dürft ihr, du und deine Söhne, weder Wein noch Bier trinken, sonst müsst ihr sterben. Das gelte bei euch als feste Regel von Generation zu Generation." (Bibel, Lev 10,8-9)*

Jesus bot zu seiner Zeit Wein an, der scheinbar alkoholfrei war, denn er wurde eventuell „Shira" genannt! Shira wurde aus Trauben gemacht. Shira trank man auch in der Türkei! Ein ägyptischer Christ (Kopte) sagte mir, dass der Wein von Jesus nicht so war, wie wir dachten! Suchen wir, denn ein Suchender findet, so wie auch Jesus es sagte.

Jesus aß auch kein Schweinefleisch! Ich sagte einem Christen: „Warum isst du Schweinefleisch, obwohl auch Jesus es nie aß?" Er antwortete: „Jesus war ein Jude!" In der Bibel steht nicht geschrieben, dass Sie Schweinefleisch essen sollten (siehe Kapitel „Schweinefleisch").

*„Ohne prophetische Offenbarung, verwildert das Volk; wohl ihm, wenn es **die Lehre bewahrt.**" (Bibel, Spr 29,18)*

Zuletzt: Wenn Sie ruhen und sich wohl fühlen wollen, beten Sie, denn das führt zu Wohlbefinden! Man braucht keine berauschenden Mittel!

Rauschmittel schaden der Gesundheit. Sie bringen Sie auch um Ihr Geld! Laut Koran (5,90-91) sind auch Spiele um Geld verboten!

„Wer das Rechte tut, der tut es für seine eigene Seele, und wer Unrecht tut, der tut es wider sie. (...)" (Koran, 45,15)

---

[1] **Derwisch** bedeutet in der persischen Sprache „ein Bettler an der Tür". Auf Englisch dar = door (Tür Tor), vish = wish (Wunsch).

[2] Frei übersetzt nach: Hafez, Ruusu ja Satakieli („Rose und Nachtigall"), Basam Books, Finnland, 2004, S.29.

[3] Hure: hier: Gattin im Paradies

6.8 Schweinefleisch

"Wer ist aber sündiger als wer über Allah eine Lüge ersinnt. (...)" (Koran, 6,93)

Das Essen von Schweinefleisch ist laut Koran verboten.
Über das Verbot des Berührens von Schweinefleisch wird im Alten Testament geschrieben. In einer Zwangslage, also wenn er in Lebensgefahr ist, darf ein Muslim Schweinefleisch essen.

"Ebenso das Wildschwein, denn es hat zwar gespaltene Klauen, ist aber kein Wiederkäuer. Es soll euch als unrein gelten. Vom Fleisch dieser Tiere dürft ihr nicht essen und ihr Aas dürft ihr nicht berühren." (Bibel, Dtn 14,8)

"Wer irgendeinen toten Menschen berührt, ist sieben Tage lang unrein." (Bibel, Num 19,11)

Koran:

"Verboten ist euch das von selbst Verendete sowie Blut und Schweinefleisch und das, worüber ein anderer Name angerufen ward als Allahs; das Erdrosselte; das zu Tode Geschlagene; das zu Tode Gestürzte oder Gestoßene und das, was reißende Tiere angefressen haben, außer dem, was ihr geschlachtet habt; und das, was auf einem Altar (als Götzenopfer) geschlachtet worden ist; auch dass ihr euer Geschick durch Lospfeile zu erkunden sucht. Das ist Ungehorsam. Heute sind die Ungläubigen an eurem Glauben

verzweifelt, also fürchtet nicht sie, sondern fürchtet Mich. Heute habe Ich eure Glaubenslehre für euch vollendet und Meine Gnade an euch erfüllt und euch den Islam zum Bekenntnis erwählt. **Wer aber durch Hunger getrieben wird, ohne sündhafte Absicht - dann ist Allah allverzeihend, barmherzig."** *(Koran, 5,3)*

„So esset das, worüber Allahs Name ausgesprochen ward, wenn ihr an Seine Zeichen glaubt. Was ist euch, dass ihr nicht von dem esset, worüber Allahs Name ausgesprochen ward, (...)" (Koran, 6,118-119)

„Und esset nicht von dem, worüber Allahs Name nicht ausgesprochen ward, denn fürwahr, das ist Ungehorsam. Und gewiss werden die Teufel ihren Freunden eingeben, mit euch zu streiten. Und wenn ihr ihnen gehorcht, so werdet ihr Götzendiener sein." (Koran, 6,121)

„Verwehrt hat Er euch nur das von selbst Verendete und Blut und Schweinefleisch und das, worüber ein anderer Name als Allahs angerufen worden ist. **Wer aber durch Not getrieben wird - nicht ungehorsam und das Maß überschreitend -, siehe, dann ist Allah allverzeihend, barmherzig."** *(Koran, 16,115)*

„Sprich: 'Ich finde in dem, was mir offenbart ward, nichts, das einem Essenden, der es essen möchte, verboten wäre, es sei denn von selbst Verendetes oder vergossenes Blut oder Schweinefleisch - denn das ist unrein - oder Verbotenes, über das ein anderer Name angerufen ward als Allahs. **Wer aber durch Not getrieben wird - nicht ungehorsam und das Maß**

überschreitend -, dann ist dein Herr allverzeihend, barmherzig.'" (Koran, 6,145)

"Verwehrt hat Er euch nur das von selbst Verendete und Blut und Schweinefleisch und das, worüber ein anderer Name als Allahs angerufen worden ist. **Wer aber durch Not getrieben wird - nicht ungehorsam und das Maß überschreitend -, für ihn soll es keine Sünde sein.** *Allah ist allvergebend, barmherzig."* (Koran, 2,173)

Dem Koran nach **darf ein Muslim Schweinefleisch essen, wenn er in Schwierigkeiten ist.** Der Körper bleibt auf dieser Welt und sein Geist geht ins Paradies, wo man einen neuen Körper bekommt.

Sehen wir uns noch einmal an, was die Bibel sagt:

"Ihr dürft keinerlei Aas essen. Du sollst es dem Fremden, der in euren Stadtbereichen Wohnrecht hat, zum Essen überlassen oder es einem Ausländer verkaufen." (Bibel, Dtn 14,21a)

"Du sollst nichts essen, was ein Gräuel ist. Dies sind die Großtiere, die ihr essen dürft: Rind, Lamm, Zicklein, Damhirsch, Gazelle, Rehbock, Wildziege, Wisent, Wildschaf und Steinbock. Ihr dürft jedes Großtier essen, das gespaltene Klauen hat, und zwar ganz gespaltene Klauen, und das zu den Wiederkäuern gehört. Von den Großtieren, die wiederkäuen oder ganz gespaltene Klauben haben, dürft ihr aber Folgende nicht essen: Kamel, Hase, Klippdachs. Sie sind zwar Wiederkäuer, haben aber keine gespaltenen Klauen. Sie sollen euch als unrein gelten. Ebenso das Wildschwein,

denn es hat zwar gespaltene Klauen, ist aber kein Wiederkäuer. Es soll euch als unrein gelten. Vom Fleisch dieser Tiere dürft ihr nicht essen und ihr Aas dürft ihr nicht berühren." (Bibel, Dtn 14,3-8; siehe Lev 11,2-8)

Koran:

*„Und denen, die Juden sind, haben Wir alles Getier untersagt, das Klauen hat; und vom Rindvieh und den Schafen und Ziegen haben Wir ihnen das Fett verboten, ausgenommen das, was an ihren Rücken sitzt oder in den Eingeweiden oder am Knochen haftet. Das ist der Lohn, den Wir ihnen für ihre Abtrünnigkeit gaben. (...)"
(Koran, 6,146)*

In der Bibel wird den Juden als Lehre Folgendes gesagt:

*„Wenn aber jemand im Zustand der Unreinheit vom Fleisch des Heilsopfers isst, das dem Herrn gehört, soll er aus seinen Stammesgenossen ausgemerzt werden. Wenn jemand mit irgendetwas Unreinem in Berührung kommt, sei es mit etwas Unreinem von einem Menschen oder einem unreinen Tier oder irgendeiner unreinen, abscheulichen Sache, und dann vom Fleisch eines Heilsopfers isst, das für den Herrn geopfert wird, soll er aus seinen Stammesgenossen ausgemerzt werden."
(Bibel, Lev 7,20-21)*

*„Wo immer ihr wohnt, dürft ihr kein Blut genießen, weder von Vögeln, noch vom Vieh. Wer Blut genießt, soll aus seinen Stammesgenossen ausgemerzt werden."
(Bibel, Lev 7,26-27)*

„Jeder Mann aus dem Haus Israel oder jeder Fremde in eurer Mitte, der irgendwie Blut genießt, gegen einen solchen werde ich mein Angesicht wenden und ihn aus der Mitte seines Volkes ausmerzen." (Bibel, Lev 17,10)

Das Essen von Schweinefleisch ist für Christen verboten, und auch Jesus hat nie Schweinefleisch gegessen:

„Denkt nicht, ich sei gekommen, um das Gesetz und die Propheten aufzuheben. Ich bin nicht gekommen, um aufzuheben, sondern um zu erfüllen." (Bibel, Mt 5,17)

„Er antwortete: Ich bin nur zu den verlorenen Schafen des Hauses Israel gesandt." (Bibel, Mt 15,24)

7. AUFRUF ZUM FRIEDEN

Auf der Welt wird also ein **heiliger Krieg** gegen den Islam geführt. Es kursieren viele falsche Informationen über den Islam, und die Medien dieser Welt glauben diese, ohne sie zu überprüfen.

> *„Ein gütiges Wort und Verzeihung sind besser als ein Almosen, gefolgt von Anspruch; und Allah ist Sich Selbst genügend, langmütig." (Koran, 2,263)*

Lesen wir einen Abschnitt aus dem Buch „Die islamische Kultur" und sehen wir, was finnische Forscher schreiben:

> *„Die Einwohner der Gebiete, die von den Osmanen erobert wurden, blieben in ihren Wohngebieten, sodass das Imperium zu einem multinationalen und multikulturellen Reich wurde. Auf diesem Gebiet lebten türkische, ostasiatische und slawische Völker sowie Araber, Berber und Griechen. Der Hauptglaube des Osmanischen Reiches war der Islam, aber Christen und Juden bildeten große Minderheitengruppen. Am Balkan bewahrten die Christen ihre Mehrheitsstellung. Nach islamischer Tradition stand den gläubigen Gruppen eine Selbstverwaltung zu, und für die Angelegenheiten in jeder Gruppe war der für sie genannte Leiter zuständig. Die griechisch-orthodoxen, die armenischen und syrischen Christen sowie die Kopten hatten alle ihren eigenen Patriarchen. Bei den Juden war das Oberhaupt der Oberrabbi. Von den Führern hatten drei – der Rabbi sowie der Patriarch der Griechisch-Orthodoxen und der Armenier – ihren Sitz in Istanbul,*

und es wurde ihnen angeraten den osmanischen Sultan auch als Protektor ihrer eigenen Zusammenschlüsse anzusehen.

Obwohl die Dhimmi keine gleichberechtigte Stellung mit den Muslimen bekommen haben, waren ihrer Meinung nach dennoch die Osmanen die besseren Gebieter als die Christen. Besonders die Griechisch-Orthodoxen sind der Meinung, dass sie die islamische Verwaltung der Osmanen am Balkan vor den Machtbestrebungen und Verfolgungen der lateinischen Christen rettete. Zur Zeit der osmanischen Eroberung war eine beliebte Parole: „Lieber ein Sultan aus der Türkei als ein römischer Papst". Als dann das letzte Gebiet Spaniens, das von Muslimen beherrscht wurde, 1492 besiegt worden war, flüchteten aus dieser Gegend neben Muslimen auch Juden in das Osmanische Reich, denn auch ihnen bot die Inquisition der katholischen Kirche nur zwei Alternativen an: entweder sie mussten zum christlichen Glauben übertreten oder sie mussten sterben. Unter dem Schutz des osmanischen Sultans konnten sie ungeachtet vieler Einschränkungen nach ihren eigenen Traditionen leben, und zwar als eine Minderheit unter vielen.

Das Verwaltungssystem der osmanischen Zeit, bei dem die Bevölkerung aufgrund ihres Glaubens in verschiedene Gruppen geteilt wurde, sieht man auch heute noch in den Grundgesetzen einer ehemaligen osmanischen Provinz, nämlich im Libanon, vor. Dort sind im Parlament für jede Glaubensgruppe bestimmte Kontingente vorgesehen: für die sunnitischen Muslime, für die Schiiten, für die christlichen Maroniten und für die Drusen. Außerdem muss laut Grundgesetz der

Staatspräsident Christ sein und der Ministerpräsident ein Muslim.

Obwohl die Christen während der osmanischen Verwaltungszeit am Balkan in der Mehrheit blieben, entwickelte sich der Islam auch dort zu einem bedeutenden Minderheitenglauben. Schon im 12. Jahrhundert zogen in dieses Gebiet Türken aus Anatolien. Der Islam war aber nicht nur der Glaube der Auswanderer, sondern auch die dort ansässigen Christen begannen ziemlich bald zum Islam überzutreten. Nachdem sich das Osmanische Reich stabilisiert hatte, stieg die Anzahl der Konvertiten, und in Bosnien-Herzegowina bildete sich eine große muslimische Bevölkerungsgruppe. Es wird geschätzt, dass um 1450 cirka 25% der Bevölkerung am Balkan Muslime waren.

Es gab viele Gründe, zu einem anderen Glauben überzutreten. Viele traten aus Überzeugung zum Islam über, viele, weil sie gelangweilt waren von den Streitigkeiten zwischen den christlichen Kirchengemeinden am Balkan. Für die Mitglieder der manichäischen Bogomile-Gesellschaft brachte der Übertritt zum Islam eine Erleichterung, denn sowohl die katholische Kirche als auch die Griechisch-Orthodoxen verfolgten sie als Ketzer. Als sie zum Islam übertraten, wurden sie zu Vertretern des Hauptglaubens des Staates, und sie wurden nicht mehr verfolgt. Viele Bauern traten zum Islam über und entkamen so der Knechtschaft der christlichen Feudal-Herren. Der Übertritt zum Islam ermöglichte einen sozialen Aufstieg, denn nur Muslime konnten hohe Ämter besetzen und in einflussreiche Stellungen gelangen. Typisch für die Konvertiten am Balkan war, dass sie keine neue Sprache lernten, sondern ihre eigene slawische Sprache behielten. Türkisch gebrauchten sie nur, wenn es Amtstätigkeiten erforderten."*

Das Osmanische Reich (1299-1922) **war kein kolonialer Staat.**

„Jedem Volk ist eine Frist gesetzt; und wenn ihre Stunde gekommen ist, dann können sie (sie) auch nicht um einen Augenblick hinausschieben, noch können sie (sie) vorverschieben." (Koran, 7,34)

Die Frist des Osmanischen Reichs ist abgelaufen!

Jene, die gegen den Islam Krieg führten, traten in Friedenszeiten oft zu ihm über, nachdem sie sich mit ihm bekannt wurden.

Halid Bin Velid war ein Feldherr im Kampf von Uhid gegen den Propheten Mohammed. Er gewann den Krieg. Nachdem der Friede eingetreten war, trat er freiwillig zum Islam über. Er überließ sein Schwert Mohammed und er wurde zum Leiter der muslimischen Armee. Er war von Nutzen für den Islam.

Die **Mongolen** zerstörten beinahe alle muslimischen Länder und töteten den Kalifen in Bagdad (1258). Aber auch sie traten später ohne Zwangsmaßnahmen zum islamischen Glauben über, und auch sie vertraten den Islam.

---

* Ausschnitte frei übersetzt nach: Heikki Palva und Irmeli Perho, Islamilainen Kulttuuri („Die islamische Kultur"), Otava, Finnland, 2001, S.137-138. „Vähemmistöjen Asema" („Stellung der Minderheiten").

Die Kreuzfahrer eroberten Jerusalem (1099) und begingen Massenmord, sogar an muslimischen und jüdischen Frauen und Kindern. Später eroberte der muslimische Heerführer **Salahaddin Eyyupi** (gest. 1193) Jerusalem zurück und nahm die Kreuzfahrer gefangen. Er tötete die Kreuzfahrer jedoch nicht, denn der Islam verbietet das.

„Wenn ihr (in der Schlacht) auf die stoßet, die ungläubig sind, trefft (ihre) Nacken; und wenn ihr sie so überwältigt habt, dann schnüret die Bande fest. Hernach dann entweder Gnade oder Lösegeld, bis der Krieg seine Waffen niederlegt. (...)" (Koran, 47,4)

„Und kämpfet für Allahs Sache gegen jene, die euch bekämpfen, doch überschreitet das Maß nicht, denn Allah liebt nicht die Maßlosen." (Koran, 2,190)

„Wenn sie jedoch ablassen, dann ist Allah allvergebend, barmherzig." (Koran, 2,192)

„Sind sie jedoch zum Frieden geneigt, so sei auch du ihm geneigt und vertraue auf Allah. (...)" (Koran, 8,61)

„(...) Darum, wenn sie sich von euch fernhalten und nicht wider euch kämpfen, sondern euch Frieden bieten: dann hat Allah euch keinen Weg gegen sie erlaubt." (Koran, 4,90)

Wenn also jemand gegen die Muslime kämpfen will, haben die Muslime das Recht, sich zu verteidigen! Das ist Selbstverteidigung!
Auch **Yakup** kämpft in diesem Buch gegen die Medien dieser Welt, denn diese kämpfen gegen den islamischen

Glauben! Yakup führt **Jihad** (auch Dschihad) mit einem Buch und mit Diskussionen!

„Und sprich: 'Gekommen ist die Wahrheit und dahingeschwunden ist das Falsche. Siehe, das Falsche schwindet schnell.'" (Koran, 17,81)

Der Islam ist für den Frieden. Wenn jemand anderer Krieg will, kämpfen wir, aber wenn der Krieg vorbei ist, werden die Kriegsgefangenen freigelassen.

Gott möchte, dass man den Menschen friedlich die Tatsachen über den Glauben Abrahams weitergibt.

„Dies ist eine genügende Ermahnung für die Menschen, auf dass sie sich dadurch warnen lassen, und auf dass sie wissen mögen, dass nur Er der Einige Gott ist, und auf dass die mit Verständnis Begabten es bedenken." (Koran, 14,52)

„Hierin ist wahrlich eine Botschaft für ein Volk, das (Gott) dient. Wir entsandten dich nur als eine Barmherzigkeit für alle Welten." (Koran, 21,106-107)

Ein Muslim muss ein Vorbild für andere Menschen sein.

„Wahrlich, Wir erschufen den Menschen, und Wir wissen alles, was sein Fleisch ihm zuflüstert; denn Wir sind ihm näher als die Halsader." (Koran, 50,16)

„(...) Wenn ihr auszieht auf Allahs Weg, so stellt erst gehörig Nachforschung an und sagt nicht zu jedem, der euch den Friedensgruß bietet: 'Du bist kein Gläubiger.' Ihr trachtet nach den Gütern des irdischen Lebens doch bei Allah ist des Guten Fülle. (...)" (Koran, 4,94)

„Und schmähet nicht die, welche sie statt Allah anrufen, sonst würden sie aus Groll Allah schmähen ohne Wissen. (...)" *(Koran, 6,108)*

„Die da glauben und gute Werke tun und sich demütigen vor ihrem Herrn, sie sind des Himmels Bewohner, darin sollen sie ewig weilen." *(Koran, 11,23)*

Der Koran möchte, dass wir uns über Angelegenheiten beratschlagen. Auch der Prophet besprach sich mit den Menschen und traf danach seine Entscheidung!

„(...) **Und ziehe sie zu Rate in Sachen der Verwaltung;** *wenn du aber dich entschieden hast, dann setze dein Vertrauen auf Allah. (...)"* *(Koran, 3,159)*

Auch der Prophet besprach sich mit dem Volk, aber heutzutage halten sich die Leute nur an das, was der König, Scheich, Diktator oder Führer befiehlt.

Der Koran will kein Königreich und keine Diktatur. Der Koran möchte ein politisches System, in dem die Gemeinschaft Entscheidungen gemeinsam trifft. Der Kalif ist ein Anführer, aber er bespricht sich mit dem Volk. Das Volk hat Einfluss mit Hilfe von Wahlen, denn Wahlen sollen gehalten werden! Die ersten vier Khalifen kamen an die Macht, indem man Wahlen abhielt.

Der Koran ist für den Frieden. Er möchte, dass man das Volk fragt und Wahlen abhält!

Auch der Prophet fragte das Volk um seine Meinung, bevor er seine Entscheidungen traf. Denn das ist Gottes Befehl!

„(...) **Und ziehe sie zu Rate in Sachen der Verwaltung***; wenn du aber dich entschieden hast, dann setze dein Vertrauen auf Allah. (...)" (Koran, 3,159)*

„(...) Ein Buch, das Wir zu dir hinabgesandt haben, auf dass du die Menschheit aus den Finsternissen zum Licht führen mögest nach ihres Herrn Gebot auf den Weg des Allmächtigen, des Preiswürdigen -" (Koran, 14,1)

„Rufe auf zum Weg deines Herrn mit Weisheit und schöner Ermahnung, und streite mit ihnen auf die beste Art. Wahrlich, dein Herr weiß am besten, wer von Seinem Wege abgeirrt ist; und Er kennt am besten jene, die rechtgeleitet sind." (Koran, 16,125)

„Wir haben fürwahr den Menschen in diesem Koran Gleichnisse aller Art auf mannigfache Weise vorgelegt, allein die meisten Menschen weisen alles zurück, nur nicht den Unglauben." (Koran, 17,89)

„Jedes Lebewesen soll den Tod kosten; und Wir stellen euch auf die Probe mit Bösem und Gutem als eine Prüfung; und zu Uns sollt ihr zurückgebracht werden." (Koran, 21,35)

„Das sind die Verse des deutlichen Buches." (Koran, 28,2)

„Jene Wohnstatt im Jenseits! Wir geben sie denen, die weder Selbsterhöhung auf Erden begehren noch irgendeine Verderbnis. Und der Ausgang ist für die Rechtschaffenen." (Koran, 28,83)

Alle Menschen sind vor Gott gleich. Leben wir den rechten Weg unseres gemeinsamen Gottes. Lassen Sie uns den Frieden lieben.

„Darum nun, weil sie ihren Bund brachen, haben Wir sie verflucht und haben ihre Herzen verhärtet. Sie verkehren die Worte aus ihren richtigen Stellen und sie haben einen (guten) Teil von dem vergessen, womit sie ermahnt wurden. Und du wirst nicht aufhören, auf ihrer Seite - bis auf einige von ihnen - Verrat zu entdecken. Also vergib ihnen und wende dich ab (von ihnen). Wahrlich, Allah liebt jene, die Gutes tun." (Koran, 5,13)

„Und unter dem Volke Moses' ist eine Gemeinde, die durch die Wahrheit den Weg findet und danach Gerechtigkeit übt." (Koran, 7,159)

Hören wir auf mit der Propaganda und schließen wir Frieden!
Merken Sie sich dieses:

„Alles, was ihr also von anderen erwartet, das tut auch ihnen! Darin besteht das Gesetz und die Propheten." (Bibel, Mt 7,12)

Mein Name ist **Yakup**[*] (Jakob)! Aber ich bin ein Muslim des Korans.
    Ich liebe Moses, David, Salomo und Jesus. Mohammed ist mein Lehrer, Moses ist Ihr Lehrer und Jesus ist der Lehrer der Christen.

---

[*] Yakup (Jakob) leitet sich vom Namen des Sohnes von Isaak (Abrahams Sohn) ab. Sowohl die Juden, die Christen als auch die Muslime gebrauchen den gleichen Namen.

Wir lieben die Menschen:

> *„Seht her, ihr liebt sie, sie aber lieben euch nicht. (...)"* (Koran, 3,119)

Wir befolgen, was unsere Lehrer sagten und Gott belohnt uns. Laut Koran ist Rassismus und Feindschaft nicht hilfreich!

> *„O ihr Menschen, Wir haben euch von Mann und Weib erschaffen und euch zu Völkern und Stämmen gemacht, dass ihr einander kennen möchtet.* **Wahrlich, der Angesehenste von euch ist vor Allah der, der unter euch der Gerechteste ist.** *(...)"* (Koran, 49,13)

Wie wir in diesem Buch gesehen haben, ist das beste System auf der Welt im Koran! Der Kolonialismus ist gestorben, der Imperialismus und der Kapitalismus sind auch gestorben (im Koma)! Das System Gottes rettet die Menschen und gibt der Menschheit dieser Welt ein gutes Leben!
Gott hat der Menschheit Regeln gegeben!

> *„(...) Und Allah richtet; da ist keiner, der Seinen Richtspruch umstoßen könnte. (...)"* (Koran, 13,41)

Jene, die nicht danach urteilen, was Gott uns gesandt hat:

> *„(...) Das sind die Ungläubigen."* (Koran, 5,44).

> *„(...) Das sind die Ungerechten."* (Koran, 5,45)

> *„(...) Das sind die Empörer."* (Koran, 5,47).

„Sie wollen Allahs Licht mit ihrem Mundwerk auslöschen. Allah aber wird Sein Licht vollends ausbreiten, obwohl es den Ungläubigen zuwider ist." (Koran, 61,8)

„Was dich Gutes trifft, kommt von Allah, und was dich Schlimmes trifft, kommt von dir selbst. (...)" (Koran, 4,79)

Wenn wir gute Menschen sind, gute Taten vollbringen, und an Gott glauben und an den Tag des Jüngsten Gerichts, wird uns Gott belohnen. Feindschaft bleibt im Diesseits, und unser Geist geht ins jenseitige Leben.

Alle Menschen stammen von einem Propheten ab, denn Adam war der erste Prophet! Weg mit den Unterschieden zwischen den Menschen! Machen wir Frieden!

„Sprich: 'O Volk der Schrift (Bibel), kommt herbei zu einem Wort, das gleich ist zwischen uns und euch: dass wir keinen anbeten denn Allah und dass wir Ihm keinen Nebenbuhler zur Seite stellen und dass nicht die einen unter uns die anderen zu Herren nehmen statt Allah.' Doch wenn sie sich abkehren, dann sprecht: 'Bezeugt, dass wir uns (Gott) ergeben haben.' (...)" (Koran, 3,64)

*****

8. LITERATURVERZEICHNIS

A-klinikkasäätiö (http://www.paihdelinkki.fi)

Atlas der Weltreligionen, Peter B. Clarke, Federking & Thaler, 1998

Die Bibel. Einheitsübersetzung Altes und Neues Testament. Katholische Bibelanstalt GmbH, Stuttgart, Herder, 1980.

Das Evangelium nach Thomas.
(http://www.oktave.ch/akroasis/EV_Thomas/EVTHOMAS.htm)

Du fehlst mir meine Schwester. Norma Khouri, Hamburg: Rowohlt 2003

Filosofian Historia (Die Geschichte der Philosophie), Martyn Oliver, Gummerus Kustannus Oy, Finnland, 1997.

Helsingin Sanomat (Finnische Tageszeitung), Ausland, A13, 25. 01. 2004

Helsingin Sanomat, (http://www.helsinginsanomat.fi) 12. 2. 2004

Ilta-Sanomat (Finnische Tageszeitung), 18. 10. 2003.

Ilta-Sanomat (Finnische Tageszeitung), Plussa, 6. 3. 2004.

Islamilainen Kultuuri (Die islamische Kultur), Heikki Palva und Irmeli Perho, Otava, Finnland, 2001.

Koran. Der Heilige Qur-ân. Arabisch und Deutsch. 1998.

Legal Information Institute
(http://www.law.cornell.edu/topics/Table Marriage.htm)

Maailman Myytit ja Tarut (Die Welt der Mythen und Legenden), Arthur Cotterell, WSOY, 1991.

Profeetta Muhammedin Elämänkerta (Bibliographie des Propheten Mohammed), Verleger Basam Books, Finnland, 1999.

Ruusu ja Satakieli (Rose und Nachtigall), Hafez, Basam Books, Finnland, 2004.

Suomen Kuvalehti (Finnisches Wochenmagazin), 22/2004.

Suuri Suomalainen Unikirja (Großes Finnisches Traumbuch), Anja Angel und Leena Larjanko, Tammi, 1989.

UBS Türkische Bibel, Kitabi Mukaddes, 1997, Istanbul – Türkei.

Yksinhuoltajan Elämänhallinnan Opas (Lebenshandbuch für alleinerziehende Eltern), Eeva Gottberg-Heljä Sairisalo, Finnland, 1994.

Die Zitate wurden in die neue deutsche Rechtschreibung übertragen.

Die Zitate aus dem Koran können mit den Versen verschiedener Korane verglichen und überprüft werden.

Notizen

Notizen

Notizen

Notizen